Das

Bayerische Pflegschaftsrecht.

Eine Sammlung

aller das Pflegschaftswesen im Königreiche Bayern betreffenden Gesetze, Verordnungen, Ministerialanordnungen, Kreisausschreibungen, Erkenntnisse und Erörterungen, mit Geschäftsformularien und erläuternden Noten

nebst einer Anleitung

zur Anfertigung und Revision von Vormundschaftsrechnungen, sammt systematischen, chronologischen und alphabetischen Registern,

bearbeitet von

Oskar Reber,

königlich bayerischem Landgerichts-Assessor.

Viertes Heft.

Gerichtliche Entscheidungen und wissenschaftliche Erörterungen.

Mit Inhaltsübersicht und alphabetischem Register.

München 1870.

Verlag der J. J. Lentner'schen Buchhandlung.

(E. Stahl.)

Das

Bayerische Pflegschaftsrecht.

Eine Sammlung

aller das Pflegschaftswesen im Königreiche Bayern betreffenden Gesetze, Verordnungen, Ministerialanordnungen, Kreisausschreibungen, Erkenntnisse und Erörterungen, mit Geschäftsformularien und erläuternden Noten.

nebst einer Anleitung

zur Anfertigung und Revision von Vormundschaftsrechnungen, sammt systematischen, chronologischen und alphabetischen Registern,

bearbeitet von

Oskar Reber,

königlich bayerischem Landgerichts-Assessor.

Viertes Heft.

München 1869.

Verlag der J. J. Lentner'schen Buchhandlung.

(E. Stahl.)

O. Reber's

Bayerisches Pflegschaftsrecht.

Gerichtliche Entscheidungen und wissenschaftliche Erörterungen.

Mit Inhaltsübersicht und alphabetischem Register.

München 1869.
Verlag der J. J. Lentner'schen Buchhandlung.
(E. Stahl.)

Allgemeines Inhalts-Verzeichniß.
zum IV. Heft.

A.

Plenarbeschlüsse des obersten Gerichtshofes des Königreichs Bayern.

1.

Einrede der mehreren Beihälter auf die Alimentationsklage.

Nach gemeinem Rechte wird die Klage auf Ernährung eines außerehelichen Kindes durch die Einrede „daß der Mutter während der gesetzlich entscheidenden Zeit mehrere Mannspersonen beigewohnt haben", nicht aufgehoben. —

Plenarbeschluß v. 23. Juni 1841. (RBl. 1841. S. 636.)

2.

Einrede der mehreren Zuhälter gegen die Deflorationsklage.

Zur Begründung der, der Klage auf Genugthuung wegen Defloration entgegengesetzten Einrede, die Klägerin habe schon vorher einer anderen Mannsperson beigewohnt, genügt die allgemeine Behauptung dieser Beiwohnung.

Plenarbeschluß v. 23. Juni 1841. (RBl. 1841. S. 633.)

3.

Restitution gegen den Ablauf des in Art. 3 des Gesetzes vom 1. Juni 1822 vorgeschriebenen Termines.

Gegen den Ablauf des im Art. 3 des Gesetzes vom 1. Juni 1822, die Staatsschulden betr., vorgeschriebenen Termines zur Anbringung der Forderungen aus Titeln vor dem 1. Oktober 1811 findet zivilrechtliche Wiedereinsetzung in den vorigen Stand aus dem Grunde der Minderjährigkeit Statt. —

Plenarbeschluß v. 18. Mai 1842. (RBl. 1842. S. 741.)

4.

Das Notherbrecht der Geschwister im Verhältnisse zu unehelichen Kindern nach bayerischem Landrechte.

Unter der Herrschaft des bayerischen Landrechts sind außereheliche Kinder nicht für gemackelte Personen mit der Wirkung zu halten, daß nach Theil III. cap. 3 § 14 no. 3

den Brüdern und Schwestern desjenigen, der sie zu Erben eingesetzt hat, die Rechte der Notherben zustehen. —

Plenarbeschluß v. 30. Mai 1851. (RBl. 1851. S. 658.)

5.

Die civilrechtlichen Ansprüche eines außerehelichen Kindes gegen den Beihälter der Mutter.

Die civilrechtlichen Ansprüche eines außerehelich geborenen Kindes gegen den Beihälter der Mutter sind nach den Gesetzen des Orts, wo der betreffende Beischlaf verübt worden ist, zu beurtheilen.

Plenarbeschluß v. 5. Juni 1855. (RBl. 1855. S. 678.)

6.

Die Schwängerungsklagen nach preußischem Landrecht.

Bei Schwängerungsklagen, welche nach dem preußischen Landrechte zu beurtheilen sind, kann dem Beklagten neben dem Beweis der Einrede mehrerer Zuhälter der Beweis darüber, daß die Kindsmutter zur Zeit, als er zum erstenmale den Beischlaf mit ihr verübte, schon schwanger gewesen sei, nicht freigegeben werden. —

Plenarbeschluß v. 16. Dezember 1858. (RBl. 1858. S. 17.)

7.

Die Einrede der mehreren Zuhälter auf die Vaterschaftsklage.

Nach gemeinem Recht wird die Klage auf Anerkennung der Vaterschaft bezüglich eines außerehelichen Kindes durch die Einrede „daß der Mutter während der gesetzlich entscheidenden Zeit mehrere Mannspersonen beigewohnt haben", zerstört. —

Plenarbeschluß v. 7. Januar 1860. (RBl. 1860. S. 161.)

B.

Auszüge aus den Blättern für Rechtsanwendung von Seuffert und Glück. Bd. I bis XXXIV.

1.

Bd. I. S. 343. 351 ff.

Verschollenheit und Todeserklärung. Cura absentis.

Erörterung von Pfeiffer.

2.

Bd. I. S. 291.

Rechnungsstellung der Vermögensverwalter.

Jeder, der fremdes Vermögen verwaltet oder sonstige Geschäfte eines Andern führt, ist verbunden, dem Prinzipal Rechnung zu stellen. — Ist die Rechnung gestellt und es werden von Seiten des Prinzipals Ausgabsposten bestritten, so ist der Rechnungssteller verbunden, die Belege seiner Ansätze beizubringen; — soferne nur die Ausgaben von der Art sind, daß nicht die Nachweisung der Einzelnheiten der Natur der Sache widerstreitet; z. B. die Nachweisung aller Ausgaben, die auf einer in Geschäften des Prinzipals unternommenen Reise gemacht werden. ꝛc.

3.

Bd. I. S. 159.

Berechnung der kritischen Zeit bei Schwängerungen.

Es genügt, wenn die Niederkunft vor Ablauf des letzten Tages der kritischen Zeit begonnen hat, sollte auch die Vollendung der Geburt, etwa wegen ungünstiger Lage des Kindes erst einige Tage später erfolgt sein.

OAGE. v. 29. April 1836.

4.

Bd. I. S. 308.

Anfangstermin der Alimente für außereheliche Kinder.

Kindesalimente und Kindbettkosten sind von einander wesentlich verschieden. Jene sind für das Kind, diese für die Mutter des Kindes bestimmt. Die

Verpflegungskosten auf die sechs ersten Lebenswochen des Kindes sind daher nicht unter den Kindbettkosten begriffen und der Anfangstermin der Kindesalimente ist vom Tage der Geburt des Kindes an zu rechnen.

OAGE. v. 17. Juni 1823.

5.

Bd. I. S. 17 ff.

Restitutio in integrum.

1) Dem Antrag auf Rest. contra sent. der Minderjährigen oder ihnen gleichgestellten moralischen Personen wegen einer Nachlässigkeit ihres Vertreters, muß die erfolglose Ausklagung des Letzteren vorhergegangen sein.
2) Welche Unterlassung begründet eine solche Restitution?
3) Von welchem Zeitpunkte an läuft die deßfallsige Restitutionsfrist?
4) Giebt es eine Restitution gegen die Versäumniß der Restitutionsfrist? (Nur ex novis.)

6.

Bd. II. S. 13.

Einrede der Bescholtenheit oder des Mehreren gestatteten Beischlafs.

Zur Begründung der exc. plur. concumb. müssen spezielle Thatsachen angeführt werden, und insbesondere ist es unzulässig, der Klägerin im Allgemeinen den Eid darüber zuzuschieben, daß sie überhaupt oder während bestimmter Zeit keiner anderen Person den Beischlaf gestattet habe.

Erörterung von Seuffert.

7.

Bd. II. S. 32.

Einreden des Mehreren gestatteten Beischlafs.

Der Satz, daß die Einrede, die Mutter eines unehelichen Kindes habe zur Zeit des Empfängnisses mehrere Zuhälter gehabt, wenn solche auch erwiesen werden könne, nach dem gemeinen Rechte unerheblich und unstatthaft sei, wird aus der l. 5. § 4 u 8. Dig. de agn. et alend. liberis, sowie aus der einfachen Betrachtung als grundlos widerlegt, daß nicht aus dem bloßen Beischlafe, sondern aus der Gewißheit der vom Beklagten bewirkten Zeugung die actio de agnoscendo partu hervorgeht, und daß sich in Ansehung dieser Zeugung keine Complizität annehmen läßt, bewährt sich naturgemäß von selbst. —

OAGE. v. 17. Febr. 1835.

8.

Bd. II. S. 55.

Einrede des Mehreren gestatteten Beischlafs.

Die allgemeine Behauptung, die Klägerin habe zur kritischen Zeit auch anderen Mannspersonen den Beischlaf gestattet, ist zur Begründung einer wirksamen Einrede nicht geeignet.

OAGE. v. 18. Januar 1837.

9.

Bd. II. S. 137.

Ueber die Festsetzung der Alimente für außereheliche Kinder.

Wenn die Größe der Alimente eines außerehelichen Kindes vom Gesetz nicht speziell bestimmt, sondern dem richterlichen Ermessen überlassen ist, so hat der Richter bei deren

Festsetzung auf die mit den zunehmenden Jahren wachsenden Bedürfnisse des Kindes Rücksicht zu nehmen und hiernach die Alimentengelder in angemessenen Gradationen zu bestimmen.

Diese Art der Alimentenregulirung ist nicht bloß dem preußischen Landrecht (II. 2. § 627) eigenthümlich, sondern auch von Schriftstellern über das gemeine Recht für gerecht und billig erklärt, und steht auch mit der Bestimmung des bayerischen Landrechts „daß das Alimentations-Quantum nach der Nothdurft des Alimentandi ermäßigt werden soll" in vollem Einklange.

OAGE. v. 11. Sept. 1822 u. 20. Febr. 1827.

10.

Bd. II. S. 49.

Alimentation außerehelicher Kinder. Nachforderung ausgelegter Alimente.

Die Klage auf Nachzahlung schon verfallener und von dem Prinzipalverpflichteten im Rückstande gelassener Alimente, ist die Geltendmachung des Anspruches auf den Ersatz bestrittener Auslagen, und dieser Anspruch kann immer nur von demjenigen verfolgt werden, welcher einstweilen, statt des Verpflichteten, für den Unterhalt des Kindes gesorgt und dadurch die fraglichen Auslagen bestritten hat.

Die subsidiäre Alimentationspflicht der väterlichen Großeltern ꝛc. besteht ebenso bezüglich der verfallenen wie der künftigen Alimente, soferne nicht nach den besonderen Verhältnissen des gegebenen Falles ein besonderer Befreiungsgrund in dieser Hinsicht obwalten sollte, z. B. wenn derjenige, welcher die Unterhaltungskosten einstweilen vorgeschossen, auf deren Ersatz verzichtet hat u. dgl.

OAGE. v. 29. Dez. 1826. 18. Nov. 1836. 12. Jan. 1837.

11.

Bd. II. S. 393.

Der natürliche Großvater ist nach gemeinem Rechte zur Alimentation des außerehelichen Kindes seines Sohnes nicht verpflichtet, wenn dieser es nicht ernähren kann. —

OAGE. v. 10. Sept. 1822. 5. Sept. 1823 u. 31. Juli 1830.

12.

Bd. II. S. 165.

Pflicht der Obervormundschaft einem vom Vormunde begutachteten billigen Vergleich in zweifelhaften Fällen zu genehmigen und nutzlose Prozesse zu vermeiden, bei Haftung für Kosten und Schaden.

AGE. v. 2. Mai 1837.

13.

Bd. III. S. 47.

Einrede des Mehreren gestatteten Beischlafs.

Seuffert bekämpft neuerdings die noch hin und wieder auftauchende Ansicht, daß eine generelle except. prl. concumb. genüge.

Erörterung.

14.

Bd. III. S. 366.

Erziehung außerehelicher Kinder.

Der Umstand, daß der außereheliche Vater sich zu einer anderen christlichen Konfession bekennt als derjenigen, in welcher das von ihm erzeugte Kind zu erziehen ist, und daß er außer dem Bezirke des Vormundschaftsgerichts seinen Wohnsitz hat, kann einen rechtlichen Grund nicht abgeben, ihm die Erziehung des Kindes zu versagen, soferne an dem Orte seines Aufenthaltes Gelegenheit ist, dem Kinde den Religionsunterricht derjenigen Konfession, welcher es angehören soll, zu ertheilen, indem die vormundschaftliche Kontrolle — der Verschiedenheit des Domizils ungeachtet — allerdings stattfinden kann.

OAGE. v. 19. Mai 1826.

15.

Bd. IV. S. 93.

Nach bayerischem Recht darf in Schwängerungssachen auf den Grund menschlicher Vermuthungen nach Gestalt der Dinge auf den Erfüllungs- oder Reinigungseid erkannt werden.

OAGE. v. 23. Dez. 1831.

16.

Bd. IV. S. 225. ff.

Zusammenstellung der in Bayern geltenden Partikularrechte, in welchen die Einkindschaft vorkommt.

Abhandlung von Dr. von der Pfordten.

17.

Bd. IV. S. 357.

Ueber Ausleihung von Pupillargeldern gegen hypothekarische Sicherheit. (Preuß. Recht.)

Nach preußischem Landrecht muß bei Prüfung der Sicherheit sowohl der Vormund als die Obrigkeit die gewöhnliche Aufmerksamkeit eines vernünftigen Hausvaters anwenden, die darin besteht, daß die Sicherheit durch Verpfändung bei Landgütern innerhalb der ersten Zweidrittel und bei städtischen Grundstücken innerhalb der ersten Hälfte des Werthes gegeben ist.

OAGE. v. 5. April 1836.

18.

Bd. IV. S. 223.

Einrede der mehreren Zuhälter.

Die G.-O. Cap. 6 § 8 schreibt vor, daß die Einreden deutlich, ordentlich und umständlich vorgetragen werden sollen. Diesen Erfordernissen ist aber nicht entsprochen, wenn ein wegen Vaterschaft Beklagter der klagenden Mutter im Allgemeinen den Vorwurf macht, daß sie in der entscheidenden Zeit Mehreren den Beischlaf gestattet habe.

OAGE. v. 16. April 1839.

19.

Bd. IV. S. 255.

Einrede der mehreren Zuhälter. (Gem. Recht.)

Da nach gemeinem Rechte nur hergestellte Paternität die Alimentationspflicht zur Folge hat, sind die mehreren Concumbenten von dieser Pflicht frei und fällt dieselbe auf die Mutter.

OAGE. v. 1. Febr. 1839.

20.

Bd. V. S. 17.

Wirkungen der Aufhebung der in Folge einer Adoption erlangten väterlichen Gewalt durch Uebertragung einer Würde nach gemeinem bayerischen Recht.

Erörterung von Dr. Lauk.

21.

Bd. V. S. 96. ff.

Eingehung und Errichtung der Einkindschaft in Bayern.

Abhandlung von Dr. von der Pfordten.

22.

Bd. V. S. 61.

Verbot der Einkindschaft nach bayerischem Recht. Familienverhältnisse der Offiziere. Kollision der Statuten.

Das bayerische Landrecht verordnet in Thl. I. Cap. V. § 12 von der Einkindschaft: „daß dieselbe, gleichwie sie in hiesigen Landen bisher ganz unbekannt und ungebräuchig gewesen, also auch in Zukunft um Vermeidung deren hieraus besorglichen Strittigkeiten nicht eingeführt werden soll.“ Durch diese Vorschrift ist den Offizieren, welche ohne Rücksicht auf die am Orte ihrer Garnison resp. Wohnortes geltenden Gesetze bezüglich ihrer Familienverhältnisse unter der Herrschaft des bayerischen Landrechts stehen (Verordnung vom 11. Juni 1816. No. II.), die Eingehung von Einkindschaften verboten. rc. rc.

OAGE. v. 15. Nov. 1839.

23.

Bd. V. S. 47.

Außerehelicher Beischlaf. Deflorationsklage.

Die Gestattung des außerehelichen Beischlafs ohne erfolgte Schwängerung berechtigt nur dann zu einer Entschädigungsforderung, wenn die Geschwächte zum Beischlaf verführt worden war.

OAGE. v. 24. Oktober 1836.

24.

Bd. V. S. 295.

Von der thatsächlichen Begründung der exceptio plurium concumbentium.

Zur Begründung der except. pl. conc. genügt es nicht, daß der Beklagte im Allgemeinen behauptet, die Klägerin habe während der kritischen Zeit auch anderen Mannspersonen den

Beischlaf gestattet; vielmehr ist erforderlich, daß der resp. die anderen Zuhalter genannt, oder sonstige Umstände, welche das Behauptete als besondere Thatsache erscheinen lassen, angegeben werden.

Ausführliche Widerlegung der gegentheiligen Ansichten.

25.

Bd. V. S. 303.

Einfluß der except. plurium concumbentium auf die Alimentenklage.

Diese Einrede zerstört auch den Anspruch auf Alimentation des Kindes. (Gem. Recht.)

Erörterung.

26.

Bd. V. 181.

Thatsächliche Begründung und Wirksamkeit der exceptio plur. concumbentium.

Die zum Beweise ausgestellte exceptio plr. conc. ist an sich gegen die actio de partu agnoscendo utilis zulässig. Es genügt eine allgemeine Fassung derselben.

OAGE. v. 2. Dez. 1839, wogegen die Noten ankämpfen.

27.

Bd. VI. S. 302.

Ueber die Plenarbeschlüsse vom 23. Juni 1841, die Einrede der mehreren Zuhälter, deren Begründung und deren Unerheblichkeit gegenüber der Alimentenklage.

Erörterung.

28.

Bd. VII. S. 198.

Zur Lehre von den Verschollenen. (Gem. Recht.)

In der Note 2 ist bemerkt:

„Das Bayerische Landrecht, Anm. zu Thl. I. Cap. 17. § 39. No. 6. g. u. h. überläßt die Entscheidung, ob ein Verschollener für todt zu achten, dem richterlichen Ermessen. Hier ist das Datum des Erkenntnisses selbst der Zeitpunkt des zu präsumirenden Todes, es müßte denn ein anderer Zeitpunkt ausdrücklich in demselben angegeben sein."

Erörterung von Dr. Dollmann.

29.

Bd. VII. S. 336.

Die Rechtsverhältnisse aus dem außerehelichen Beischlafe sind nach den Gesetzen des Orts, wo der Beischlaf stattgefunden, zu beurtheilen.

OAGE. v. 23. Merz 1842.

Siehe dagegen Seuffert's Comment. zur GO. Bd. I. S. 245.

30.

Bd. VII. S. 119.

Anerkennung der Paternität.

In der Anerkennung unehelicher Kinder durch den unehelichen Vater können wir nichts Anderes erblicken, als das außergerichtliche Geständniß — nicht der Paternität nach gemeinem Recht, denn davon ist bei außerehelichen Kindern keine Rede, sondern des mit der Mutter in der kritischen Zeit vollzogenen Beischlafs. Wird nun diese Anerkennung zurückgenommen, und kommt es zum Alimentationsprozeß, so muß dieselbe wie ein anderes außergerichtliches Geständniß gewürdigt werden. Es wird also darauf ankommen, ob jenes Anerkenntniß unter Umständen abgelegt ist, welche an der Ernstlichkeit und dem animus confitendi keinen gegründeten Zweifel lassen. Unter dieser Voraussetzung wird das Factum des gepflogenen Beischlafs durch dasselbe vollständig erwiesen, wogegen jedoch dem Beklagten der Gegenbeweis vorbehalten bleibt. — rc.

Erörterung von Dr. Dollmann.

31.

Bd. VII. S. 137.

Ueber die Alimentationspflicht der Großeltern eines außerehelichen Kindes, nach bayerischem Landrechte.

Die Alimentationspflicht der Großeltern ist dadurch begründet, daß unter den im Ldr. Thl. I. Cap. 4. § 7. no. 5 benannten Eltern nach Ldr. Thl. I. Cap. 4. § 3. no. 4 nicht bloß Vater und Mutter, sondern auch die übrigen Aszendenten zu verstehen sind, sie ist jedoch nur eine subsidiäre und tritt erst ein, wenn der Vater und die Mutter nicht im Stande sind, der ihnen principaliter obliegenden Alimentationspflicht zu genügen.

Wenn daher die außereheliche Mutter von ihrem Concumbenten keine Alimentationsbeiträge erhalten, und das Kind aus ihrem eigenen Vermögen alimentirt hat, — dann kann sie von dem väterlichen Großvater einen Ersatz hiefür nicht fordern, da sie selbst nebst dem Kindsvater principaliter zur Alimentation verpflichtet war, und demnach, indem sie dieser Verpflichtung Genüge leistete, sich nur gegen den von ihr haftbaren Kindsvater, nicht aber gegen den nur eventuell tenenten väterlichen Großvater Regreßansprüche erwarb.

Erörterung von Dr. v. Gutermann.

32.

Bd. VII. S. 26.

Nach bayerischem Rechte können uneheliche Kinder mit Uebergehung der ehelichen Geschwister des Testators als Erben nicht eingesetzt werden.

OAGE. v. 24. Nov. 1840.

Dagegen die Nachschrift der Redaktion. S. 30.

33.

Bd. VIII. S. 304.

Uneheliche Geburt des eingesetzten Erben als Testamentsanfechtungsgrund.

Die Band VII. S. 30 ausgesprochene Ansicht, daß die uneheliche Geburt des zum Erben Eingesetzten als Grund zur Anfechtung des Testaments von Seite der Geschwister des Testators heutzutage nicht mehr zu betrachten sei, hat auch die Auktorität des Oberappellationsgerichts zu Kassel für sich. —

34.

Bd. VIII. S. 225 ff.

Rechtliche Grundsätze bei Ansprüchen in Folge außerehelicher Schwängerung nach gemeinem und Rothenburgischen Rechte, und zwar über folgende Punkte:

a) Kritische Zeit.
b) Ehelichung oder Ausstattung der Geschwächten.
c) Größe der Entschädigung.
d) Tauf- und Kindbettkosten.
e) Alimentationspflicht.
f) " Dauer.
g) " Größe. Lehrgeld.
h) Begräbnißkosten.
i) Einrede der mehreren Zuhälter.
k) Alimentationspflicht des Vaters des unehelichen Vaters.

Erörterung von Arnold.

35.

Bd. VIII. S. 384.

Paternitätstabelle.

(Siehe auch E. Stahls Terminkalender für die bayerischen Juristen, und Arend's Sammlung Bd. II. S. 262.)

36.

Bd. VIII. S. 122.

Begründung der Deflorationsklage.

a) Spezielle Angabe der Vermögensverhältnisse des Beklagten in der Klage ist nicht nothwendig.
b) Die Beweisauflage „daß Beklagter die Klägerin verführt habe", ist nicht zu allgemein.
c) Erfolgte Schwängerung ist nicht erforderlich.

OAGE. v. ? —

37.

Bd. VIII. S. 264.

Zeitangabe zur Begründung der actio de partu agnoscendo utilis.

Es genügt das Klagsvorbringen, daß der Beklagte die Klägerin zu einer Zeit beschlafen habe, welche mit der dem Datum nach angegebenen Geburtszeit ihres Kindes gesetzlich im Einklange steht.

OAGE. v. 8. April 1843.

38.

Bd. VIII. S. 155.

Alimentenbetrag.

Nach Cod. civ. Thl. I. Cap. 4 § 7. no. 8 et in notis no. 6—9 ist das Quantum der Alimentation theils nach dem Stande und der Nothdurft der Alimentanden, theils nach den eigenen Kräften und Einkünften des Alimentationspflichtigen zu ermässigen, letzteres, damit dieser nicht überspannt werde und allenfalls selbst dadurch Noth und Abbruch in eigener Nahrung zu leiden habe. — Hieraus fließt von selbst, daß auch die bereits festgestellten Alimente in dem Fall erhöht werden können, wenn sich die Vermögensumstände des Pflichtigen in der Zeitfolge wirklich verbessert haben.

OAGE. v. 30. April 1842.

39.

Bd. VIII. S. 155.

Der Nachweis der Vermögensumstände des Alimentationspflichtigen ist durch eine bloße Bescheinigung oder Wahrscheinlichmachung genügend geliefert.

OAGE. v. 30. April 1842.

40.

Bd. VIII. S. 156.

Das Deflorationsklagerecht der Geschwächten ist kein höchstpersönliches und geht auf die Erben über.

OAGE. v. 30. April 1842.

41.

Bd. VIII. S. 103.

Zur Lehre von der Legitimität.

Um ein Kind für ehelich und legitim zu erachten wird nicht nur das Vorhandensein einer rechtmäßigen Ehe, sondern auch insonderheit erfordert, daß es zu rechter Zeit geboren worden sei. In letzter Hinsicht haben die Gesetze, unter Zugrundelegung gewisser physiologischer Regeln zur Begründung einer rechtlichen Vermuthung für die Rechtmäßigkeit der Geburt einen terminus a quo und ad quem bestimmt. Demgemäß tritt diese Vermuthung ein

a) wenn das Kind nicht vor dem 182. Tage nach Eingehung der Ehe geboren wird, (fr. 12. de statu hom. I. 5. fr. 3. § 12. de suis et legit hered. 38. 16.)

b) wenn das Kind nicht später als zu Ende des zehnten Monats nach Aufhebung der Ehe zur Welt kommt. (fr. 3. § 11 l. c.)

In diesen beiden Fällen wird der Ehemann so lange für den Vater des Kindes gehalten, bis er den Beweis der absoluten Unmöglichkeit führt und hieraus erklärt sich der wahre Sinn der Rechtsregel: pater est quem nuptiae demonstrant.

Savigny, System des heut. röm. Rechts Bd II. S. 389.

Das neuere römische Recht hat zwar den allgemeinen Grundsatz aufgestellt, daß zum Beßten der Kinder nicht auf den Zeitpunkt der Empfängniß, sondern den der Geburt gesehen werden soll. (Const. 11. Cod. de nat. lib 5, 27. Nov. 89. cap. 8. § 1. in fine.)

Allein dieß bezieht sich auf den Fall, wenn der Ehemann das von seiner Ehefrau geborne Kind freiwillig als das seinige anerkennt, weil diese Anerkennung den etwaigen Mangel an dem zur Begründung der rechtlichen Vermuthung der rechtmäßigen Geburt erforderlichen Zeitraum ersetzt. —

Im vorliegenden Fall ist eine rechtliche Vermuthung für die Legitimität des Kindes nicht begründet, weil dessen Geburt schon am 153. Tage nach Eingehung der Ehe erfolgte und ebensowenig liegt eine Anerkennung der Vaterschaft von Seite des Georg S. vor. ꝛc. ꝛc.

Nach den alleg. Gesetzen tritt nur in den beiden oben angeführten Fällen die rechtliche Vermuthung für die Legitimität ein und in allen übrigen Fällen muß, wenn der Vater das Kind nicht freiwillig anerkennt, vorerst der Beweis seiner Vaterschaft geliefert werden. —

Mekeldey Lehrb. § 539. ꝛc. ꝛc.

Kinder, welche vor der Trauung konzipirt und erst nachher geboren wurden, gelten zwar, soferne sie der Ehemann freiwillig anerkennt, für ehelich geborene (C. 11. C. de nat. lib. 5. 27. — Nov. 89. cap. 8. § 1. Hartitzsch § 202. S. 220.) in Ermangelung dieser Anerkennung muß aber erst bewiesen werden, daß er vor der Trauung mit der Mutter des Kindes den Beischlaf zu einer Zeit gepflogen habe, in welcher die Zeugung des Kindes im Verhältniß zur Zeit dessen Geburt physisch möglich war.

Dieser antizipirte Beischlaf wurde von der Wittwe S. behauptet, vom Kläger aber widersprochen und muß daher von ihr bewiesen werden.

OAGE. v. 27. Juni 1842.

42.

Bd. VIII. S. 108.

Begründung einer Klage gegen minderjährige Hauskinder oder bevormundete Personen.

Kläger ist nicht schuldig, den Vater oder Vormund eines Minderjährigen 2c. mitzubelangen. Denn wenn auch der Beklagte vom Vater oder Vormund vor Gericht vertreten werden muß, so ist es Sache des Richters, eine gegen einen Unselbständigen angestellte Klage, wenn sie in faktischer und rechtlicher Beziehung begründet erscheint, dem Vater oder Vormund des Beklagten zuzustellen und demselben die Vertretung des Letzteren anheimzugeben; und wenn die Verhandlung der Streitsache nur von dem Unvogtbaren gepflogen worden, so ist es nach Cod. jud. Cap. VII. § 1 Offizialsache des Richters, die Richtigkeit dieser Verhandlung entweder durch eine vom Vater 2c. des Beklagten einzuholende Genehmigung zu beseitigen, oder wenn dieselbe versagt werden sollte, den Klaglibell dem gesetzlichen Vertreter mitzutheilen und neuerlichen Termin zur Verhandlung anzuberaumen.

OAGE. v. 28. Sept. 1841.

43.

Bd. VIII. S. 339.

Ueber Kriminalprozeßkosten.

Ein Vormund, welcher durch Saumsal in der Rechnungsstellung und Zurückbehaltung der Vormundschaftsgelder eine Generaluntersuchung gemäß St.-G.-B. I. 295, 398 gegen sich begründet, hat diese Generaluntersuchung durch eigenes Verschulden wider sich veranlaßt, mithin die Kosten derselben zu tragen.

OAGE. v. 8. Mai 1841.

44.

Bd. VIII. S. 321.

Beiträge zur Lehre vom Muttergut nach bayer. Landrecht.

Erörterung von Dr. Dollmann.

I. Nothwendigkeit eines Spezialkurators.

In Gemäßheit des allgemeinen Rechtsgrundsatzes über die Niedersetzung von Spezialkuratoren überhaupt, ist den minderjährigen Kindern auch zum Behufe der Muttergutsauszeigung ein solcher Spezialkurator beizugeben.

Die Bestellung des Spezialkurators geht von der Obrigkeit aus. Bei Unsiegelmäßigen bedarf es dazu entschieden keines besonderen Ansuchens von Seiten des Vaters oder der Verwandten, denn die Obrigkeit hat hier ohnehin von Amtswegen wegen der Verlassenschaftsbehandlung von allen Todesfällen Kenntniß zu nehmen. 2c. 2c.

Zum Spezialkurator wird immer ein unbescholtener mit den Verhältnissen des Vaters und der Kinder möglichst vertrauter Mann, also in der Regel wohl ein Verwandter zu erwählen sein. 2c.

Die Verpflichtung des Spezialkurators wird im Allgemeinen darauf zu richten sein, daß er hinsichtlich der Muttergutsauszeigung das Interesse der Kinder nach beßtem Wissen und Können zu wahren habe; im einzelnen und besonderen wird ihm aufzugeben sein, die Auszeigung möglichst zu betreiben und zu beschleunigen, das Saumsal des Vaters dem Gerichte behufs amtlicher Einschreitung anzuzeigen, bei der Auszeigung selbst keine Verkürzung der Kinder zuzulassen, gegebenen Falles die nöthigen Anträge auf hypothekarische Versicherung der Kinder schleunigst zu stellen und etwaige Verschwendung und schlechte Verwaltung des Vaters anzuzeigen.

Für die Erfüllung dieser Obliegenheiten haftet der Spezialkurator nach allgemeinen Grundsätzen (Ldr. Thl. I. Cap. 7. § 38. no. 1. Anm. eod.) und hat durch fortlaufende Anzeigen in den geeigneten Zeitpunkten der Obervormundschaft die Uebermachung seiner Thätigkeit möglich zu machen.

II. Form der Muttergutsauszeigung bei siegelmäßigen Vätern.

(Hat wegen Aufhebung der Vorrechte der Siegelmäßigen durch Art. 16 u. 150 Abs. 2 des Not.-Ges. und Art. 76 u. 77 des G.-V.-G. v. 10. Nov. 1861 nur mehr für die Vergangenheit Bedeutung.)

III. Hypothekarische Versicherung des Muttergutes.

1) Die Anregung und Betreibung dieser Versicherung obliegt zunächst dem Spezial-Curator, dann die vormundschaftliche Behörde selbst und steht jedem Verwandten, überhaupts jedem Dritten zu. (Hyp.-G. § 12. no. 7. § 104. no. 4.)
2) Voraussetzung ist, daß der Vater Immobilien besitzt. Tritt dieser Besitz erst später ein, hat der Curator diesen Zeitpunkt wahrzunehmen.

Wenn aber die Muttergutsauszeigung erst einige Zeit nach dem Ableben der Ehefrau vor sich geht (z. B. „in Jahr und Tag"), so kann zwar keine Protestation auf die Immobilien des Vaters jedoch eine Vormerkung in den Fällen eingetragen werden, wenn a) der Vater dazu seine Einwilligung gibt, b) die gesetzliche Bescheinigung der Größe des Muttergutes möglich ist. Wenn aber c) beides nicht erwirkt werden kann, so bleibt dem Spezial-Curator nichts übrig, als bei Gericht darauf anzutragen, daß dem Vater unter Hinweisung auf die gesetzliche Strafandrohung die Vornahme der Muttergutsauszeigung innerhalb Jahresfrist, vom Tode der Ehefrau an gerechnet, eingeschärft werde. Wenn nun auch — abgesehen von besonderen Anzeigungen drohender Gefahr — vor Ablauf des erwähnten Termines keine Einschreitung gegen den Vater zulässig ist, so ist es doch der Fassung der Gesetzesvorschrift ganz gemäß, daß bereits innerhalb der Frist geeignete Nachfrage von Seite des Spezialkurators, und bei unbefriedigender oder verweigerter Antwort vorsorgliche Erinnerung an das Gesetz von Seite des Gerichtes eintrete. Ist der Vater ungehorsam, so wird jene Strafe einzuziehen und ihm sofort ein kurzer neuer Termin unter Androhung einer erhöhten Buße anzuberaumen sein, u. s. w., der Curator muß aber mit seinem Gesuch um Eintragung der Hypothek bis zur wirklichen Auszeigung warten, und mag mit dem Gesetzgeber rechten, daß er ihm keine energischeren Mittel gegen Lässigkeit und üblen Willen des Vaters in die Hand gegeben hat.

Uebrigens bedarf es kaum einer besonderen Erwähnung, daß solche Handlungen des Vaters, welche eine dringende Gefahr für das Muttergut begründen, auch innerhalb jener Jahresfrist, nach den allgemeinen Grundsätzen über die Provisorien, zu provisorischen Maßregeln berechtigen.

IV. Anderweite Fälle der Versicherung des Muttergutes.

1) Wenn zum Muttergut Immobilien und Obligationen auf Namen, vornemlich also Hypothekforderungen gehören, ist sofort nach der Auszeigung deren Umschreibung auf den Namen der Kinder zu veranlassen. — Insoweit sich die Gläubiger wegen aller oder einiger Schulden des Ehemannes an das Vermögen der Ehefrau halten konnten (Prior.-Ordn. § 3. No. 4.), geht diese Haftung, wie sich von selbst versteht auf die Kinder als Erben der Mutter über. — Die Umschreibung zu beantragen steht zunächst dem Vater als Verwalter des Mutterguts zu, ebenso aber auch dem Spezial-Curator.
2) Das gemeinrechtliche Verbot, welches dem Vater außer unter gewissen genau bestimmten Voraussetzungen die Veräußerung der (nicht fungiblen) Pekuliarsachen des Kindes, sowie die eigenmächtige Prozeßführung ohne Einwilligung des Kindes resp. der Obervormundschaft untersagt, so daß Veräußerungen, gegen diese Bestimmung ohne obrigkeitliches Dekret vorgenommen, ipso jure ungiltig sind, muß subsidiär auf das Landrecht angewendet werden, weil es das gemeinrechtliche Pekuliensystem überhaupt rezipirt und übereinstimmend mit dem gemeinen Recht dem Vater an dem peculium adventitium nur Administration und Nutznießung eingeräumt hat. — Der Vater bedarf sonach zur Veräußerung (Cession) und gerichtlichen Einklagung der auf den Namen der Kinder umgeschriebenen Forderungen eine obrigkeitliche Genehmigung. Dagegen ist die außergerichtliche Einziehung einer solchen Forderung Ausfluß der väterlichen Administrationsbefugniß.

Die Einschreibung einer Dispositionsbeschränkung im Hypothekenbuche dahin, daß der Vater über eine solche Hypothekforderung ohne obervormundschaftlichen Consens nicht verfügen dürfe, ist theils unwesentlich, theils unwirksam, daher von der Obervormundschaftsbehörde nicht zu veranlassen.

3) Wenn der Vater in Vermögensverfall geräth, so wird die Administration dem Vater abgenommen und einem Spezialkurator übertragen, Forderungen und Baargeld werden zu Gerichtshanden genommen. Wenn aber der Vater das Muttergut schon vergeudet hat, kann höchstens der Ersatz aus dem väterlichen Vermögen angestrebt werden. (Anm. zum b. Ldr. a. a. O. No. 4.)
4) Nach dem Ermessen der Obervormundschaftsbehörde kann der Vater durch das Anerbieten, Sicherheit in gerichtlich zu deponirenden bayerischen Staatspapieren zu leisten, von Anfang an seine Immobilien von der Eintragung einer Hypothek des Muttergutes halber befreien. —
5) Auch der Käufer eines mit einem Muttergute belasteten Anwesens kann durch gerichtliche Hinterlegung der vollen Summe der Hypothek die Löschung derselben beantragen.
6) Wenn der Vater die Liegenschaft, worauf das Muttergut versichert ist, veräußert, so kann er ohne obrigkeitliche Genehmigung doch nicht auf Zahlung und Löschung dieser Hypothek dringen. —
7) Wenn sich ein Immobilien nicht besitzender Vater freiwillig zur Sicherstellung des Muttergutes und zur gerichtlichen Deponirung von Staatspapieren erbietet, so ist dieß kuratelamtlich nicht abzuschlagen. —

45.

Bd. VIII. S. 352.

Haftung des Richters aus nachlässigem Handeln oder Unterlassen.

Zur Begründung der von der actio de syndicatu verschiedenen actio in factum si judex litem suam fecit genügt es, wenn dem verklagten Beamten eine bedeutende Fahrlässigkeit (nicht gerade lata culpa) zur Last gelegt ist; es findet ferner die erwähnte actio in factum auch bei Beschädigungen in Angelegenheiten der freiwilligen Gerichtsbarkeit Anwendung. (Erk. des OAG. zu Jena.)

46.

Bd. IX. S. 411.

Ausschließlichkeit der Paternitätstermine.

Die für die Legitimität des innerhalb des gesetzlichen Nativitäts-Termines geborenen Kindes streitende Vermuthung kann nicht durch die Beschaffenheit des Kindes widerlegt, sondern es muß von demjenigen, welcher die Legitimität eines solchen Kindes bestreitet, die Thatsache bewiesen werden, daß der Ehemann sich innerhalb der in den Gesetzen bezeichneten Frist vom 182. bis 302. Tage, von der Geburt zurückgerechnet, mit seiner Ehefrau fleischlich nicht vermischt habe, wobei denn auch ein künstlicher Beweis dieser Behauptung nicht ausgeschlossen ist. —

47.

Bd. IX. S. 169.

Actio de filiatione negativa. Wirkung einer übereinstimmenden beiderseitigen Zurücknahme des früheren Geständnisses der Vaterschaft.

OAGE. v. 3. Februar 1835.

48.

Bd. IX. S. 43.

Legitimation der im Ehebruch erzeugten Kinder durch nachfolgende Ehe. Wirkung derselben hinsichtlich der Adels-Eigenschaft.

OAGE. vom 14. März 1843.

49.

Bd. IX. S. 284.

Vom Muttergute im Konkurse.

Erörterung von Adv. K. Aldosser.

50.

Bd. IX. S. 239.

Ueber die Dauer der Curatel über das Vermögen eines Verschollenen. (Bayr. Ldr.)

Nach bay. Ldr. Thl. I. Cap. 7. § 39. u. Anm. hiezu no. 6. lit. g. u. n. kommt es auf das richterliche Ermessen an. Dieses wird im Hinblick auf das gemeine Recht das 70. Lebensjahr als den Zeitpunkt, an welchem die rechtliche Vermuthung seines Todes als begründet anzunehmen ist, zu betrachten haben.

OAGE. v. 8. Januar 1844.

51.

Bd. IX. S. 414.

Restitution wegen Minderjährigkeit.

Entscheidungen des OAG. zu Wiesbaden.

52.

Bd. IX. S. 31.

Paternität und Alimentation. Einrede der durch Vergleich abgethanenen Sache.

Die Thatsache, daß W. sich im Wege des Vergleichs zum Vater des von der Klägerin geborenen Kindes bekannt, und einen jährlichen Alimentationsbeitrag von 10 fl. zugesichert hat, und daß dieses Bekenntniß und diese Zusicherung von der Mutter und dem Kindsvormund vergleichsweise acceptirt worden, ist zur Begründung der Einrede der verglichenen und beendigten Sache nicht geeignet. Damit ein Vergleich mit der rechtskräftigen Entscheidung gleiche Wirkung habe, und gegen eine weitere Rechtsverfolgung hinsichtlich der verglichenen Sache schütze, ist Identität der Parteien erforderlich.

Im vorliegenden Falle wurde der Vergleich nicht mit dem Beklagten, sondern mit einem Dritten geschlossen, derselbe ist eine res inter alios acta.

Auch steht er der gegenwärtigen Klage, soweit diese die Verbindlichkeit des Beklagten zur Alimentation des Kindes betrifft, schon um deßwillen nicht entgegen, weil das bay. Ldr. die Verbindlichkeit zur Alimentation unehelicher Kinder nicht an die Gewißheit, daß der Beklagte der Vater des unehelichen Kindes sei, sondern nur an die Thatsache knüpft, daß derselbe zu einer mit der Geburt des Kindes harmonirenden Zeit den Beischlaf mit der Mutter des Kindes gepflogen habe, und weil eben deßhalb auch mehrere Concumbenten wegen Alimentation in Anspruch genommen und zur Konkurrenz angehalten werden können. (Ldr. Thl. I. Cap. 4. § 29. no. 4 u. Anm. zu d. Stelle.)

OAGE. v. 13. Mai 1843.

53.

Bd. IX. S. 125.

Intestaterbrecht der Kinder eines katholischen Geistlichen.

Die Kinder eines katholischen Geistlichen sind ex damnato coitu nati, daher nicht intestaterbfähig.

OAGE. v. 28. Dez. 1840.

Dagegen die Redaktion der Bl. f. R.-A.

54.

Bd. X. S. 236.

Erbschaftsanfall an Verschollene.

Nach römischem Rechte, welches hierum durch das deutsche Recht nicht geändert wurde, kann der Curator eines Verschollenen Namens desselben eine während der Abwesenheit diesem deferirte Erbschaft nicht antreten, da einerseits die Abwesenheitskuratel als eine bloße cura bonorum nur auf Erhaltung des vorhandenen Vermögens des Abwesenden, nicht aber auf eine Vertretung von dessen Person gerichtet ist, andererseits eine Erbschaftserwerbung für den Abwesenden durch die Ungewißheit, ob derselbe zur Zeit der Delation noch lebte, oder bereits verstorben war, ausgeschlossen wird.

OAGE. v. Wiesbaden.

55.

Bd. X. S. 375.

Versicherung der Pekulien (Muttergut.)

Die Bestimmungen des § 20 des Hyp.-G. gelten nur von den Vormündern, nicht aber vom Vater hinsichtlich des in seinen Händen befindlichen Sonderguts der Kinder. Hat dieser keine Immobilien, so ist er den Kindern Sicherheit zu leisten nicht verbunden.

OAGE. v. —. 40/41.

56.

Bd. X. S. 188.

In standesherrlichen Vormundschaftssachen steht die Obervormundschaft dem k. Justizministerium zu. —

OAGE. v. 29. Oktober 1844.

57.

Bd. X. S. 236.

Eine Anstellung im standesherrlichen Dienste durch die Vormundschaft eines minderjährigen Standesherrn ist an die Cognition und Genehmigung der Oberaufsichtsbehörde gebunden.

OAGE. v. 29. Oktober 1844.

58.

Bd. X. S. 286.

Bei Interzessionen minderjähriger Frauenspersonen wird durch die Auktorität des Vormunds und die Genehmigung der Obervormundschaft das Erforderniß der Entsagung auf die weiblichen Rechtswohlthaten nicht aufgehoben.

OAGE. v. 25. Nov. 1842.

59.

Bd. X. S. 32.

Ausleihen verwalteter Kapitalien auf Namen des Verwalters.

OAGE. v. Kassel v. 14. Nov. 1840.

60.

Bd. X. S. 414.

Ein über gepflogenen Beischlaf von einem gerichtlich erklärten Verschwender mittels Privaturkunde abgelegtes Geständniß ist wirksam.

Das Geständniß über den Beischlaf ist keine Vermögensdisposition, und sohin die interdictio bonorum hierauf ohne Einfluß. Die Folgen des zugestandenen Beischlafs treffen zwar allerdings das Vermögen; allein es ist dieses den Gesetzen ganz entsprechend, weil ein prodigus durch unerlaubte Handlungen allerdings verpflichtet wird.

OAGE. v. 8. Mai 1843.

61.

Bd. XI. S. 138.

Vormundschaft über Minderjährige; Darlehensaufnahme von Minderjährigen.

Die Grundsätze des römischen Rechts, wornach es in der Willkür der mündig gewordenen Minderjährigen stand, ob sie sich einen beständigen Curator bestellen lassen wollten oder nicht, und ihnen im letzteren Falle nur zu gewissen Geschäften, zu denen die Aufnahme eines Darlehens nicht gehörte, ein besonderer Curator beigegeben werden mußte, finden in Deutschland keine Anwendung, weil nach den deutschen Reichsgesetzen verordnet ist, daß den Pupillen der Minderjährigen jederzeit, bis sie zu ihren vogt- und mannbaren Jahren kommen, Vormünder und Vorsteher gegeben werden sollen. (Reichspol. Ordn. v. 1548. Tit. 31. § 1, und v. J. 1577. Tit. 32. § 1.)

Hiedurch hat der römische Unterschied zwischen Tutel und Curatel seinen praktischen Werth, resp. seine Anwendbarkeit in Deutschland verloren.

Da nun Minderjährige nach Vorschrift der allegirten Reichsgesetze Vormünder haben müssen, so können sie ohne deren Einwilligung Rechtsgeschäfte, wodurch in Ansehung ihres Vermögens eine Verpflichtung übernommen werden soll, giltig nicht eingehen.

Dergleichen Geschäfte sind dergestalt nichtig, daß für den Minderjährigen nicht einmal eine natürliche Verbindlichkeit daraus entsteht, wenn ihm auch zur Zeit der Eingehung noch kein Curator bestellt war. Hiernach können Minderjährige ohne Curator auch kein Darlehen giltig aufnehmen.

Wenn jedoch das Darlehen zum Nutzen des Minderjährigen verwendet wurde, so ist derselbe wegen der hiedurch für ihn eingetretenen Bereicherung zur Zurückzahlung des empfangenen Darlehens verpflichtet. (Fr. 13. § 1. (12. 6) Fr. 5. pr. § 1. (26. 8.) Fr. 4 § 4 (44. 4.)

OAGE. v. 25. Januar 1845.

62.

Bd XI. S. 160.

Schauspieler-Engagement und Gage minderjähriger Personen.

Das Privat-Schauspieler-Engagement einer minderjährigen Person räumt derselben die Rechte der Großjährigkeit nicht ein und die von dem Minderjährigen bezogene Schauspielergage gehört zu dem peculium adventitium regulare, worüber dem Hauskinde die freie Disposition und Verwaltung nicht zusteht.

OAGE. v. 25. Januar 1845.

63.

Bd. XI. S. 360.

Obervormundschaft in standesherrlichen Vormundschaftssachen. Anwendbarkeit des Präjudiziengesetzes auf Beschlüsse in Sachen der freiwilligen Gerichtsbarkeit.

Durch OAGE. v. 9. Juli 1846 wurde (entgegen dem OAGE. v. . . . . . 1844 Bl. f. R.-A. Bd. X. S. 188) ausgesprochen, daß in standesherrlichen Vormundschaftssachen die Obervormundschaft dem betreffenden Appellationsgerichte zustehe.

Eine beigefügte Erörterung vindizirt auch für die nichtstreitigen Rechtssachen die Anwendbarkeit des Präjudiziengesetzes.

64.

Bd. XI. S. 123.

Entkräftung der Vermuthung für die Vaterschaft des Ehemannes.

OAGE. v. 24. März 1840.

65.

Bd. 11. S. 287.

Familienrechte eines Kindes, welches von einer geschiedenen Frau, der die Wiederverehelichung binnen gewisser Zeit im Scheidungsurtheile untersagt war, nach Uebertretung dieses Verbotes in den ersten Monaten der zweiten Ehe geboren wurde.

OAGE. vom 27. August 1841.

66.

Bd. XI. S. 282.

Erbrecht der Mantelkinder einer adeligen Mutter.

OAGE. v. 27. August 1841.

67.

Bd. XI. S. 241.

Von Geltendmachung des Erbrechts unehelicher Kinder gegen den lebenden natürlichen Vater.

Erörterung (negativ).

68.

Bd. XII. S. 95.

Ueber das Verhältniß Dritter zu den Handlungen der Obervormundschaft.

Gegen eine Handlung der gerichtlichen Obervormundschaft steht keinem Dritten ein Einspruchrecht zu, da sie ausschließlich von dem Gesichtspunkte des Interesse des Bevormundeten ausgeht, sowie sie auf der anderen Seite keinem Dritten, den Contrahenten gegenüber, an seinen Rechten irgend etwas zu benehmen vermag.

OAGE. vom 17. Juni 1846.

69.

Bd. XII. S. 129.

Obervormundschaft in standesherrlichen Vormundschaftssachen.

Erörterung. (Vergl. Bd. XI. S. 360. Bd. X. S. 188.)

70.

Bd. XII. S. 103.

Ueber väterliche Gewalt nach dem Würzburger Provinzialrechte.

Erörterung.

71.

Bd. XII. S. 17.*

Ueber die levis notae macula der unehlichen Kinder nach bayerischem Rechte, insbesondere bezüglich deren Einsetzung zu Erben.

Erörterung.

72.

Bd. XIII. S. 209.

Rechtsverhältnisse aus der außerehelichen Geschlechtsgemeinschaft vor den Gerichten der Rheinpfalz.

Ist die dort geltende Beschränkung solcher Ansprüche ein Grund für den bei einem Gerichte der 7 älteren Kreise zu begründenden Gerichtsstand des Arrestes?

Erörterung.

73.

Bd. XIII. S. 222.

Alimentationsklage gegen den angeblichen außerehelichen Vater eines in den ersten Monaten nach Verheirathung der Mutter mit einem anderen geborenen Kindes.

Eine Frau hatte am 83. Tage nach Eingehung der Ehe geboren. Nun belangte sie einen Dritten als den außerehelichen Vater auf Anerkennung der Vaterschaft und Reichung von Alimenten für das Kind. Nach verhandelter Sache wurde erkannt: „Der Beklagte sei zur Zeit von der Klage zu entbinden.“ Gründe: Ob ihr Ehemann die Legitimität des Kindes bestritten habe, oder ob er dasselbe als sein durch die nachgefolgte Ehe legitimirtes Kind ansehe, darüber schweigt die Klägerin in der erhobenen Klage. Nachdem nun aber ein in der Ehe geborenes Kind jedenfalls zunächst dem Ehemann geboren wird, und, abgesehen von Lehen- und Fideikommißverhältnissen, Niemand das Recht zusteht, die Legitimität eines solchen Kindes in Streit zu ziehen, so lange sie nicht vom Ehemann selbst bestritten worden ist, so konnte der Klage nicht stattgegeben werden 2c. 2c.

OAGE. v. 6. Nov. 1843.

74.

Bd. XIII. S. 240.

Von Begründung der Klage auf Alimentation eines außerehelichen Kindes gegen subsidiär Verpflichtete.

Der Umstand, daß der wegen Alimentation eines außerehelichen Kindes in Anspruch genommene subsidiär Verpflichtete zu dieser Alimentation vermögend sei, gehört nicht zur Exekution, sondern bildet den Grund der Klage, weil die Großeltern nach preuß. Ldr. II. 2. § 628—630 nur subsidiär für die Alimentation des außerehelichen Kindes ihres Sohnes haften, und zwar nur dann, wenn sie selbst hiezu vermögend sind, im entgegengesetzten Falle aber die Mutter des Kindes vorzugsweise verpflichtet bleibt. — Die Klägerin muß daher den Grund ihrer Klage in der gedachten Beziehung beweisen, denn die Frage, ob die Klage statt habe, kann nicht in der Exekution entschieden werden. —

AGE. vom 26. März 1831.

75.

Bd. XIII. S. 48.

Cura absentis. Die Aufstellung eines Curators für den abwesenden Haussohn ist nicht nothwendig, wenn der Vater als der gesetzliche Vertreter seines Sohnes anwesend ist. —

OAGE. v. 27. Juli 1847.

76.

Bd. XIV. S. 97.

Tutel und Cura. Impuberes und Minores puberes.

Dr. Dollmann. Erörterung.

77.

Bd. XIV. S. 129.

Zur Lehre von der väterlichen Gewalt nach gemeinem deutschen Rechte.

Dr. Dollmann. Erörterung.

78.

Bd. XIV. S. 129.

Restitution gegen Legitimation.

Gegen ein die Legitimation ertheilendes landesherrliches Reskript kann Restitution bei den Gerichten nicht gesucht werden.

OAGE. v. 25. Juni 1844.

79.

Bd. XIV. S. 60.

Außerehelicher Beischlaf. Zeitbestimmung.

Wenn ein bestimmter Tag der Beiwohnung behauptet und hierauf rechtskräftig interloquirt worden, so hat sich auch der später abzuleistende Eid nur auf diesen Tag zu beschränken, und er kann nicht auf die ganze kritische Periode ausgedehnt werden.

OAGE. v. 26. Juni 1843.

80.

Bd. XV. S. 70.

Einkindschaftung eines unehelichen Kindes nach bayerischem Landrechte ungiltig.

OAGE. v. 27. Juni 1849.

81.

Bd. XVI. S. 281.

Rechte des Vaters bezüglich des Muttergutes seiner Kinder nach bayerischem Landrecht.

Ein Haussohn kann ohne Einwilligung des Vaters sein Muttergut, welches zum peculium adventitium regulare gehört, nicht veräußern.

OAGE. v. 6. Mai 1844.

82.

Bd. XVI. S. 369.

Gerichtsstand des Wohnorts.

Das Gericht bei welchem Jemand seinen ordentlichen Gerichtsstand hat, ist auch dessen (Ober)-Vormundschaftsbehörde. Dieser Gerichtsstand ist an dem Orte der häuslichen Niederlassung (dem Wohnorte) begründet, welcher ein anderer als der der Ansässigkeit und Heimat sein kann. Auch auf Ruf und Widerruf angestellte Staatsdiener haben an ihrem Dienstorte, wo sie sich häuslich niedergelassen haben, ihren ord. Gerichtsstand.

OAGE. v. 8. Aug. 1851.

83.

Bd. XVI. S. 371.

Persönlicher Gerichtsstand des außerehelichen Kindes.

OAGE. v. 8. August 1851.

84.

Bd. XVI. S. 209 ff.

Von der Curatel über das Vermögen Abwesender und von der Verschollenheit nach gemeinem und nach Salzburgischem Rechte (welches in den vormals dem Fürstenthum Salzburg angehörigen Gebietstheilen Bayerns gilt).

Erörterung.

85.

Bd. XVII. S. 94.

Alimentenabfindungssumme, im Konkurse liquidirt.

Ein außerehelicher Vater hatte sich bezüglich seiner Verpflichtung, das Kind bis zum vollendeten 14. Jahre zu alimentiren, mit einer Gesammtsumme von 331 fl. — kr., welche auf seine Besitzungen eingetragen wurden, abgefunden. Später fiel derselbe in Konkurs. Gegen die bezeichnete Forderung machte man unter Andern den Einwand, die Verbindlichkeit, Alimente zu reichen, erlösche mit Eintritt der Vermögenslosigkeit des Vaters. Darüber sagen die Motive der oberstrichterlichen Entscheidung: Ist diese Forderung eine Hypothekforderung, so ist sie durch die ausgebrochene Gant, weil dem Cridar selbst nichts mehr übrig bleibt, oder weil er an eigener Nahrung Abbruch leidet, nicht erloschen, und sie kann deßhalb auch nicht aus der Gant gewiesen, oder in die fünfte Klasse lozirt werden, sondern sie haftet als dingliche Forderung auf den verpfändeten Immobilien, und muß unter den Hypothekforderungen lozirt werden.

OAGE. v. 15. März 1851.

86.

Bd. XVIII. S. 140.

Muttergut im Konkurse.

Bei Geltendmachung ihrer Muttergutsforderung im Konkurse des Vaters erscheinen die Kinder als Erben ihrer Mutter.

Nach bay. Landrecht Thl. III. Cap. 1 § 3 u. 14 erscheinen die Kinder als Notherben ihrer Mutter und in Thl. 1. Cap. 6 § 37 ist nur die Art und Weise bestimmt, wie ihnen der Vater das mütterliche Gut oder ihren mütterlichen Erbtheil auszuzeigen hat. Es ist daher durch das Gesetz bestimmt, was der Ehemann auf Ableben der Frau ihren Kindern hinauszugeben hat, und es hängt dieses nicht von seiner Willkür ab.

Eine solche Muttergutsauszeigung ist daher keineswegs ein Vertrag, wodurch der überlebende Ehemann Erbe seiner Frau wird, und sich mit seinen Kindern wegen ihrer mütterlichen Erbschaft abfindet, sondern die Erbverhältnisse werden durch die Muttergutsauszeigung nicht verändert.

OAGE. v. 15. März 1851.

87.

Bd. XVII. S. 159.

Kuratelbestellung über einen blödsinnigen Ehemann,

nach fränkischem und gemeinem Rechte wurde in einem Falle umsomehr als geboten erachtet, als die Ehefrau nicht in allgemeiner Gütergemeinschaft mit ihrem Manne lebe. In Ermangelung einer speziellen Bestimmung des Provinzialrechts (Fränk. LGO. Thl. III. Tit. VII. § 3.) sei auf das gemeine Recht zu rekurriren, nach welchem unter den gegebenen Umständen eine Kuratelbestellung eintrete, und zwar nicht blos zur Wahrung bezüglich des Vermögens, sondern auch zur Pflege und Fürsorge in Betreff der Person. —

OAGE. v. 21. Mai 1851.

88.

Bd. XVIII. S. 68.*

Statutenkollision bezüglich der Folgen des außerehelichen Beischlafs.

Hier ist jenes Gesetz anzuwenden, welches an dem Wohnorte der Mutter z. Z. der Geburt des Kindes gilt. — (Vergl. XXIV. 235.)

OAGE. v. 20. Juni 1853.

88.*

Bd. XVIII. S. 239.

Vom „bloßen Unterhalt" im Sinne des bay. Ldr. Thl. III. Kap. 3. § 13. No. 1.

OAGE. vom 30. Juni 1852.

89.

Bd. XVIII. S. 33.

Veränderung des Wohnsitzes des Pfleglings hat auf die Kompetenz der Obervormundschaftsbehörde keinen Einfluß, soferne nicht Zweckmäßigkeitsgründe ein Anderes bedingen.

OAGE. v. 11. Okt. 1852.

90.

Bd. XVIII. S. 277.

Vormundschaftlicher Gerichtsstand bei Domizilsveränderung.

Wenn auch Veränderungen des Wohnsitzes des Pflegbefohlenen an sich und unmittelbar den vormundschaftlichen Gerichtsstand nicht ändern, so muß doch dem Zwecke der Obervormundschaft gemäß das Gericht des veränderten Aufenthaltsortes die Obervormundschaft auf sich übertragen lassen, wenn es das Wohl des Schützlings erfordert. Dieser Fall liegt hier vor, da die Kinder bei der übergesiedelten Mutter wohnen, und ihr Vermögen in Aktiven und baarem Gelde besteht, die Einwirkung der Domizilsbehörde daher sowohl auf die Person als auf das Vermögen der Pflegbefohlenen eine leichtere, ihren Zweck mehr sichernde ist, wie sich denn auch die Mutter für diese Uebertragung erklärt hat. —

OAGE. v. 21. März 1853.

91.

Bd. XVIII. S. 406.

Anfall einer Erbschaft an einen Landesabwesenden (Verschollenen).

Derselbe wurde für zuläßig erklärt.

OAGE. v. 9. Aug. 1836. OAGE. v. 20. Juli 1852.

92.

Bd. XIX. S. 17 ff.

Ueber den Anfall einer Erbschaft an Verschollene.

Erörterung mit folgenden Schlußsätzen:

a) Die Vorschriften der Art. 135—137 des franz. Civilgesetzbuches, von den einem Abwesenden möglicher Weise zustehenden eventuellen Rechten handelnd, sind nicht etwa eine Eigenthümlichkeit eines fremden positiven Rechtes, sondern sie finden sich tief in der Geschichte, dem Wesen und den Grundsätzen des deutschen gemeinen Rechtes gegründet und müssen daher auch auf dem Gebiete des Letzteren ihre Anwendung finden; der Kurator eines Landesabwesenden, dessen Schicksale unbekannt sind, kann daher für denselben keine ihm seit der letzten sicheren Kunde von seinem Leben angefallene Erbschaft antreten, kein Vermächtniß erwerben und noch weniger auf solche Weise die Wirkung der Transmission auf seine präsumtiven Nachfolger erstrecken.

b) Zum Anfalle eines jeden Erbgutes, als unerläßliche Voraussetzung seines Erwerbes, selbst für den nothwendigen Erben, gehört vielmehr immer das Ueberleben des Erblassers, dessen Gewißheit für Abwesende durch die bloße Vermuthung, daß der einmal Lebende bis zum 70. Jahre oder irgend einem anderen Zeitpunkte fortlebe, nicht ersetzt werden kann, — und zwar selbst dann nicht, wenn, gleichwie die gemeinrechtliche Observanz das 70jährige Alter, so ein Partikularstatut irgend einen anderen Zeitpunkt als den präsumtiven Todestag eines Verschollenen in Bezug auf die Vererbung seines eigenen Nachlasses aufgestellt haben sollte.

c) Daher trifft die Beweislast in Bezug auf das Erleben des entscheidenden Anfalles immer denjenigen, welcher den letzteren behauptet und daraus Rechte herleitet, aber nicht die für einen früher eingetretenen Tod den Gegner, welcher jenes Erleben nur in Widerspruch zieht.

d) Der Kurator des Abwesenden, wenn gleich ein Güterpfleger, kann zwar die Fürsorge für dergleichen Erbanfalle auch insoweit mit in den Bereich seines Amtes ziehen, daß er darüber wacht, daß vorerst alle Mittel angewendet werden, um dem Abwesenden den persönlichen Erwerb möglich zu erhalten, wie z. B. öffentliche Ladungen auf geräumige Termine, möglichste Verbreitung derselben u. dgl. m. — er kann sich auch dem Vorstecken der unzulässigen poena repudiati widersetzen, an deren Stelle in der Ladung nur die natürliche Folge zu treten hat, daß im Falle des Nichterscheinens mit der Verfügung über eine solche Erbschaft, ohne Rücksicht auf die Betheiligung des Abwesenden, fortgeschritten würde, was nicht einem eingebildeten Ausschlagen, sondern nur einem Verluste von Besitz und Genuß der Erbschaft gleichkommt. —

e) Sind aber alle diese Mittel vergebens erschöpft, um den Abwesenden zu entdecken, oder zur Stelle zu bringen, so fällt die Erbschaft an die Mit- oder Nacherben desselben, welche dazu berufen gewesen, wenn er entschieden den Anfall nicht erlebt hätte.

f) Diese Letzteren sind zwar, besondere Umstände und dringliche Verlustgefahren abgerechnet, zu einer Sicherheitsleistung nicht verbunden; kommt aber der Abwesende oder sein rechtmäßiger Nachfolger später noch zum Vorschein, so bleiben ihm alle Klagen auf Herausgabe jener Erbschaft vor Ablauf der gewöhnlichen Verjährungsfrist von selbst vorbehalten. —

93.

Bd. XIX. S. 301.

Zur Auslegung des § 23 Ziff. 1 der Prioritätsordnung. Vorzugsrecht des Kindervermögens.

OAGE. v. 13. Juli 1854.

94.

Bd. XIX. S. 177 ff.

Zur Lehre von der Obervormundschaft.

Erörterung von Dr. Aug. Seuffert, mit folgenden Hauptsätzen:

a) Die Obervormundschaft ist nach deutschem Rechte in Kraft ihres Oberaufsichtsrechtes befugt, dann, wenn der Pflegling selbst handeln will, der Vormund aber seine Einwilligung verweigert, diese zu suppliren; nicht minder wenn, wie dieß meistens der Fall, eigenes Handeln des Pfleglings nicht in Frage ist, dem Vormunde bei Vermeidung von Strafeinschreitung die Vornahme eines gewissen Geschäfts vorzuschreiben. Hat aber der Obervormund die letztere Befugniß, dann ergibt sich von selbst, daß er auch berechtigt sei, im Falle der Weigerung des Vormundes eine bestimmte vom Obervormunde für nothwendig errichtete Verwaltungshandlung vorzunehmen, gerade selbst dieß zu thun, also et a für den Pflegling zu kontrahiren. — 2c. 2c.

b) Wenn auch die Obervormundschaft für berechtigt und verpflichtet zu halten ist, von allen einzelnen thatsächlichen Verhältnissen nach Thunlichkeit selbst Einsicht zu nehmen und eigene Anschauung sich zu verschaffen, so kommt doch in Betracht, daß der Natur der Sache nach die Behörde, welche vielleicht Hunderte von Vormundschaften zu überwachen hat, die fast durchaus noch eine Reihe von andern Amtsgeschäften hat, nicht in der Lage ist, diese Einsichtnahme in umfassender Weise zu pflegen. Sie ist vielmehr darauf angewiesen, im Allgemeinen dem Vormunde, soferne sie nicht Grund hat, an seiner Tüchtigkeit zu zweifeln, einen gewissen Spielraum zu lassen, innerhalb dessen er sich frei bewegt — und berechtigt, bis zu einem gewissen Grade sich auf die Mittheilungen des Vormundes, was das Thatsächliche anlangt, zu verlassen. Hiernach ergiebt sich von selbst ein Wirkungskreis des Vormundes, der ihn über die Stellung eines bloßen Dieners der Obrigkeit erhebt, zugleich aber auch seine Verantwortlichkeit in erster Linie begründet, . . . während die anbefehlende oder selbst vollziehende Obervormundschaft in erster Linie oder vielmehr ausschließlich für haftbar zu erklären ist. —

c) Unstatthaft ist es jedoch, daß die Curatelbehörde ohne alle Zuziehung des Vormundes irgend eine Verwaltungshandlung vornehme.

d) Auch nach bayerischem Rechte ist das Selbsthandlungsrecht der Obervormundschaft im b. Ldr. Thl. I. Cap. 7. § 17 No. 5 begründet. —

95.

Bd. XIX. S. 83. *

Zuständigkeit der Obervormundschaft über außereheliche Kinder.

96.

Bd. XIX. S. 85. *

Uebertragung der Obervormundschaft an ein anderes als das regelmäßig zuständige Gericht aus Gründen der Zweckmäßigkeit.

97.

Bd. XIX. S. 49*. 51*.

Erbschaftsanfall an Verschollene.

Beweispflicht desjenigen, der sich auf das Ueberleben des Anfalles stützt. Beerbung eines Verschollenen; keine Vermuthung für sein Fortleben bis zum 70. Lebensjahre; Ausnahme nach Umständen.

98.

Bd. XX. S. 17*.

Obervormundschaftliche Kompetenz über ein außereheliches Kind, dessen Mutter unter väterlicher Gewalt steht; Domizilsveränderung durch Wirthschaftspacht.

Als kompetent wurde dasjenige Gericht erkannt, in dessen Bezirk der Vater der noch in seiner Gewalt stehenden und am selben Orte in einem Dienste befindlichen led. Kindsmutter, obwohl nur Wirthschaftspächter, da er seinen Wohnsitz in seinem Heimathsorte aufgegeben, sein Hauswesen aufgeschlagen hatte. (Event. elektive Konkurrenz des Dienst- und Heimathsortes nach G.-O. Cap. 1. § 14.)

OAGE. v. 28. Okt. 1854.

99.

Bd. XX. S. 24.

Kompetenz zur Verlassenschaftsbehandlung und Obervormundschaft in Folge der Domizilsveränderung oder auch bei mehrfachem Domizil.

rc. rc. Den Akten zufolge waren die C.'schen Eheleute nicht blos zu einem vorübergehenden Zwecke von München nach Bamberg gezogen, sondern um am letzteren Orte sich häuslich niederzulassen und daselbst zu wohnen. Dafür sprechen die Thatumstände, daß die Familie mit ihrer ganzen fahrerden Habe München verließ und in Bamberg eine Miethwohnung bezog. Es ist sohin kein Zweifel, daß auf diese Weise für die Mitglieder der Familie C. in Bamberg das Domizil begründet wurde. — Der Umstand, daß die C.'schen Eheleute ein ihnen gehöriges Haus in München auch während ihres Wohnens in Bamberg noch besaßen, und bei ihrem Ableben noch nicht veräußert hatten, begründet keine entgegenstehende Folgerung, denn abgesehen auch davon, daß nicht vorliegt, ob dieselben in dem Hause in München noch eine Wohnung für sich in Bereitschaft gehalten haben, so würde, selbst wenn dieses der Fall war, daraus nur folgen, daß sie sowohl in Bamberg als in München das Domizil erworben und auf das Letztere durch ihren Ueberzug nach Bamberg nicht verzichtet hatten, da Jemand auch zugleich an mehreren Orten ein Domizil haben kann. (Anm. zur G.-O. Cap. I. § 3. d.)

Wenn auch, wie angegeben wurde, die Wittwe C. in der letzten Zeit ihres Lebens Aeußerungen machte, daß sie wieder nach München zu ziehen gesonnen sei, so ist dieß irrelevant, weil dadurch das Domizil in Bamberg noch nicht verloren wurde, auch abgesehen davon, daß ehelichen Kindern durch den Willen der Mutter die Domizilsrechte nicht entzogen werden können, welche sie durch ihren Vater einmal erworben haben.

Wird also auch angenommen, daß die C.'schen Eheleute sowohl in München als auch in Bamberg Domizilsrechte hatten, so kommt es, was die Uebernahme der Kuratel der Kinder betrifft, auf die Frage der Zweckmäßigkeit an. Die Gründe der Zweckmäßigkeit aber sind dafür, daß sich das Kr.- und Stadtg. Bamberg derselben unterziehe. Denn aus den gemachten Erhebungen geht hervor, daß die 2 Söhne in Bamberg verbleiben, daß die 3 Töchter, wenn sie dereinst das Erziehungs-Institut bei Reichenhall verlassen, sich nach Bamberg begeben werden, daß die Kinder ihre Verwandte nur in und bei Bamberg, nicht aber in München haben, und daß der Landgerichts-Assessor S. in Bamberg, dessen Frau eine Tante der Kinder ist, die Vormundschaft übernehmen will. Unter diesen Umständen würde für eine in München, von einer den Kindern fremden Person zu führenden Vormundschaft die Einwirkung auf die Pfleglinge mit vielen Schwierigkeiten verknüpft sein, während der Umstand, daß zum Vermögen derselben ein Haus in München gehört, nicht von entscheidendem Einflusse ist, weil dafür, auch wenn dessen Veräußerung nicht für gut befunden würde, ein Verwalter aufgestellt werden kann. —

Die Verlassenschaftsbehandlung dagegen liegt jedenfalls dem Kr.- u. Stdtg. Bamberg ob, als dem Gerichte des Ortes, an welchem die Wittwe C. zur Zeit ihres Todes ihren Wohnsitz hatte. —

OAGE. v. 27. Januar 1855.

100.

Bd. XX. S. 385.

Vaterschaftsklagen für das Kind einer Ehefrau gegen einen Dritten.

Erörterungen: Die Sorge für Aufrechthaltung des Status eines in der Ehe, wenn auch zu früh geborenen Kindes, wird der Natur der Sache nach schon dahin führen, daß die Kuratelbehörden, wenn solch ein Kind vom Ehemann als das seinige nicht anerkannt wird, den aufzustellenden Vormund dahin anzuweisen haben, vor Allem den Ehemann auf Anerkennung der Vaterschaft in Anspruch zu nehmen; es lägen denn erwiesenermaßen Umstände vor, welche es außer allem Zweifel lassen, daß der Ehemann in der zur Zeugung naturgemäß nothwendigen Zeit mit seiner Ehefrau nicht zugehalten habe (Vgl. Bl. f. RA. Bd. 15. S. 27. 203.) und erst dann gegen einen Dritten Klage zu erheben, wenn der Ehemann von der Klage auf Anerkennung des Kindes losgesprochen worden ist.

(Dagegen OAGE. v. — R.-No. 1016 54/55.)

101.

Bd. XXI. S. 220.

Alimentenklage. Ernährung des Kindes durch Dritte.

Der gegen die Alimentenklage der außerehelichen Mutter aufgestellte Einwand:

daß dritte Personen das Kind bis jetzt unentgeltlich erzogen haben und es auch ferner unentgeltlich erziehen wollen, kann allerdings, wenn er erwiesen wird, den Beklagten von seiner Alimentationsverbindlichkeit befreien.

OAGE. von Dresden v. 16. Januar 1849.

102.

Bd. XXI. S. 29.

Ueber die Befugniß der außerehelichen Mutter zur Erhebung der Klage auf Anerkennung der Vaterschaft.

In Seuffert's Archiv Bd. II. No. 55 wurde ein Erkenntniß des OAG. zu München vom 13. April 1824 mitgetheilt, welches der außerehelichen Mutter das Recht zugesteht, in ihrem eigenen Interesse die Klage auf Anerkennung der Vaterschaft gegen den Schwängerer anzustellen, sowie ein neueres Erkenntniß des OAG. zu Dresden, welches derselben dieses Recht abspricht.

Die Frage ist in jüngster Zeit bei dem bay. OAG. einer eingehenden Erörterung unterworfen worden, deren Resultat wir nachfolgend mittheilen.

Eine ledige Weibsperson aus Rheinbayern, welche sich als Dienstmagd in Oberbayern aufhält, erhob gegen ihren Dienstherrn Klage auf Anerkennung der Vaterschaft zu ihrem Kinde und auf Alimentationsbeitrag.

Der Beklagte machte hiegegen geltend: die hier aufgestellte actio filiationis affirmativa utilis, sowie die actio alimentaria stehe nur dem Kinde zu; da die Klägerin nun nicht als Vormünderin ihres Kindes bestellt sei und ihr auch nach der deßfalls zur Anwendung zu kommenden Gesetzgebung der Pfalz die gesetzliche Vormundschaft nicht zustehe, so sei sie zu der erhobenen Klage nicht legitimirt. Der Gerichtshof verwarf diese Einrede aus folgenden Gründen:

Wenn es auch streitig ist, aus welchem Gesichtspunkte nach dem deutschen gemeinen Rechte und nach dem bay. Landrechte die Klage des außerehelich erzeugten Kindes gegen den Vater auf Anerkennung der Paternität zu beurtheilen sei, so betrachten doch Beide den außerehelichen Beischlaf und die Erzeugung des Kindes, der Geschwächten gegenüber, als eine unerlaubte Handlung des Stuprators, für deren Folgen er derselben Entschädigung zu leisten verpflichtet ist. Hiezu gehört insbesondere die Verpflichtung desselben, zur Alimentation des Kindes beizutragen. Diese liegt zunächst der Mutter ob; sie hat daher ein eigenes persönliches Interesse, die Verurtheilung des Kindesvaters zu dieser Leistung zu erwirken und deßhalb die Anerkennung der Vaterschaft zu verlangen. Die gemeinrechtliche Praxis gestattet der Mutter in dieser Beziehung die Präjudizialklage de partu agnoscendo.

„Der Grund dieses heutigen Rechts“ sagt Glück in den Erl. der Pand. Bd. 28. S. 149, „beruht hauptsächlich in den Verordnungen des kanonischen Rechts; denn diese lagen, ohne einige Rücksicht auf die römischen Gesetze, dem Vater schon als Zeuger seines Kindes, die Pflicht auf, auch seine unehelichen Kinder zu ernähren. . . Er ist dazu sogar in einem vorzüglicheren Grade als die Mutter verbunden. Es muß also auch der Mutter des unehelichen Kindes ihn zur Erfüllung dieser Verbindlichkeit, wenn er dieselbe verweigert oder verzögert, aufzufordern und durch die Präjudizialklage de partu agnoscendo die Verpflegung ihres Kindes auf ihn zu übertragen berechtigt sein.

Da diese Klage, ebenso wie die direkte Präjudizialklage, auf Anerkennung und Ernährung des unehelichen Kindes gerichtet wird, und auch die Paternität des Vaters zu Grunde hat, so wird sie actio de partu agnoscendo utilis genannt.“

Vergl. Böhmer, doctr. de Action. Seet. II. Cap. 1. § 26.
Leyser, medit. spec. 36. Nr. 5.
Schmidt, von Klagen und Einreden § 395.

Das bay. Landrecht enthält keine Abweichung von dieser gemeinrechtlichen Auffassung. Es stellt die Entschädigungsansprüche der Kindesmutter unter den Gesichtspunkt der lex Aquilia,

Thl. IV. Cap. 16. § 6. No. 6,

und legt dem Stuprator die ausschließliche oder theilweise Alimentation des Kindes sogar für den Fall auf, wenn die Vaterschaft ungewiß ist, weil die Mutter auch Anderen in Unehren beigehalten hat.

Thl. I. Cap. 4. § 9. No. 4.

Umsomehr muß die Mutter alsdann zur Forderung des Alimentationsbeitrages für berechtigt erachtet werden, wenn diese Ungewißheit hinwegfällt und der Beklagte, als alleiniger Beihälter, für den Vater des Kindes zu halten ist. Für die Geschwächte ist allerdings die Anerkennung der Vaterschaft nicht der unmittelbare Gegenstand der Klage; sie bildet aber die Grundlage ihrer pekuniären Ansprüche. Dieselbe ist daher nothwendig in den Fall gesetzt, dieses Fundament ebenfalls klagbar geltend zu machen. —

Der oberste Gerichtshof ist sogar noch weiter gegangen. Durch Erk. vom 13. April 1824 . . . wurde der außerehelichen Mutter die Klage auf Anerkennung der Vaterschaft — ohne Verbindung mit weiteren Ansprüchen auf Alimentation des Kindes oder Schadloshaltung für die Defloration, aus dem Gesichtspunkte zugestanden: daß sie dabei ihrer eigenen Ehre wegen betheiliget sei, um ein bestimmtes Individuum zum Vater des Kindes zu haben und nicht als liederliche, sich Jedem preisgebende Dirne zu erscheinen."

OAGE. v. 5. Mai 1855. (13. April 1824.)

103.

Bd. XXI. S. 477.

Freiwillige Unterwerfung unter cura prodigi.

Es kommt vor, daß schlechte Wirthschafter sich freiwillig, d. h. ohne Einleitung des Interdiktionsverfahrens und Dazwischenkunft eines die Prodigalität konstatirenden richterlichen Dekretes, durch Erklärung bei Gericht unter die Curatel eines Anderen begeben, und hierüber auch ein öffentliches Ausschreiben erlassen wird. Wenn nun später über Handlungen des Privatkurators Differenzen mit dem Curanden entstehen, so kann dieser nicht beantragen, daß zur Aufrechthaltung der Geschäftsgrenzen des Curators von Seite der Obervormundschaftsbehörde (extra viam et ordinem processus) eingeschritten werde, indem ein Fall obervormundschaftlicher Obhut nicht gegeben ist. Vielmehr erscheint das Verhältniß zwischen Curator und Curand lediglich als ein vertragsmäßiges, und das Gericht als solches, ist zur Schlichtung der entstandenen Differenzen anzugehen, wobei die Art des einzuleitenden Verfahrens von den Umständen des einzelnen Falles abhängt. (Preuß. Recht.)

OAGE. v. 31. März 1854.

104.

Bd. XXI. S. 381.

Ueber die Berücksichtigung der Rechte des abwesenden Vaters bei den im Interesse des minderjährigen Kindes zu treffenden Anordnungen.

Die Verfügung über eine Aenderung der Landeshörigkeit des Kindes, sowie über seinen Aufenthalt und seine Erziehung, fällt allerdings in den Bereich der väterlichen Gewalt, und der dem Vater zustehenden natürlichen Vormundschaft. Zur Wirksamkeit dieser Rechte des Vaters wird aber vorausgesetzt, daß dieser sich nicht außer Stand gesetzt habe, dieselben auszuüben, wie im vorliegenden Falle N. gethan hat, indem er sich vor mehreren Jahren aus dem Vaterlande heimlich, — angeblich nach Amerika — entfernte, ohne irgend einen Verkehr mit der Heimath zu pflegen, und ohne sich um sein Kind zu kümmern, welches er schon vorher der Fürsorge seiner Schwiegermutter anheimgestellt hatte. — Die nothwendige Folge dieses Verhältnisses ist nun, daß an die Stelle der väterlichen Fürsorge diejenige einer für das Kind aufgestellten Vormundschaft und die der Obervormundschaftsbehörde getreten ist, welche, ohne weitere Rücksicht auf den Vater, alle Maßnahmen vorzukehren verpflichtet und berechtigt sind, die das Wohl des Kindes erheischen kann, sie mögen das Vermögen des Kindes oder dessen Person betreffen. — 2c. Hienach kann es bei der obervormundschaftlichen Beschlußfassung über die beantragte Uebernahme des Kindes von Seiten der Großmutter und der damit zusammenhängenden Auswanderung des Ersteren nur noch darauf ankommen, ob diese Maßnahme dem Wohle des Kindes angemessen ist. 2c. 2c.

OAGE. v. 10. Okt. 1856.

105.

Bd. XXI. S. 385.

Sicherstellung des Muttergutes durch den Vater.

Erörterung, worin auszuführen gesucht wird, daß auch derjenige Vater, welcher kein Immobiliarvermögen besitzt, für das ausgezeigte Muttergut Sicherheit zu leisten habe. (Die Ausführung über die Sicherheitsleistung der Siegelmäßigen ist durch die Aufhebung der Vorrechte derselben gegenstandslos geworden.)

106.

Bd. XXII. S. 153.

Wiederaufhebung der Curatel über einen Verschwender.

Dem unter Curatel gestellten Verschwender steht das Recht zu, die Aufhebung dieser Curatel auch ohne Zustimmung des Curators zu beantragen und gegen eine Abweisung dieses Antrages Beschwerde zu ergreifen.

OAGE. v. 4. Nov. 1856.

107.

Bd. XXII. S. 254.

Vermögenskuratel. Dritten Betheiligten steht gegen die in Curatelbestellungen ergangenen Gerichtsverfügungen ein Beschwerderecht zum Oberrichter nicht zu.

Die Bestellung einer Curatel über einen Wahnsinnigen oder Verschwender, sowie die Ueberwachung der Verwaltung des aufgestellten Curators gehören zum obervormundschaftlichen Wirkungskreise der Gerichte. — — Das Interesse dritter Betheiligter kann von der Obervormundschaftsbehörde bei ihren Anordnungen in gebührende Erwägung gezogen werden, eine selbstständige Stellung solcher Betheiligten findet aber in dieser Materie nicht statt; der Richter handelt von Amtswegen. Diesen Grundsätzen entsprechend hat das b. Landrecht den Einfluß der Verwandten auf die Erstattung einer Anzeige an das Gericht beschränkt. (Thl. I. Cap. 7. § 37. Z. 1.)

Ist aber jenen Betheiligten die Stellung als Partei versagt, so steht ihnen auch keine Befugniß zu, gegen eine bezüglich der Curatelbestellung erlassene richterliche Entscheidung und Anordnung *) Beschwerde bei dem höheren Richter zu führen. All dieses findet auch Anwendung auf die Ehefrau: Sie mag allerdings durch Verschwendung und schlechte Haushaltung des Ehemannes in ihrem eigenen Vermögen gefährdet sein. Als Partei gegen diesen kann sie aber nur auftreten, indem sie die Aufhebung der ehelichen Vermögensgemeinschaft, Sonderung ihres Einbringens, Sicherstellung u. dgl. im Civilrechtswege verlangt.

Die Aufstellung eines Curators für den Ehemann ist dagegen auch für sie kein durch selbstständige Klage oder Beschwerdeführung verfolgbares Recht.

OAGE. v. 30. Sept. 1856.

108.

Bd. XXII. S. 303.

Die von der Kindsmutter vor der Curatelbehörde bezüglich der Vaterschaft ihres außerehelichen Kindes abgegebene Erklärung ist für den Paternitätsstreit sonder Einfluß.

2c. Fragliche Erklärung ist nicht im vorwürfigen Prozesse abgegeben, nicht vor dem kompetenten, ja überhaupt nicht vor einem Richter, sondern nur vor der Oberkuratel des Kindes.

---

*) Wohl zu unterscheiden von einer Beschwerde, vielmehr Denunziation beim Obergericht wegen Justizverweigerung. Vergl. z. B. § 8. Thl. I. Cap. 7 des LR. No. 1.

Von einem gerichtlichen Geständnisse kann daher keine Sprache sein, ebensowenig aber von einem außergerichtlichen; denn der Begriff des Geständnisses involvirt die Absicht, die Wahrheit einer Thatsache einzuräumen, die dem Einräumenden nachtheilig ist, für einen andern ein Recht begründen oder eine Verbindlichkeit desselben beseitigen kann, und es muß deßhalb die Erklärung, welche ein Geständniß enthalten soll, auf eine Art abgegeben werden, daß jener Andere mittelbar oder unmittelbar als jener erscheint, dem die Erklärung gilt. Was vor einem Dritten erklärt wird, der nicht berufen ist, den Anderen zu vertreten, ist blos als eine gewöhnliche Aeußerung zu betrachten, aus welcher höchstens eine praesumtio hominis abgeleitet werden könnte. Hat demnach die Verlebte ihren Eltern, dem Vormunde ihres Kindes und selbst der Curatelbehörde einen Anderen, als den Beklagten, als Schwängerer bezeichnet, so kann hierin ein Geständniß zum Vortheile des Beklagten nicht gefunden werden.

Noch weniger läßt sich in fraglicher Erklärung ein Verzicht auf ihre Rechte gegenüber dem Beklagten finden. Ein solcher kann nur dem Verpflichteten gegenüber geleistet, und die zum Begriffe eines Verzichtes gehörende, ausdrückliche Willenserklärung, ein Recht aufzugeben, unmöglich in einer einfachen Aeußerung vor einem Dritten gefunden werden. Es ist recht wohl erklärlich, daß gedachte Aeußerung, um den Beklagten nicht zu kompromittiren, im Einverständnisse mit demselben abgegeben wurde.

OAGE. v. 20. Oktober 1855.

109.

Bd. XXIII. S. 81.

Zuständigkeit zur Fortführung der Obervormundschaft über ein außereheliches Kind, dessen Mutter sich anderwärts verehelicht hat, und ohne dasselbe zu sich genommen zu haben, gestorben ist.

2c. 2c. Josefa P. hatte ihr Domizil in Haidhausen, und es war sohin das Landgericht Au für die Curatel über das außereheliche Kind derselben die zuständige ordentliche Obrigkeit. Mit der Verehelichung der Josefa P. in Rothenfels ging zwar bezüglich derselben eine Domizilsveränderung vor sich; allein unmittelbar wurde hierdurch der vormundschaftliche Gerichtsstand des Kindes, welcher bei dem Landgerichte Au in legaler Weise begonnen hatte, nicht geändert. Es kommt darauf an, was dem Wohle des Kindes ersprießlicher ist. Dieser Zweck der Obervormundschaft entscheidet über die Fortdauer der kompetenzmäßig begonnenen Curatel oder deren Uebertragung an das Landgericht Rothenfels, als das nachherige Domizilsforum der Mutter.

Diese Frage kam jedoch zur Zeit der Verheirathung der Mutter nach R. gar nicht in Anregung, sondern erst nach ihrem Tode. Nun aber ergeben die Akten, daß die Mutter das Kind nicht mit sich nach R. genommen und daß es sich daselbst auch nachher nicht befunden hatte, sondern in der Pflege verblieben war, in welche es mit Genehmigung der Obervormundschaft war gegeben worden.

Unter diesen Umständen stellt sich, zumal nun nach dem Tode der Mutter, die Uebertragung der Curatel an das Landgericht R. als unstatthaft dar, da das Kind in R. ganz fremd ist, der überlebende Ehemann seiner Mutter keine Rücksicht auf dasselbe zu nehmen hat, und Verwandte des Kindes sich nur in Haidhausen oder benachbarten Orten befinden; das Landgericht R. aber, wenn sich das Kind daselbst nicht befindet, für dessen persönliches Wohl die gehörige Obsorge zu tragen nicht im Stande ist. —

OAGE. v. 25. April 1857.

110.

Bd. XXIII. S. 95.

Statutenkollision bezüglich der Vormundschaft über Ehefrauen.

Die beiden Eheleute M. u. Ch. G. haben unbestrittener Massen ihren Wohnsitz in einem Gebietstheile, welcher der Herrschaft des bayerischen Landrechts unterworfen ist.

Dieses aber verordnet in Thl. I. Cap. 7. § 12. No. 4, daß die Curatel einer minderjährigen Ehefrau nach geschehener Verehelichung alsogleich aufhört, und mit der potestate maritali, worunter dieselbe während der Ehe zu stehen hat, verwechselt werde.

Dieses wird in Thl. I. Cap. 7. § 36. No. 7. viertens, wiederholt und in den Anmerkungen hiezu ausdrücklich bemerkt, daß dabei inter bona receptitia et paraphernalia kein Unterschied gemacht werde.

Der Anwendbarkeit dieser Gesetzesstellen kann auch nicht der von den beiden Vorinstanzen geltend gemachte Umstand in den Weg treten, daß die Ch. G. vor und bis zu ihrer Verehelichung der Herrschaft des gemeinen Rechtes unterworfen gewesen und ihre Curatel nach diesem eingeleitet und bisher fortgeführt worden ist.

Das angeführte Landrecht verordnet Thl. I. Cap. 6. § 12. No. 5 u. 6, daß jede Frau in den Stand, Charakter, Würde, Familie und das Forum ihres Ehegatten tritt und dem Manne, falls er sein Domizil verändert, in der Regel folgen soll.

Dasselbe tritt nach gemeinem Rechte ein.

Fr. 65 de jud. (5. 1); const. ult. de imol. (10. 39); const. 13. de dignit. (12. 1)

Nun bestimmt aber die b. G.-O. Cap. XIV. § 7. no. 8. wie das Landr. Thl. I. Cap. II. § 17, in Uebereinstimmung mit dem gemeinen Rechte,

v. Savigny, System des heut. röm. Rechtes Bd. VIII. S. 134,

daß auf die verschiedenen Zustände der Person, wodurch deren Rechtsfähigkeit und Handlungsfähigkeit bestimmt wird, also insbesondere der Zustand der Bevormundung oder Selbstständigkeit, dasjenige örtliche Recht anzuwenden ist, welchem die Person selbst durch ihren Wohnsitz angehört, wobei natürlich die Erwägung, daß letzterer ein accessorischer ist, nicht in Betracht kommen kann, weil das accessorische und nothwendige Domizil dem ursprünglichen und freiwilligen rechtlich ganz gleichstehen.

Hienach ist kein Grund vorhanden, die Curatel fortbestehen zu lassen und ihr, beziehungsweise ihrem Ehemanne von Vormundschaftswegen die selbsteigene Verwaltung ihres Vermögens vorzuenthalten.

OAGE. v. 21. Januar 1858.

111.

Bd. XXIII. S. 313.

Vaterschaftsklage. Einrede der mehreren Zuhälter. (Gem. Recht.)

OAGE. v. 23. Juni 1841 u. 5. Juni 1855 (Plen.-Beschl.).
OAGE. v. 4. Januar 1858. OAGE. v. 12. Mai 1857.
OAGE. v. 11. Juli 1856. (Verschiedene Ansichten.)

112.

Bd. XXIV. S. 235.

Statutenkollision.

Die civilrechtlichen Folgen des außerehelichen Beischlafs richten sich nach den Gesetzen des Ortes, wo der betreffende Beischlaf verübt wurde auch dann, wenn dieser Ort im Auslande liegt.

OAGE. v. 14. März 1857.

113.

Bd. XXIV. S. 349.

Obrigkeitliche Genehmigung der Vergleiche über Alimentenforderungen Pflegebefohlener nach bayerischem Rechte.

Wenn Jemand das Recht, von einem Andern Alimente zu fordern gegen eine — ein für allemal zu zahlende — Summe aufgibt, so wird dieses als Vergleich angesehen —

fr. 8. pr. § 1. 2. Dig. (2. 15) Seuffert, P.-R. § 372. —

und Vergleiche der Curatoren und Vormünder über unbewegliche oder solche Güter ihrer Pflegebefohlenen, welche sich leicht erhalten lassen, bedürfen des Consenses von Seite der Obrigkeit des Pflegbefohlenen, oder wenigstens, wenn der Vergleich über eine im Prozesse befangene Sache geschlossen wird, desjenigen Gerichtes, vor welchem der Streit hängt.

G.-O. Cap. XVII. § 1. No. 7.

Zu jenen Gütern, welche sich leicht erhalten lassen, werden aber auch Forderungen gerechnet:

Anm. lit. g. zur G.-O. a. a. O. vergl. mit bay. Landr. Thl. II. Cap. 1. § 9.

Hätte also der Vormund des außerehelichen Kindes der A. sich wirklich mit dem Vater desselben über eine Abfindung für die künftigen Alimente des Kindes verglichen, so wäre hiezu der Consens der obervormundschaftlichen Behörde, dessen die Beklagten jedoch keine Erwähnung thun, erforderlich und die Existenz dieses Erfordernisses zur Begründung einer statthaften Einrede zu behaupten gewesen.

Glück, Comm. Bd. 33. Abth. I. p. 59.

Die Appellanten meinen zwar, zu solcher Begründung genüge die Thatsache des zwischen dem zur Alimentation verpflichteten und dem Vormunde abgeschlossenen Vergleiches, und die Replik der Ungiltigkeit des Vertrages wegen Mangels des obervormundschaftlichen Consenses könne nicht von dem kontrahirenden Vormunde entgegengesetzt, noch vom Prozeßrichter supplirt, sondern dürfe lediglich von dem obervormundschaftlichen Gerichte selbst eingelegt werden.

Allein gleichwie eine Veräußerung liegender Güter des Pupillen ohne obrigkeitliche Bestätigung dermaßen kraftlos ist, daß die Vindikation des veräußerten Gutes von dem Vormunde, welcher gleichwohl die Veräußerung selbst vorgenommen, im Namen des Pupillen bewirkt werden kann,

Anm. No. 3 zum bay. LR. Thl. I. Cap. VII. § 13,

so ist auch eine vom Vormunde ohne obervormundschaftlichen Consens über des Pupillen streitige Forderung eingegangener Vergleich um so gewisser ungiltig und durch ihn selbst im Namen des Pupillen anfechtbar, als seine Veräußerungs- und Vergleichsbefugniß im öffentlichen Interesse an die Mitwirkung der Obrigkeit gebunden ist, und dieß öffentliche Interesse auch eine nur relative Giltigkeit des illegalen Vergleiches nicht zuläßt. —

OAGE. v. 27. Sept. 1856.

114.

Bd. XXIV. S. 351.

Erfüllungseid der sittenlosen Kindsmutter.

Eine auf Anerkennung der Vaterschaft und Alimentation ihres außerehelichen Kindes klagende Weibsperson von gemeinkundig sittenlosem Lebenswandel kann nicht zum Erfüllungseide gelassen werden.

OAGE. v. 11. April 1854.

115.

Bd. XXIV. S 364.

Erbeinsetzung durch den unehelichen Vater.

Testamente, wodurch der Vater sein außereheliches Kind auf mehr als den Unterhalt zum Erben einsetzt, können nach bayerischem Rechte von des Vaters Seitenverwandten angefochten werden.

OAGE. v. 24. Aug. 1859.

116.

Bd. XXIV. S. —.

Kurkostenforderung in Folge der Entbindung.

Der außereheliche Beischlaf und die Schwängerung einer unbescholtenen ledigen Frauensperson ist eine unerlaubte Handlung, aus welcher für den Schwängerer als Urheber und verführenden Theil die Verbindlichkeit entsteht, die Geschwächte zu entschädigen. Diese Entschädigungsverbindlichkeit beschränkt sich aber nicht auf die Ehelichung oder Dotation, welche das Gesetz ausdrücklich bestimmt, sondern sie erstreckt sich auch auf die Bestreitung der Kind- und Wochenbettkosten als einer unmittelbaren Folge der Schwängerung. Wenn nun die geschwängerte Frauensperson in Folge der Entbindung in eine Krankheit fällt, und wenn hiedurch die Dauer des Wochenbettes verlängert wird, so hat er auch die Kosten dieser Krankheit zu vergüten, was nur dann nicht mehr stattfinden könnte, wenn die Krankheit nicht lediglich in Folge der Entbindung, sondern aus einer andern zufälligen Ursache eingetreten wäre.

OAGE. v. 25. April 1856.

117.

Bd. XXIV. S. 401.

Ueber die Kompetenz zur Erklärung einer Person als wahnsinnig, blödsinnig oder als Verschwender nach gemeinem und bayerischem Rechte.

Als Gegenstand der nichtstreitigen Rechtspflege erklärt durch OAGE. v. 21. Juni 1860. 15. Juni 1860. 23. April 1860.

Vergl. Bl. f. RA. Bd. VIII. S. 29. IX. S. 329. XXII. S. 254.

118.

Bd. XXIV. S. 435.

Zahlungsbefehle der Obervormundschaft.

Durch die von der Curatelbehörde erlassenen Zahlungsbefehle bezüglich rückständiger Kindesalimente wird ein prorogirter Gerichtsstand nicht begründet. (Vergl. Bd. XVI. S. 26.)

OAGE. v. 11. Nov. 1859.

119.

Bd. XXIV. S. 206.

Eintritt der Großjährigkeit. Entlassung.

Eine wegen Minderjährigkeit unter Vormundschaft gestellte Person wird schon mit dem Tage des erreichten Volljährigkeitsalters, und nicht erst von dem Tage der von der Vormundschaftsbehörde verfügten Entlassung aus der Pflegschaft an vollkommen rechtsfähig.

OAGE. v. 9. Aug. 1851.

120.

Bd. XXV. S. 170.

Ausschließlichkeit der Nativitätstermine.

Bezüglich der Vaterschaftsklage ist der Umstand, ob das uneheliche Kind einen der Konzeptionsperiode entsprechenden habitus an sich trägt, ohne Einfluß.

OAGE. v. 20. Januar 1860.

121.

Bd. XXV. S. 376.

Erbanfall an Verschollene. Zulassung desselben.

OAGE. v. 12. Nov. 1859.

122.

Bd. XXV. S. 378.

Erbschaftsanfall an Verschollene.

Wenn der Klagegrund der Anfall der Erbschaft des A. B. an seinen Sohn J. B. ist, so setzt dieß voraus, daß der Letztere seinen Vater auch überlebt habe. Dieser Umstand ist aber, nachdem J. B. im Jahre 1812 in den russischen Krieg zog und seither keine Kunde mehr von demselben eintraf, ungewiß, und von dem Beklagten ausdrücklich widersprochen, daher Kläger zu beweisen hat, daß der seit dem russischen Feldzug vermißte J. B. seinen im Jahre 1824 verstorbenen Vater überlebt habe.

OAGE. v. 1. Juni 1860.

123.

Bd. XXVI. S. 17.

Erbschaftsanfall an Verschollene.

Erörterung.

124.

Bd. XXVI. S. 97.

Muttergut, Errungenschaft.

Der überlebende Ehemann ist nach bayerischem Landrecht nicht schuldig, seinen Kindern aus dem Errungenschaftsvermögen einen Antheil als Muttergut auszuzeigen.

OAGE. v. 9. Nov. 1860.

125.

Bd. XXVI. S. 138.

Muttergut; Errungenschaft.

Nach bayerischem Landrechte gehört das errungenschaftliche Vermögen nicht zum Muttergute.

OAGE. v. 29. Mai 1858 u. v. 30. März 1852.

126.

Bd. XXVI. S. 172.

Ausschließlichkeit der Nativitätstermine.

Einrede gegen die Klage auf Alimentation eines außerehelichen Kindes, die Mutter sei schon vor dem Beischlafe mit dem Beklagten schwanger gewesen, verworfen. (Gem. u. bay. Recht.)

OAGE. v. 11. Oktober 1858, v. 7. Februar 1860 u. v. 13. April 1860.

127.

Bd. XXVI. S. 315.

Erbrecht unehelicher Kinder.

Der römischrechtliche Anspruch eines unehelichen Kindes auf den sechsten Theil des Rücklasses seines Vaters, insbesondere wenn demselben das gesetzliche Erbrecht in dem Alimentenregulirungsvertrage reservirt worden war, ist im gemeinen Rechte nicht mehr begründet.

OAGE. v. 14. Februar 1861.

128.

Bd. XXVI. S. 413.

Vaterschaftsklage der außerehelichen Mutter.

Die außereheliche Mutter ist nach dem Tode des Kindes ohne eigenes pekuniäres Interesse zur Erhebung der Klage auf Anerkennung der Vaterschaft nicht befugt. (Vergl. Bd. XVII. S. 322. No. 7 ff. Bd. XXI. S. 29.)

OAGE. v. 14. April 1860.

129.

Bd. XXVI. S. 481.

Ueber die Nothwendigkeit gerichtlicher Inventarisation bei Verlassenschaften von Ehegatten im Falle Vorhandenseins minderjähriger Kinder.

Erörterung.

130.

Bd. XXVII. S. 380.

Minderjährige Ehefrau, Statutenkollision.

Die durch die Verehelichung einer minderjährigen Frauensperson nach den Bestimmungen des bayerischen Landrechts beendigte Curatel kann nicht wieder aufleben, wenn dieselbe an einen Ort übersiedelt, wo sie nach den daselbst geltenden Gesetzen noch als minderjährig zu betrachten wäre.

OAGE. v. 28. März 1862.

131.

Bd. XXVII. S. 240.

Die Obervormundschaftsbehörde hat keine Disziplinargewalt über einen den Prozeß eines Mündels führenden Anwalt.

Wenn die Obervormundschaftsbehörde über den Stand eines Rechtsstreites, bei welchem ein Mündel betheiligt ist, von dem durch das Prozeßgericht aufgestellten Anwalte der Curatel Aufschluß erhalten will, so steht es der Curatelbehörde nicht zu, die Entsprechung einer solchen Aufforderung durch Strafen oder Strafandrohung zu erwirken, da derselben in diesem Falle keine Kompetenz über den Rechtsanwalt zukömmt.

OAGE. v. 22. Juni 1861.

132.

Bd. XXVII. S. 17.

Ediktalladung.

Die Erlassung einer Ediktalladung an unbekannte Gläubiger durch die Verlassenschaftsbehörde ist ohne Antrag der Erben nur zulässig, wenn

a) Minderjährige als Erben betheiligt sind, oder
b) eine Ueberschuldung der Nachlaßmassa indizirt ist,
c) außer diesen Fällen die Erben freiwillig dem Gerichte die Auseinandersetzung des ganzen Nachlasses, d. h. Befriedigung der Gläubiger und Vertheilung des Aktivrestes überlassen haben.

Erörterung.

133.

Bd. XXVII. S. 189.

Haftungspflicht der gegen Auszeigung des Vatergutes den Gesammtrücklaß übernehmenden Wittwe.

Indem durch Vertrag vom 4. Mai 1838 den Kindern unter vor- und obervormundschaftlicher Genehmigung der väterliche Vermögensantheil in bestimmter Summe ausgeworfen und dafür hypothekarische Sicherheit auf dem Anwesen bedungen wurde, dagegen die ganze Nachlaßmasse auf die Wittwe Z. überging, wurde dieser die den Kindern angefallene Verlassenschaft ihres verstorbenen Ehemannes von den Vertretern der Letzteren um die dafür ausgeworfene und hypothekarisch versicherte Summe verkauft. Es trat daher die Wittwe Z. durch jenen Kindsvertrag wie in alle Rechte, so in alle Verbindlichkeiten ihres verlebten Ehemannes ein, so daß, wie auch aus Theil IV. Cap. 4. § 7. No. 9 des bayerischen Landrechts sich ergiebt, jeder Gläubiger des verlebten Z. unmittelbar an sie sich zu halten Berechtigung erlangte. ꝛc. ꝛc.

Durch den Erbschaftskauf hatte die Wittwe die Haftung für alle Nachlaßpassiven übernommen (L. R. a. a. No. 10) und somit hätte sie, wenn sie sich dießfalls Ansprüche gegen ihre Kinder hätte sichern wollen, die fraglichen Posten, oder die Haftung für alle nicht in das Inventar aufgenommene Passiven zur Sprache bringen müssen, als der Kindsvertrag von ihr eingegangen worden ist. —

OAGE. v. 13. Dez. 1859.

134.

Bd. XXVII. S. 217.

Offenbarungseid und Inventarisation des überlebenden Ehemannes.

Der überlebende Ehemann und Vater, welcher das Muttergut seiner leiblichen Kinder ausgezeigt und dasselbe seinen Stiefkindern herauszugeben sich erboten hat, kann nach bayerischem Rechte von den Stiefkindern, welche diese Auszeige nicht anerkannt haben, auf Herausgabe einer eidlichen Spezifikation des mütterlichen bzw. ehefraulichen Vermögens (eidliche Manifestation) nicht belangt werden.

Der überlebende Ehemann ist nicht schuldig über den Rücklaß seiner Ehefrau ein Inventar errichten zu lassen, auch nicht in Ansehung der vorehelichen Kinder seiner Ehefrau d. i. seiner Stiefkinder.

OAGE. v. 18. Juni 1856.

135.

Bd. XXVIII. S. 167.

Kein Erbschaftsanfall an Verschollene.

OAGE. v. 10. März 1862.

136.

Bd. XXVIII. S. 177.

Sind die Vaterschaftsbekenntnisse und Alimentenverträge bezüglich der unehelichen Kinder von den Vormundschaftsgerichten oder von den Notaren zu beurkunden?

Eine Erörterung nebst einem Erkenntnisse des k. Bezirksgerichtes München l. J. vom 4. Aprl 1863 spricht sich auf Grund des Art. 12. Abs. 1 des N.-G. für die notarielle Beurkundung aus.

137.

Bd. XXVIII. S. 237.

Muttergut; Werth des Eingebrachten.

Ein Anwesen, welches einer Ehefrau von ihrem ersten Ehemanne angeheirathet und nach Regulirung des Vatergutes ihrer Kinder I. Ehe ihrem II. Ehemanne als Heirathgut in die Ehe gebracht, von beiden Eheleuten aber während dieser Ehe verkauft wurde, ist nach dem Tode der Ehefrau bei Berechnung des den Kindern erster Ehe herauszugebenden Muttergutes nicht nach dem Werthe des Anwesens zur Zeit der Einbringung in die II. Ehe, sondern nach dem z. Z. des Verkaufes in Anschlag zu bringen. (Bay. Recht.)

OAGE. v. 29. Mai 1858.

138.

Bd. XXVIII. S. 303.

Hausdienste des unehelichen Sohnes.

Dem außerehelichen Kinde steht wegen gewöhnlicher Dienstleistungen im Hause seines Vaters an sich kein Lohnanspruch zu.

Sind auch die Rechtsverhältnisse außerehelicher Kinder in mancherlei Beziehung verschieden von denen ehelicher Kinder, und kann insbesondere der außereheliche Vater den unehelichen Sohn nicht zwingen in seinem Unterhalte zu stehen und zu verbleiben, so steht dieser doch nach LR. Thl. I. Cap. 5. § 1 u. 2, unter der patria potestas naturalis (Vgl. hierüber die Anm. z. LR. Thl. I. Cap 5. § 1 Eing. u. zu § 2. No. 1 u. 2 Eing.) seines unehelichen Vaters und ist, so lange er in dessen Haus erzogen, verpflegt und unterhalten wird, wie ein anderes eheliches im Unterhalte der Eltern stehendes Hauskind nach Cap. 4. § 3. No. 2 u. 4 a. a. O. „zu gewöhnlich und anständiger Dienstleistung" ohne Anspruch auf besondere Belohnung verpflichtet, wenn ihm nicht für seine Mühe, Dienst und Arbeit ausdrücklich etwas bedungen wurde.

Auch nach den Anm. zum b. LR. Thl. IV. Cap. 6. §. 1. No. 2 lit. d. könnte bei den hier obwaltenden Verhältnissen ein gesetzlicher Lohnanspruch des Klägers nicht anerkannt werden.

OAGE. v. 10. Okt. 1861.

139.

Bd. XXVIII. S. 304.

Erbeinsetzung unehelicher Kinder.

Testamente, wodurch der Vater sein außereheliches Kind auf mehr als den Unterhalt zum Erben einsetzt, können nach bay. Rechte von des Vaters Seitenverwandten angefochten werden.

Die Anwendung des Plenarbeschlusses vom 30. Mai 1851 auf die hier in Frage stehende Vorschrift des Ldr. Thl. III. Cap. III. § 13. No. 1 ist unzulässig.

OAGE. v. 3. Sept. 1859.

140.

Bd. XXVIII. S. 368.

Aufhebung der Adoption durch Verehelichung des Kindes.

Durch Verehelichung gehen die Erbrechte des Adoptivkindes nicht verloren.

Um eine rechtsgiltig eingegangene Adoption wieder aufzuheben und rückgängig zu machen, wird, wie bei der Eingehung derselben, ein solenner Akt, emancipatio expressa, erfordert.

OAGE. v. 26. Sept. 1862.

141.

Bd. XXVIII. S. 414.

Veräußerung von Immobilien einer unter Curatel stehenden Person nach bayer. Landrechte.

Schon die Ueberschrift des Cap. VII. Thl. I. des bayerischen Landrechts: Von der Pfleg- und Vormundschaft (tutela vel curatela), giebt genugsam zu erkennen, daß im Allgemeinen die nachfolgenden gesetzlichen Vorschriften auf das eine wie das andere Rechtsverhältniß gleichmäßig anzuwenden sind, was durch die Anmerkungen zum Gesetze § 35 u. 37 ausdrücklich bestätigt wird.

Demnach war der vom Curator des gerichtlich erklärten Verschwenders ohne obrigkeitliche Untersuchung und Bestätigung bethätigte Verkauf des Anwesens des Curanden nach § 13. Thl. I. Cap. VII. des bayerischen Landrechts ungiltig

OAGE. v. 27. Nov. 1863.

142.

Bd. XXIX. S. 221.

Eine Schenkung des Vaters an den außerehelichen Sohn aufrecht erhalten gegenüber der Anfechtung der Ehefrau des Vaters. (Bay. R.)

OAGE. vom 25. April 1864.

143.

Bd. XXIX. S. 427.

Schenkung des außerehelichen Vaters.

Die Anfechtung einer solchen Schenkung (S. 221) steht nur denjenigen Seitenverwandten des Schenkers zu, welche Erben desselben geworden sind.

OAGE. v. 16. Juli 1864.

144.

Bd. XXIX. S. 110.

Höhe des Zinsfußes bei einer anvertrauten Vermögensverwaltung. (Gem. R.)

Der testamentarischen Anordnung des Ehemannes zufolge übernahm die Wittwe mit der Curatel über ihre Kinder auch die Verwaltung über das Vermögen der minderjährigen Tochter und damit die Verpflichtung, dieses Vermögen mit der Sorgfalt zu verwalten, welche ein redlicher Hausvater bei seinen eigenen Angelegenheiten anwenden muß: fr. 33. pr. de admin. et. peric. tut. (26. 7.) fr. 1. de tutelae aet. (27. 3.) Insbesondere wurde es ihre Obliegenheit, das ihrer Verwaltung anvertraute Vermögen ihrer Mündel nach Thunlichkeit zu vermehren, wodurch sie gehalten war, das Kapital derselben nicht nur sicher auf Zinsen anzulegen (Seuffert, Pandekten, § 504 u. 506), sondern auch so hohe Zinsen hiebei zu erzielen, als die Verhältnisse, insbesondere die Sicherheit der Kapitalsanlage, es gestatteten; unterließ sie dieß, so hat sie den Entgang ihrer Mündel zu ersetzen: const. 7. arbitr. tut. (5, 51).

Es erscheint demnach wohl begründet, wenn die Vorinstanz es der Beklagten zur Schuld anrechnet, daß sie das Vermögen der Klägerin nicht zu höheren Zinsen als zu $2^1/_2$% ausgeliehen hat, und in Folge hievon dieselbe anhält, den Zinsenbetrag nach 4% in Rechnung zu stellen. . .

Was aber die Beschwerde der Tochter betrifft, welche 5% Zinsen begehrt, so wurde diese darauf gestützt, daß das Verschulden der Beklagten konstatirt, und dieselbe deßhalb zur Zahlung der höchsten gesetzlichen Zinsen verbunden sei. Auch bezeichnet Klägerin jenes Verschulden der

Beklagten um so größer, als letztere die bei höherem Zinsenbezuge zu erzielenden Erübrigungen nicht nutzbringend anlegte; dieses ist jedoch eine Folge der Kapitalsanlage zu geringen Zinsen und hätte überhaupt nur dazu dienen können, weitere Ansprüche hieraus abzuleiten und zu begründen, was nicht geschehen ist. Das konstatirte Verschulden gehört aber nicht zu den im Gesetze speziell bezeichneten Fällen, in welchen der Vormund als Verwalter des Vermögens seines Mündels zum Ersatz der höchsten gesetzlichen Zinsen verpflichtet ist; insbesondere wurde nicht dargethan, daß die Beklagte das Kapital ihrer Mündel zu eigenem Gebrauche und Nutzen verwendet habe. (Seuffert a. a. O. § 506.)

Aus anderen Gründen als den im Gesetze speziell hervorgehobenen Fällen ist der Vormund aber nur zur Zahlung der in der Provinz üblichen Zinsen zu verhalten; fr. 7. § 10. de admin. et. peric. tut. (26. 7.)

OAGE. v. 30. Juni 1863.

145.

Bd. XXIX. S. 55.

Zuständigkeit der Appellationsgerichte in Vormundschaftssachen standesherrlicher Familienglieder.

Nicht allein die Aufstellung des Vormundes, sondern die ganze unmittelbare vormundschaftliche Aufsicht in standesherrlichen Vormundschaftssachen kommt dem Appellationsgerichte des einschlägigen Regierungsbezirkes zu, der Rekurs geht an das Oberappellationsgericht, die Oberaufsicht ist dem Staatsministerium der Justiz vorbehalten gemäß Art. 76, Abs. 3 des GVG. v. 10. Nov. 1861 mit Bezug auf § 10 der IV. Verf.-Beil.

OAGE. v. 3. Nov. 1863.

Hiemit sind 2 Justizministerialentschließungen mitgetheilt worden:

a) v. 20. Nov. 1844, worin dem Appellationsgerichte bemerkt wurde, daß in dem § 10 des IV. Ediktes zur Verfassungs-Urkunde darüber, welche Stelle das obervormundschaftliche Gericht oder die Obrigkeit sein soll, keine Bestimmung enthalten sei, und daß sonach die nach den Civilgesetzen berufenen ordentlichen Gerichte auch in standesherrlichen Vormundschaftssachen, so oft das Haupt der Familie betheiligt ist, die obervormundschaftliche Obrigkeit sein, das k. Justizministerium aber nur eine Oberaufsicht über die Handlungen eines bestellten Vormundes — das Amt eines Ehrenvormundes — führe.
b) vom 27. Oktober 1847, worin der Domänenkanzlei auf ihr Gesuch, die obervormundschaftliche Genehmigung des agnatischen Consenses zur Errichtung einer Pfarrei und Schule zu A. betr. eröffnet wurde, daß das k. Justizministerium gemäß § 10, Abs. 2 der IV. Beilage zur Verfassungs-Urkunde über die Minderjährigen der standesherrlichen Familienglieder nur die Oberaufsicht, nicht aber die Obervormundschaft zu führen habe, und daß sich deßhalb zur Erholung des nachgesuchten Consenses an das kompetente k. Appellationsgericht zu wenden sei. —

146.

Bd. XXIX. S. 329.

Zuständigkeit in Pflegschaften und Verlassenschaften. Zweckmäßigkeit.

Auch zur Behandlung einer Verlassenschaft kann aus Gründen der Zweckmäßigkeit ein anderes Gericht als dasjenige, unter welchem der Verstorbene sein Domizil gehabt, für kompetent erachtet werden. „Sprechen aber somit entschiedene Zweckmäßigkeitsgründe für die Uebertragung der Vormundschaft an das Stadtgericht, so sprechen solche nicht minder auch für Uebertragung der Nachlaßbehandlung an dasselbe." —

OAGE. v. 13. Juni 1863.

147.

Bd. XXX. S. 221.

Unzuständigkeit des königlichen Oberappellationsgerichtes in Sachen, in welchen die Appellationsgerichte als dritte Instanz erkannt haben.

Nach Art. 48 des GVG. v. 10. November 1861 hat das Oberappellationsgericht in seinem bisherigen Wirkungskreise zu verbleiben, soferne nicht durch das erwähnte Gesetz etwas Anderes verordnet ist. Dies letztere ist aber hier der Fall, indem in Gemäßheit des Art. 18 die Stadt- und Landgerichte in Vormundschafts- und Curatelsachen in erster, nach Art. 30 die Bezirksgerichte in zweiter, und nach Art. 43 die Appellationsgerichte in dritter Instanz entscheiden.

Da demgemäß das Appellationsgericht in dritter und letzter Instanz entschieden hat, so mußte sowohl die erhobene Extrajudizial- als die Nichtigkeitsbeschwerde als unzulässig verworfen werden.

OAGE. v. 4. Sept. 1863.

148.

Bd. XXX. S. 29.

Haftung der Unmündigen ex lege Aquilia.

Es muß auch zur Begründung der civilrechtlichen Verantwortlichkeit als genügend erachtet werden, wenn sich der Handelnde der Rechtswidrigkeit der That an sich bewußt war oder nach dem Grade seiner Au bildung bewußt sein konnte. Ob der in Folge dieser rechtswidrigen Handlung eingetretene nachtheilige Erfolg in einem näheren oder entfernteren Kausalzusammenhange mit derselben stand, oder leichter oder schwerer vorauszusehen war, bleibt für die Frage der Haftbarkeit auf Grund des aquilischen Gesetzes ohne Einfluß.

Demgemäß wurde erkannt, der Beklagte, Vater des 12 Jahre alten Sohnes, habe zu beweisen, „daß sein Sohn zur Zeit der That nicht fähig gewesen sei, das Unrecht seiner Handlung einzusehen."

OAGE. v. 8. Oktober 1864.

149.

Bd. XXX. S. 257.

Ueber die Berechnung der Nativitätstermine. (Gem. u. bay. R.)

Gemeines Recht S. 257 ff. Bayer. Recht S. 273 ff.

Rm. Erörterung.

150.

Bd. XXX. S. 63.

Begriff der Bereicherung dispositionsunfähiger Personen. (Gem. u. bay. Recht.)

Hat ein Curand ohne Beiziehung des Curators ein Rechtsgeschäft eingegangen, so ist derselbe zwar nicht zu dessen Erfüllung verpflichtet, es entsteht jedoch hieraus eine Verbindlichkeit zum Ersatze des Empfangenen, insoweit er durch den Empfang bereichert ist (fr. 5. pr. § 1. de auct. et cons. tut. (26. 8). Arndts Pand. § 230. Seuffert Pand. § 257.

Von einer Bereicherung kann aber nur dann die Sprache sein, wenn der Curand die Sache, welche ihm ohne Rechtsgrund zugekommen, noch in Handen hat, oder wenn sie zwar verbraucht ist, aber hiedurch ein Gewinn für den Curanden entstand. (Seuffert Pand. § 439. No. 1 lit. f; Witte über Bereicherungsklagen S. 337; bayer. LR. Thl. I. Cap. 7. § 17.

No. 4 u. Anm. No. 3, 4). Hieraus folgt, daß zur Begründung der gestellten Entschädigungsklage nicht der bloße Empfang des durch das ungiltige Geschäft Erworbenen hinreicht, sondern daß hiezu erfordert wird, näher darzulegen, daß das Empfangene noch wirklich vorhanden sei, oder daß der Curand noch jetzt hiemit bereichert erscheine.

In solcher Art ist jedoch die vorliegende Klage nicht substanzirt, indem es an einer genauen Bezeichnung derjenigen Gegenstände mangelt, zu deren Ankauf oder Verbesserung das aufgebrachte Geld verwendet worden sein soll, gleichwie auch eine nähere Angabe darüber fehlt, wie die Verwendung und Verbesserung ersetzt, und in welcher Art die Bereicherung noch zur Zeit der Litiskontestation ersichtlich gewesen sei.

Ohne solche nähere Angaben kann weder der Beklagte sich erschöpfend vertheidigen, noch der Richter den etwa nothwendigen Beweis gehörig normiren. Es war daher die Klage in der angebrachten Art abzuweisen.

OAGE. v. 17. Mai 1864.
(Vergl. Bl. f. RA. Bd. I. S. 180.)

151.

Bd. XXX. S. 345.

Nothwendigkeit der öffentlichen Bekanntmachung gerichtlicher Prodigalitätserklärungen zu deren Wirksamkeit gegen Dritte.

(Vergl. Bd. XX. S. 400. No. 9. Bd. XVIII. S. 376 u. Bd. XXV. S. 206.)

Die Prodigalitätserklärung äußert Dritten gegenüber erst von dem Momente der Veröffentlichung an ihre rechtliche Wirkung, und eine Ausnahme von dieser Regel wäre nur dann zu machen, wenn der Dritte in sonstiger Art hievon Kenntniß erlangt und folglich in mala fide sich befunden hätte. In diesem Falle könnte wegen des unterlaufenen dolus das Rechtsgeschäft nicht aufrecht erhalten werden, wie aus fr. 26. de contrah emt. (18. 1) u. fr. 12. de usucap. (41. 3.) ganz deutlich hervorgeht.

OAGE. v. 17. Juni 1865.

152.

Bd. XXX. S. 153.

Kein Erbschaftsanfall an Verschollene nach bayer. Landrecht.

OAGE. vom 19. Dez. 1864.

153.

Bd. XXX. S. 376.

Transmission der Erbschaft aus dem Deliberationsrechte (transmissio Justinianea). Transmission Unmündiger.

(Bayerisches und gemeines Recht.)

OAGE. vom 12. Juni 1865.

154.

Bd. XXX. S. 320.

Onerose Zuwendungen des Vaters an den außerehelichen Sohn sind giltig.

OAGE. vom 23. Mai 1865.

155.

Bd. XXX. S. 279.

Zuwendungen des Großvaters an den hinterlassenen außerehelichen Sohn einer verstorbenen ehelichen Tochter sind giltig.

OAGE. vom 3. Febr. 1865.

156.

Bd. XXX. S. 47.

Zuwendungen einer Mutter an ihr außereheliches Kind, zu welchen deren eheliche Kinder eingewilligt haben, können von diesen nicht angefochten werden. (Vergl. Bd. XXIX. S. 221 u. 427.)

OAGE. v. 6. Dez. 1864.

157.

Bd. XXX. S. 395.

Die Erfordernisse einer Rechnung über Einnahmen und Ausgaben bei geführten Gutsverwaltungen.

In der von einem Gutsherrn gegen seinen Gutsverwalter erhobenen Klage wurde Rechnungslegung über die ihm vom Jahre 1856 bis 1858 übertragene Gutsverwaltung verlangt. Zur Gutsverwaltung gehörte die Bewirthschaftung von Feldgrundstücken, der Betrieb einer Käsefabrikation und einer Brauerei.

Der Beklagte behauptete, bereits Rechnung gestellt und dem Kläger die betreffenden Jahres-Rechnungen sammt Belegen übergeben zu haben, und legte zugleich mit der Vernehmlassung eine Abschrift der Rechnungen vor. Der Kläger bemängelte die Rechnungen in mehrfacher Hinsicht, erklärte das vorgelegte Rechnungswerk als unförmlich und unbrauchbar und beantragte, den Beklagten zur Stellung einer förmlichen, ordnungsmäßigen Rechnung zu verurtheilen.

Sowohl das Gericht erster als zweiter Instanz erachtete die Rechnungen für ungenügend, unförmlich und unbrauchbar, weil bei der großen Verschiedenheit der Einnahmen und Ausgaben eine Ausscheidung der einzelnen Posten nach besonderen Rubriken und Verwaltungszweigen vermißt werde, und verurtheilte den Beklagten, über die ihm vom Jahre 1856—1858 übertragene Verwaltung des Oekonomiegutes des Klägers Rechnung zu stellen.

In dem oberstrichterlichen Erkenntnisse kommen hierüber folgende Sätze vor:

Der Hauptzweck einer Rechnung besteht darin, daß dem Rechnungsherrn eine sachgemäße und verständliche Rechenschaft über die Art und Weise der Verwaltung, über den Bestand des zur Verwaltung überlassenen Vermögens und insbesondere bei Einnahmen und Ausgaben von Geldern eine genaue, vollständige, fortlaufende und mit Angabe der Zeit versehene Aufzeichnung aller während der ganzen Rechnungsperiode eingenommenen und ausgegebenen Gelder unter spezieller Angabe der einzelnen Posten und unter Anschluß der erforderlichen Belege vorgelegt werde.

Diesen Erfordernissen entsprechen die übergebenen Geldrechnungen mit Belegen in genügender Weise. Sie enthalten die Einnahmen und Ausgaben, ausgeschieden für die beiden Verwaltungszweige, Oekonomie und Brauerei; die Einnahme- und Ausgabeposten sind nach der Zeitfolge, in welcher sich dieselben ergeben haben, unter Beisetzung des Tages, Monates und Jahres in fortlaufender Ordnung vorgetragen; die Geldbeträge sind genau und deutlich eingeschrieben; in den Rubriken der Einnahmen sind die Personen, welche die Zahlungen geleistet haben, genannt; der Gegenstand (Titel), für welchen die Zahlung geleistet wurde, ist bezeichnet; bei den Ausgabeposten ist auf gleiche Weise die Person des Geldempfängers sowie der Schuldgrund angeführt; bei Sachen, welche gezahlt oder gemessen werden, ist Zahl oder Gemäß ausgedrückt; zu den Ausgabeposten, für welche Quittungen vorhanden sind, sind die betreffenden Bescheinigungen in fortlaufenden Nummern unter Hinweisung auf das Beilagenheft angeführt; jede Seite der Rechnung ist absummirt, die sämmtlichen Einnahme- und

Ausgabesummen sind am Ende der Berechnung zusammengestellt; es ist die Rechnung durch Abgleichung der Einnahme- und Ausgabesummen abgeschlossen und das Rechnungsresultat in der Art dargelegt, daß genau ersehen werden kann, ob der Rechnungsherr oder der Rechnungssteller, und wieviel zu empfangen habe. Die Originalbelege befinden sich in den Händen des Klägers.

Durch Einsicht dieser Aufschreibungen ist der Kläger in den Stand gesetzt, sich über das Einkommen aus seinem Oekonomiegute und aus seiner Brauerei, sowie über die mit der Bewirthschaftung des Gutes und mit dem Betriebe der Brauerei verbundenen Kosten und Auslagen im Einzelnen vollständige Kenntniß zu verschaffen; er ist bei genauer Prüfung und Vergleichung der Einnahmen und Ausgaben in der Lage, zu beurtheilen, ob und wieweit das Gut zu seinem Vortheile oder zu seinem Nachtheile verwaltet worden sei, ob und wieweit der Beklagte seine Verbindlichkeiten als Gutsverwalter erfüllt habe.

Wenn es im Interesse des Klägers liegt, zu wissen, wieviel in einem Jahre für Viktualien an Milch, Käse, Butter, Kartoffeln, Korn und dgl., für Vieh, an Kälbern, Schweinen, Schafen u. s. w. vereinnahmt worden sei, oder wenn er es zu seinem Zwecke für nothwendig erachtet, die Jahresbeträge zu kennen, welche für Löhne an Dienstboten und Taglöhner, für öffentliche Abgaben an das Rentamt oder die Gemeindekasse, für Handwerksleute, an Schmied, Schlosser, Wagner, Sattler, Ziegler u. dgl. ausgegeben worden seien, so sind die vorliegenden Rechnungen in der Form, in welcher dieselben gefertigt sind, vollkommen geeigenschaftet, derartige Zusammenstellungen nach einzelnen Kategorien für Einnahmen sowie für Ausgaben nach Belieben zu machen oder machen zu lassen.

Weder die Form, in welcher die Aufschreibungen geschehen sind, noch der Name, welcher einer solchen Aufschreibung gegeben wurde, sondern nur die Wesenheit der Sache kann bei einer Rechnungsstellung entscheidend sein; die Wesenheit besteht aber darin, daß die Aufschreibung, sie mag Tagebuch oder Rechnung genannt werden, ihrem Inhalte nach so beschaffen ist, daß der Rechnungsherr daraus ersehen kann, daß und wie der Rechnungssteller die Erträgnisse der Gutsverwaltung zum Nutzen oder Schaden des Eigenthümers verwendet, überhaupt die Rechte und das Interesse seines Mandanten bei der ihm übertragenen Geschäftsführung gewahrt und besorgt hat.

Durch Vorlegung der Rechnungen nebst den dazu gehörigen Belegen hat der Rechnungsführer den Nachweis zu liefern gesucht, daß das zu seiner Einnahme gelangte Geld insgesammt wieder ausgegeben worden sei, und daß sich kein Einnahme-Ueberschuß, sondern vielmehr ein Ausgabemehrbetrag ergeben habe; hiedurch ist die Verwendung des Geldes dargethan; mehr bedurfte es auf Seite des Beklagten nicht, um dem Kläger Rechenschaft über die Verwendung der in seine Hände gekommenen Gelder zu geben. Die Richtigkeit der Rechnungseinträge zu prüfen, ist Sache des Klägers. Wenn der Kläger einzelne Posten der Einnahmen oder Ausgaben beanstanden zu müssen, über dieselben nähere Aufklärungen nothwendig zu haben, oder die Bescheinigungen nicht für genügend und glaubhaft zu erachten vermeint, so ist demselben unbenommen, seine etwaigen Erinnerungen vorzubringen, und dem Rechnungssteller liegt ob, hierüber seine Antwort und Erklärung abzugeben.

Die Prüfung der Rechnung, die Feststellung der Positionen und des Rechnungsabschlusses, durch welchen das Guthaben des Geschäftsherrn oder des Geschäftsführers rechnungsmäßig ermittelt wird, gehöhrt aber einem andern prozessualischen Verfahren anheim; der Rechnungsprozeß ist z. Z. nicht eingeleitet und kann so lange nicht eingeleitet werden, als die Frage unter den Parteien noch nicht rechtskräftig entschieden ist, ob der Beklagte seiner Verbindlichkeit Rechnung zu stellen, Genüge geleistet habe, ob demnach der Kläger die vorgelegten Rechnungen, vorbehaltlich der gegen dieselben vorzubringenden Erinnerungen, anzunehmen verbunden sei.

Aus diesen Erwägungen wurde der Beklagte von der Klage auf Rechnungsstellung, insoweit diese die Geldeinnahmen und Geldausgaben zum Gegenstande habe, entbunden.

Was dagegen die Verrechnung der Naturalien und Materialien betraf, welche entweder durch die Bewirthschaftung des Gutes und durch den Betrieb der Brauerei gewonnen oder durch Geldmittel aus den Gutsrevenüen angeschafft worden waren, (Einheimsung und Verwendung der Feldfrüchte nach Art und Quantität, Ankauf und Verwendung von Hopfen, Gerste, Holz u. dgl.), so lag über Einnahme und Ausgabe der Naturalien und Materialien ein rechnungsförmlicher Nachweis nicht vor, und es beschränkte sich deßhalb die Verurtheilung des Beklagten darauf, über Einnahme und Ausgabe an Naturalien und Materialien während seiner Verwaltung des Schloßgutes M. in der Periode vom 1. April 1856 bis Ende Juli 1858 Rechnung zu stellen."

OAGE. v. 7. Januar 1861.

Nachschrift. Dieselben Grundsätze sind auch in einem anderen oberstrichterlichen Erkenntnisse zur Anwendung gekommen, in dessen Entscheidungsgründen auf die Revisionsfähigkeit des Rechnungselaborates das Hauptgewicht gelegt und bemerkt wird, daß, wenn die Rechnung so beschaffen sei, daß sie einer Revision unterworfen werden kann, dann darauf, ob eine solche Revision mühsam und schwierig oder leicht zu bewerkstelligen sei, nichts ankomme.

OAGE. v. 16. April 1860.

Diese Grundsätze sind aber nur da maßgebend, wo das zwischen dem Rechnungsherrn und -Rechner bestehende Vertragsverhältniß nicht etwas Anderes mit sich bringt. Denn wo dem Verwalter in seinem Dienstvertrage oder in den nach demselben von ihm zu beachtenden Instruktionen eine bestimmte Rechnungsform vorgeschrieben ist, da wird sich von selbst verstehen, daß er seiner Rechnungspflicht nur durch die Stellung einer Rechnung in der vorgeschriebenen Form genügen kann.

Bemerkung der Redaktion. St.

158.

Bd. XXXI. S. 31.

Restitution gegen Handlungen der Eltern.

Nach bayerischem Landrechte, wie nach gemeinem Rechte können Kinder gegen die Handlungen ihrer leiblichen Eltern keine Restitution erlangen.

OAGE. v. 10. Oktober 1865.

159.

Bd. XXXI. S. 59.

Sind Eltern schuldig ihren Kindern eine cautio usufructuaria zu leisten?

OAGE. v. 17. Oktober 1865. Dagegen die Redaktion.

160.

Bd. XXXI. S. 86.

Zuständigkeit der Apellationsgerichte in standesherrlichen Vormundschaftssachen.

OAGE. v. 2. Dez. 1865.

161.

Bd. XXXI. S. 350.

Vergl. Bd. V. S. 348, 349. Bd. XX. S. 73.*

Form des Inventars bei bedingtem Erbschaftsantritte.

Durch das Landrecht Thl. III. Cap. I. § 18, ist keine besondere Form für das Inventar vorgeschrieben. Es genügt daher ein gerichtliches Protokoll, wo alle bekannten Aktiv- und Passivposten angegeben sind, (Vergl. Anm. zum LR. a. a. O. No. 11. lit. e.)

OAGE. v. 20. April 1866.

Bemerkung. Nach dem Notariatsgesetze v. 10. Nov. 1861 Art. 19 sind jedoch Vermögensinventare, sie mögen in Folge gesetzlicher Bestimmung oder eines richterlichen Beschlusses oder auf Antrag eines Betheiligten erforderlich sein, von den hiezu durch die Gerichte oder Betheiligten bestimmten Notaren zu errichten. Reber.

162.

Bd. XXXI u. XXXII. E. B. S. 47.*

Unzulässigkeit einer Revision gegen zwei gleichförmige extrajudizielle Provisionalverfügungen.

Nach § 54 No. 4 der Prozeßnovelle von 1837 ist Appellation an die III. Instanz gegen zwei in der Hauptsache gleichförmige Erkenntnisse unzulässig, wenn diese Erkenntnisse oder Beschlüsse provisorischer Natur sind.

Diese Gesetzesstelle wurde auch auf solche Beschlüsse, welche nicht in via et ordine processus ergingen, für anwendbar erachtet, weil in der oben allegirten Stelle Extrajudizialbeschwerden von der aufgestellten Regel nicht ausgenommen wurden. Es erschiene auch ungerechtfertigt, in Extrajudizialsachen dem Beschwerdeführer in Beziehung auf den Instanzenzug einen größeren Vorzug einzuräumen als in streitigen Rechtssachen; das in der GO. Cap. XV. § 5 eingeräumte Privilegium bezieht sich vielmehr nur auf die Summe und Fristeinhaltung und spricht für Extrajudizialien kein unbegränztes Beschwerderecht aus. Da nun Privilegien streng auszulegen sind, so kann diese Gesetzesstelle nicht als Modifikation des § 54 No. 4 der Prozeßnovelle von 1837 aufgefaßt, es muß vielmehr die in letzterer aufgestellte Regel in streitigen wie nichtstreitigen Rechtssachen aufrecht erhalten werden.

OAGE. v. 9. Juni 1866.

163.

Bd. XXXII. S. 183.

Wenn eine Curatelbestellung als nichtig ex tunc aufgehoben wurde, so ist der Curand auf die actio tutelae und die restitutio in integrum nicht beschränkt.

Ist die Curatelbestellung nicht blos ex nunc, sondern ex tunc als nichtig aufgehoben, so fehlte dem aufgestellten Curator die Legitimation, die A. F. in ihren Rechtsangelegenheiten zu vertreten. Derselbe kann zwar in Berücksichtigung des Umstandes, daß er auf gerichtliche Anordnung in guter Meinung als Curator auftrat, nicht als falsus curator betrachtet werden, aber bei der Ungiltigkeit seiner Bestellung doch nur als protutor im Sinne des bayer. LR. Thl. I. Cap. VII § 33 in Betracht kommen, indem nach den Erläuterungen zu dieser Stelle nicht blos derjenige als protutor zu betrachten ist, welcher gar nicht, sondern auch derjenige, welcher nicht legaliter bestellt worden, gleichwohl aber in guter Meinung und Absicht den Pupillen als Vormund vertritt.

Bezüglich der Befugnisse eines solchen Protutors bestimmt fr. 2 de eo qui pro tut. (27. 5.):

„Si quis, qui pro tutore negotia gerebat, cum tutor non esset, rem pupilli vendidit, nec ea usu capta est, petet eam pupillus, quanquam ei cautum est: non enim eadem hujus, quae tutoris, est rerum pupilli administratio.“

Mit Bezugnahme auf diese Digestenstelle sagen die Anmerkungen zu oben zitirter Landrechtsstelle, daß mit der actio protutelae auch die rei vindicatio für den Fall konkurrire, wenn protutor bona pupilli alienirt, weil die Alienation null ist, mithin das alienirte Gut, soweit keine Verjährung dazu kommt, allezeit wiederum vindizirt werden kann.

Könnte man aber auch annehmen, A. F. sei zur Zeit des Vertragsabschlusses in der That dispositionsunfähig und die über sie verhängte Curatel materiell gerechtfertigt gewesen, so wäre der Vertrag für die Klägerin dennoch unverbindlich, indem der Curator nicht blos ihr Miteigenthum an dem elterlichen Anwesen veräußert, sondern ihr auch jede Verfügung über ihr Vermögen von Todeswegen entzogen und ihre einstige Erbfolge willkürlich festgesetzt hat.

Eine solche Verfügung überschreitet die Grenzen des Amtes eines Vormunds und steht im Widerspruche mit der höchst persönlichen Natur des Rechtes zu Verfügungen von Todeswegen. Nirgends ist im Gesetze dem Curator das Recht einer derartigen Verfügung über das Vermögen des Curanden eingeräumt, sondern im Gegentheile im LR. Thl. III. Cap. 2.

§ 5. No. 2 ausdrücklich bestimmt, daß ein Minderjähriger nach erlangter Pubertät des Konsenses des Curators zur Errichtung einer letztwilligen Disposition nicht bedarf, also auch bei unvogtbaren, unsinnigen und anderen dergleichen Personen der Mangel durch den Konsens und Willen ihres Curators hierinfalls niemals ersetzt wird. ꝛc. ꝛc.

Hieran vermag auch der Umstand nichts zu ändern, daß dieser Vertrag die obervormundschaftliche Genehmigung erhielt; denn diese muß wohl unter Umständen zu der Handlung des Curators hinzutreten, um dieselbe rechtswirksam zu machen, sie ist aber niemals im Stande, eine an sich nichtige und ungiltige Handlung des Vormunds zu einer giltigen und den Curanden verbindenden umzuwandeln.

OAGE. v. 24. Dez. 1866.

164.

Bd. XXXII. S. 253.

Competenz, wenn das Kind vom Ehemann nicht anerkannt wird.

Ueber das von einer mit ihrem Ehemanne im Ehescheidungsprozesse stehenden Frau geborne, vom Manne nicht anerkannte Kind, ist die Curatel ohne Rücksicht auf den jeweiligen Wohnort der Mutter von dem Gerichte des Wohnsitzes des Mannes zu bestellen.

In der Regel und wenn nicht überwiegende Gründe der Zweckmäßigkeit eine Ausnahme rechtfertigen, entscheidet der allgemeine Gerichtsstand des Wohnsitzes einer Person auch für die Zuständigkeit zur Bestellung einer Curatel über dieselbe.

Es ist ferner anerkannter Grundsatz, daß die Kinder, so lange sie keinen selbstständigen Hausstand begründet haben, diesem allgemeinen Gerichtsstande ihrer Eltern folgen. —

OAGE. v. 27. Juni 1867.

165.

Bd. XXXI u. XXXII. Erg. Bd. S. 243.

Haftung des Unmündigen ex lege Aquilia.

Bei Kindern zwischen 7 und 14 Jahren giebt die im einzelnen Falle vorhandene Geistesreife den Ausschlag, und es kommt darauf an, ob ein Kind den Erfolg seiner Handlung unter den obwaltenden Umständen voraussehen konnte.

OAGE. v. 30. März 1867.

166.

Bd. XXXIII. S. 268.

Legitimation durch nachfolgende Ehe. Anerkennung des Kindes vor dessen Geburt.

Hat der Ehemann vor der Geburt des Kindes die Schwangerschaft seiner Ehefrau gewußt und hat er sich als Urheber derselben bekannt, so darf der Richter nicht weiter untersuchen, ob der Ehemann sich etwa im Irrthume über die Zeit der Entstehung dieses Zustandes befunden haben könne, da ein solcher Irrthum nur möglich, nicht aber gewiß ist, die bloße Möglichkeit eines solchen aber die einmal ausgesprochene Anerkennung nicht unwirksam machen kann. —

OAGE. v. 2. März 1868.

167.

Bd. XXXIV. S. 27.

Exceptio SC. Macedoniani von Seite eines großjährigen Haussohnes bei einer über den Vater bestellten Prodigalitätskura.

In Folge der Unterstellung des Vaters unter Curatel wegen Verschwendung wird die väterliche Gewalt weder geendigt noch suspendirt, und das großjährige Hauskind hört dadurch nicht auf unter väterlicher Gewalt zu stehen. — Das bayerische Landrecht läßt im Contexte seiner Vorschriften über Aufhebung der väterlichen Gewalt Thl. I. Cap. 5. § 7 diese Gewalt bei der Stellung des Vaters unter Curatel wegen Verschwendung ebenfalls nicht zessiren, und enthält auch keine spezielle Vorschrift über das Ruhen derselben während irgend einer Curatelbestellung des Vaters mit der in den Anmerkungen zu Thl. I. Cap. 5. § 7. No. 1 erwähnten Wirkung. Ebenso verfügt jenes Landrecht nach Thl. I. Cap. VII. § 37 über Verschwender nur eine Curatel über ihr eigenes Vermögen, ohne ihnen die Rechte zu entziehen, welche ihnen gegenüber ihren Kindern in Folge der ihnen zustehenden väterlichen Gewalt die Gesetze einräumen.

OAGE. v. 24. Juli 1868.

C.

Auszüge aus J. A. Seuffert's Archiv für Entscheidungen der obersten Gerichte in den deutschen Staaten Bd. I—XX.

1.

Bd. I Nro. 81.

Recht des Vaters, den Beruf des Sohnes zu bestimmen.

Da die Leitung der Erziehung zu den Rechten des Vaters gehört, so kann über die Wahl des Berufsfachs, sowie die Art und Weise seiner Erlernung, nicht der Wille des Sohnes entscheiden, sondern es hat vielmehr der Vater hierüber diejenige Bestimmung zu geben, welche er theils für die persönlichen Verhältnisse des Sohnes für die passendsten erachtet, theils mit seinen, des Vaters Vermögensumständen, vereinbar findet. Wenn nun der Vater seinen Sohn Medizin studieren lassen will, der Sohn aber das Studium der Rechtswissenschaften erwählt, so kann jener von den Gerichten nicht angehalten werden, Kosten für ein Studium zu bestreiten, das seinem Willen nicht entspricht.

Erk. des OHG. zu Mannheim vom 28. September 1837.

Im Hinblicke auf badische Landesordnungen ist beigefügt: Wenn überhaupt rücksichtlich des vom Sohne zu ergreifenden Fachs .... obrigkeitliche Einschreitung nothwendig werden sollte, so könnte doch solche nur von der betreffenden Administrativ- beziehungsweise Obervormundschaftsbehörde ausgehen. —

2.

Bd. I Nro. 82.

Einreden gegen das vom Vater angestellte interdictum de liberis ducendis.

Aus der Unzulässigkeit des Besitzes an einem freien Menschen folgt, daß gegen das vom Vater angestellte interdictum de liberis ducendis so wenig von einer Einrede der Retention, wegen noch nicht berichtigter Alimentations- und Erziehungskosten, oder wegen sonstiger Schulden, als von einer exceptio nominationis auctoris, welche z. B. die verklagte Großmutter deßhalb, weil ihre Tochter das Kind ihr anvertraut habe, der Klage des Vaters entgegengesetzt, die Rede sein kann.

Erk. des OAG. zu Cassel vom 21. Juni 1834 und 29. Okt. 1836.

Auch daraus, daß der Vater sein Kind dem Verklagten zur Erziehung für eine gewisse Zeit, z. B. bis zur Erreichung der Volljährigkeit desselben anvertraut hat, läßt sich der Anspruch des Verklagten nicht ableiten, für diese Dauer das Kind auch gegen des Vaters später geänderten Willen zurückzubehalten.

Vgl. das angef. Erk. vom 21. Juni 1834 mit dem dadurch bestätigten Obergerichtsurtheil.

Durch den Umstand, daß Jemand dem Kinde den von diesem aus freien Stücken bei ihm genommenen Aufenthalt gestattet, wird die Klage des Vaters gegen diese Person nach fr. 5 de liber. exh. 43, 30 nur insofern ausgeschlossen, als dieselbe ihrerseits nichts gethan, die Ausübung der Rechte des Vaters zu verhindern.

S. das angef. Casseler OAGE. v. 21. Juni 1834.

3.

Bd. I Nro. 83.

Alimentation unehelicher Kinder.

1. Nach Grundsätzen des gemeinen Rechts hat die Mutter eines unehelichen Kindes gegen dessen natürlichen Vater nur dann einen Anspruch auf Rückerstattung der zur Alimentation desselben aufgewendeten Kosten, wenn solche von ihr nicht aus Pietät, sondern mit dem erwiesenen Vorsatze, hiedurch die Geschäfte ihres Schwängerers zu führen und von diesem die Erstattung ihrer Auslagen zu verlangen, aus eigenen Mitteln bestritten wurden, nach Analogie

fr. 34 de neg. gest. 3, 5, const. 11 u. 15 eod. 2, 19,

in welcher Beziehung zur Klagbegründung die Behauptung erforderlich ist, daß der gegenwärtig eingeklagte Alimentenbetrag von ihr animo recipiendi wirklich aufgenommen worden sei.

2. Ist der uneheliche Sprößling in eigenem Namen als zur Alimentation berechtigt aufgetreten, so darf der Klage hinsichtlich der Vergangenheit nicht statt gegeben werden, indem gesetzliche Alimente (anders bei vertragsmäßigen oder testamentarischen) von einem zur Alimentation Berechtigten rückwärts für die Vergangenheit nicht gefordert werden können, da ihr Zweck nur ist, ein wirklich gegenwärtig vorhandenes Bedürfniß zu stillen.

E. des OAG. zu Wiesbaden v. 3. Juli 1844.

4.

Bd. I Nro. 84.

Der Vormund als Käufer von Mündelgütern.

Auf den Grund der Const. 5 de contr. emt. 4, 38 wurde angenommen, daß einem Vormund erlaubt sei, Eigenthum des Mündels in einem (obervormundschaftlich angeordneten) öffentlichen Aufstriche, ohne sonstige Förmlichkeit (insbesondere ohne Zuziehung eines Mitvormunds oder curator ad hoc) an sich zu bringen.

E. des OT. zu Stuttgart v. 28. Juni 1843.

5.

Bd. I Nro. 85.

Haftung des Konkursgerichts für Veruntreuungen des Massa-Kurators.

Insoweit es sich nicht um einen ertheilten Rechtsspruch handelt, in welchem Falle eine Vertretungsverbindlichkeit des Richters nur im Falle eines dolus stattfindet, ist eine zu Ersatzleistung verpflichtende Verschuldung des Gerichts überall da anzunehmen, wo etwas versäumt ist, worüber zu wachen war. Ein solcher Fall ist vorhanden, wenn ein Konkursgericht Massagelder Jahre lang in den Händen des curator bonorum ließ, ohne deren Einzahlung zum gerichtlichen Depositum oder auch nur Rechnungslegung zu fordern, und diese Gelder durch Veruntreuung von Seite des Massakurators verloren gegangen sind.

Erk. des AG. zu Leipzig, unter Genehmigung der demselben beigefügten Gründe bestätigt von dem OAG. zu Dresden.

6.

Bd. I Nro. 86.

Zur Lehre von der Verschollenheit.

1) Bei Verschollenen können Ladungen und Todeserklärungen da geschehen, wo sich das Vermögen befindet; indem das Gericht des Orts, unter welchem Erbschaftssachen und deren Inhaber sich befinden, nach Const. unica ubi de hered. agatur 3, 20 Competenz für die Erbschaftsklage hat; dagegen muß sich:
2) die Erbschaftsfrage nach den Gesetzen des letzten bekannten Wohnorts des Verschollenen richten.
3) Der wesentliche Zweck der Ediktalladungen erfordert es, dieselben hauptsächlich an Orten, wo der Vorzuladende, so viel man vermuthen kann, sich aufhält oder Erben nachgelassen

hat, bekannt zu machen, damit solche am füglichsten Nachricht davon erhalten können. Daher ist eine Ediktalladung eines Verschollenen auch in den auswärtigen Staaten bekannt zu machen, wo sich der Verschollene vermuthlich aufgehalten hat.

E. des OAG. zu Wolfenbüttel v. 23. Oktober 1835.

7.

Bd. I Nro. 87.

Intestaterbrecht der unehelichen Kinder.

E. des OT. zu Stuttgart v. 31. Juli 1833.

8.

Bd. I Nro. 88.

Rechte unehelicher Kinder am Nachlasse des natürlichen Vaters.

Erk. des Hof- und Appellationsgerichts zu Usingen, mit Bezug auf die demselben beigefügten Motive bestätigt durch Erk. des OAG. zu Wiesbaden vom 3. Juli 1844.

9.

Bd. I Nro. 99.

Levis notae macula.

Die Einsetzung eines Unehelichen begründet die Inoffiziositätsquerel der Geschwister nicht.

Erk. des OAG. zu Cassel vom 17. Oktober 1840.

10.

Bd. I Nro. 112.

Gränzen der freiwilligen und streitigen Gerichtsbarkeit in Verlassenschaftssachen.

Die Thätigkeit des Civilrichters kann sich nur in einer zweifachen Form äußern, nämlich entweder als Verwaltung der streitigen, oder als Verwaltung der freiwilligen Gerichtsbarkeit. Das bei Herausgabe versiegelter Verlassenschaften stattfindende gerichtliche Verfahren nimmt dann, wenn sich nur ein Erbe gemeldet und seine Ansprüche bescheinigt hat, oder wenn mehrere, unter Bescheinigung ihrer Erbansprüche, aufgetretene Personen sich wechselseitig als Erben anerkennen, zwar allerdings die Natur der freiwilligen Gerichtsbarkeit an. Wo aber die mehreren aufgetretenen angeblichen Erbberechtigten gegenseitig ihre Ansprüche bestreiten, da ist keine Veranlassung zur Ausübung eines Akts der freiwilligen Gerichtsbarkeit vorhanden. Werden nun bei dem Verlassenschaftsgerichte von Erbprätendenten Anträge auf Ausantwortung des Nachlasses gestellt, welche nicht gegen einen bestimmten Beklagten gerichtet sind, so kann darin die rechtliche Grundlage zur Einleitung eines Rechtsstreites nicht gefunden werden. Wollte man auch solche als gegen den angeordneten Curator der ruhenden Masse gerichtet ansehen, so würde doch dieser, welcher ohne Besitz pro herede oder pro pessessore nur eine custodia ausübt, nicht der rechte Beklagte sein (Vgl. die folgende Nro. 114). Bei solchen Umständen entspricht es der richterlichen Amtspflicht, durch Sequestration des Nachlasses die Sache in diejenige Lage zu bringen, wodurch den verschiedenen Erbprätendenten die gerichtliche Verfolgung ihrer Ansprüche möglich gemacht wird, indem durch diese Anordnung der gemeinschaftliche Civilbesitz des Nachlasses, welchen der Sequester nur Namens der streitenden Theile detinirt, auf letztere übergeht, und daher jeder derselben, als Mitbesitzer des Nachlasses, zur Uebernahme der Rolle des Beklagten gegen eine von den andern Erbprätendenten erhobene possessorische oder petitorische Erbschaftsklage geeignet ist, wogegen die Rolle des Klägers derjenige zu übernehmen hat, welchem zunächst an der Ausantwortung des Nachlasses gelegen ist.

Decr. des OAG. zu Cassel vom 17. Jan. 1835. (Vgl. Bd. I Nro. 280.)

11.

Bd. I Nro. 113.

Prüfungsrecht des requirirten Richters.

Im Falle der Requisition bloß eine amtliche Fürsorge, etwa aus dem Standpunkte der Obervormundschaft oder der Verlassenschaftsbehandlung, zu Grunde liegt, so muß die Rechtmäßigkeit der geschehenen Requisition einer Prüfung von Seite des requirirten Gerichts allerdings unterworfen werden.

Erk. des OAG. zu Cassel vom 18. Oktober 1826.

12.

Bd. I Nro. 114.

Vertretung der ruhenden Erbschaft durch den Curat derselben.

Wenn auch die Befugniß eines jeden Curators, innerhalb des ihm zustehenden Wirkungskreises vor Gericht aufzutreten, nicht bestritten werden kann, so ist doch gerade der Wirkungskreis des Curators einer ruhenden Erbschaft, auf die Ergreifung von erhaltenden Maßregeln in Ansehung der des einstweiligen Schutzes bedürftigen Gegenstände des Nachlasses beschränkt, so daß er bei einer auf Ansprüche an dem Nachlasse gerichteten Klage durch sein Auftreten vor Gericht weder die, die Person des Erblässers vertretende ruhende Erbschaft, noch den etwaigen Nachfolger des Erblassers verbindlich machen kann.

Dekrete des OAG. zu Cassel v. 4. April 1840, 23. Sept. 1837, 19. Jan. 1842.

Die Legitimation des Curators der ruhenden Erbschaft zur Prozeßführung wird auch nicht durch den Umstand begründet, daß der Rechtsstreit noch von dem Erblasser selbst eingeleitet worden.

Decr. desselben Gerichtshofs vom 20. Dezember 1837.

Wohl aber tritt eine Ausnahme von der angegebenen Regel in dem Falle ein, wo eine zur ruhenden Erbschaft gehörige Forderung in dem gegen den Schuldner anhängigen Konkurse geltend gemacht wurde. Hier wurde der Curator der gedachten Erbschaft als legitimirt zum Liquidiren für die Massa angenommen, indem davon ausgegangen wurde, daß, ohne diese Zulassung, theils durch die Präklusion der Gläubiger, theils durch die Vertheilung der Konkursmassa, die ruhende Erbschaft benachtheiligt werden würde.

Decr. des OAG. zu Cassel vom 17. Dez. 1836.

13.

Bd. I Nro. 160.

Erbschaftsanfall für Verstorbene.

Nach einem seit mehreren Jahrhunderten allgemein anerkannten Gewohnheitsrechte wird der Tod eines Verschollenen vermuthet, wenn seit der erweislichen Geburt desselben 70 Jahre verflossen sind.

Savigny, System. Bd. I. S. 18.

Diese Präsumtion macht dem bisherigen Zustande der Ungewißheit insoweit ein Ende, daß vermuthet wird, der Verschollene lebe nun nicht mehr, und steht mithin demjenigen zur Seite, welcher sich auf den Tod desselben stützt; sie entscheidet aber nicht darüber, wann der Tod erfolgt ist, ob erst damals, oder bereits früher, und wer dem nach seinen Anspruch darauf gründet, daß der Verschollene bis dahin, oder bis zu einer anderen früheren Zeit fortgelebt habe, der findet in ihr keine Stütze, sondern muß diesen Umstand als das Fundament seines Rechts beweisen.

Dieß gilt insbesondere in Fällen, wo von einer dem Verschollenen deferirten Erbschaft die Rede ist. In Gemäßheit jener Präsumtion ist, wenn seit seiner Geburt 70 Jahre verflossen sind, sein Tod anzunehmen, und er daher zur Erbfolge in den Nachlaß einer später verstorbenen Person nicht zuzulassen, deßwegen kann aber doch, wenn die fragliche Person vor dem Ablaufe der 70 Jahre verstorben ist, nicht präsumirt werden, daß der Verschollene diese Person überlebt habe, daß er zu der Zeit, wo der Nachlaß derselben Gegenstand einer Erbschaftsdelation wurde, noch am Leben gewesen sei; vielmehr hat derjenige, welcher auf die

Behauptung dieser Voraussetzung der Delation an den Verstorbenen einen Anspruch gründet, den Beweis derselben zu liefern.

14.

Bd. I Nro. 251.

Können Schuldner von Bevormundeten ohne Decret der Obervormundschaft gültig den Vormündern Zahlung leisten?

Die neueren Rechtslehrer nehmen an, nach Justinian's Vorschriften in

Const. 25 u. 27 de administr. tut. 5, 37 und im § 2 Inst. quib. alien. lic. 2, 8

sei die Zahlung an den Vormund ohne richterliches Decret, abgesehen von Ausnahmsfällen, ungültig, indem durch die angeführten Vorschriften der in vielen andern Stellen der Digesten und des Codex

fr. 7 § 2 de minor. 4, 4; § 5, 7 de admin. tut. 26, 7; fr. 14 § 1 seq., fr. 49, fr. 96 pr., fr. 100 de solut. 46, 3; Const. 1 si adv. solut. 2, 33,

vorkommende Grundsatz des älteren Rechts, daß die dem Tutor und Curator geleistete Zahlung (vorbehaltlich der nach Umständen wegen Minderjährigkeit zukommenden Restitution) die Schuld ipso jure tilgt, beseitigt und aufgehoben worden. Allein die Richtigkeit dieser Ansicht unterliegt erheblichen Bedenken. Schon die Glosse

zu fr. 7 § 2 de minor.

versteht die neuen Verordnungen Justinian's im Codex und die Institutionstelle so, daß durch das richterliche Decret nur die Sicherung des an den Vormund zahlenden debitor pupillaris gegen die ihm nach dem bisherigen Rechte drohende Gefahr der Restitution und somit wirklich die, wie Justinian selbst sich ausdrückt, plenissima securitas bewirkt werde, keineswegs aber das richterliche Decret Bedingung der Gültigkeit der Zahlung sein solle.

Nach diesem Vorgange wurde denn auch von älteren Autoren gar nicht als zweifelhaft angesehen, daß der debitor pupillaris auch ohne Decret gültig und cum effectu liberationis Kapitalzahlungen an den Vormund leisten könne, sondern es wurde nur darüber gestritten, ob er das ohne richterliches Decret mit völliger Sicherheit thun könne, insbesondere ob und wiefern in Ermangelung des Decrets eine Restitution der ipso jure durch die Zahlung erloschenen Schuldklage zulässig sei. Im Hinblicke nun auf die schon von den Glossatoren herrührende und bis in das jetzige Jahrhundert hineinreichende communis doctorum opinio für die Rechtsgültigkeit einer dem Vormund ohne richterliches Decret geleisteten Kapitalzahlung hat man Ursache, in dem Umstande, daß eine aus dem vorigen Jahrhundert stammende, auf der Grundlage des gemeinen Rechts erlassene particuläre Vormundschaftsordnung der Nothwendigkeit obervormundschaftlicher Genehmigung zu Zahlungen an den Vormund nicht erwähnt, nicht blos ein Zeugniß für die Anerkennung jener sententia recepta, sondern selbst eine stillschweigende Genehmigung derselben von Seite der Territorialgesetzgebung zu finden.

Erk. des OAG. zu Oldenburg.

Auch das OAG. zu Celle hat angenommen, daß eine von dem Schuldner dem Vormund geleistete Zahlung keine vorgängige obervormundschaftliche Genehmigung erfordere.

15.

Bd. I Nro. 253.

Vertragsmäßige Erbeinsetzung von Seite Minderjähriger.

Ein minor pubes, der ohne Genehmigung seines Vormunds Jemanden durch Vertrag zu seinem Erben ernannt hat, ist dadurch nicht gebunden, kann vielmehr, so lange er diese Disposition nicht nach erreichter Volljährigkeit ausdrücklich oder stillschweigend genehmigt hat, jederzeit, ohne erst der Restitution zu bedürfen, einseitig davon abgehen, und anderweitig rechtsgültig über seinen Nachlaß verfügen. — (Oldenburger-Recht.)

16.

Bd. I Nro. 256.

Intestaterbrecht Unehelicher am Nachlasse entfernterer mütterlicher Seitenverwandten.

Erk. des OT. zu Stuttgart vom 24. Sept. 1824.

17.

Bd. I Nro. 265.

Vom Beklagten bei der Erbschaftsklage, wenn die Erbschaft von einem Curator verwaltet wird.

Wenn der Erbschaftsbeklagte das Erbrecht des Klägers bestreitet und die Erbschaft für sich in Anspruch nimmt, so erscheint er nach fr. 13 § 13 de hered. pet. 5, 3 als der rechte Beklagte, sollte er auch von den Erbschaftssachen nichts besitzen, indem sich diese in den Händen und unter der Verwaltung eines Erbschaftskurators befinden. Der Curator einer liegenden Erbschaft besitzt nur in fremdem Namen, und muß sie seinerzeit demjenigen überliefern, welcher durch Urtheil als Erbe anerkannt wird. Da auch mehrere Besitzer einer Erbschaft untereinander über das Erbrecht streiten können,

fr. 1 § 2 si pars hered. pet. 5, 4,

so steht es der Anstellung der Klage von Seite des einen Prätendenten gegen den andern nicht entgegen, daß der Curator angesehen wird, als besitze er Namens beider streitenden Theile. Die Herausgabe der Vermögenstheile, welche der Curator verwaltet, kann von den Beklagten durch Abtretung ihrer Klagen gegen denselben erfolgen: fr. 13 § 15, 16, § 4 de hered. pet. 5, 3.

Erk. des OAG. zu Wiesbaden vom 12. Okt. 1836.

18.

Bd. I Nro. 280.

Ediktalprozeß in Verlassenschaftssachen.

Nach der gewöhnlichen Behandlung des sog. Ediktalprozesses in Todesfällen, wo man die Erben des Verstorbenen nicht kennt, werden die mehreren kollidirenden Prätendenten, welche auf die Ladung Erbansprüche angemeldet haben, zu einem Vorzugsstreit unter einander veranlaßt, während dessen sich der Nachlaß in Gerichtshänden befindet oder einem curator hered. jac. anvertraut ist, und in welchem definitive oder Zwischenbescheide in Betreff des Erbrechts erlassen zu werden pflegen. Diese Behandlung ist eine unrichtige. Nach bekannter Vorschrift der Rechte

fr. 9—13 de hered. pet. 5, 3; fr. 25 de O. et A. 44, 7; Const. 7 de pet. her. 3, 31,

können alle Erbschaftsklagen, welche das Erbrecht selbst zum Gegenstande haben, nur wider einen (wahren oder fingirten) Besitzer der Erbschaft erhoben werden, mag derselbe die ganze Erbschaft oder auch nur einen Theil davon in Händen haben. Befindet sich aber der ganze Nachlaß in den Händen des Gerichts oder eines curator hered. jac., so ist die Lage der Sache von der Art, daß bis jetzt ein Prozeß unter den mehreren Prätendenten über das Erbrecht diejenige Berichtigung der Parteiverhältnisse entbehren würde, welche nach den Gesetzen nicht mangeln soll.

fr. 62 de jud. 5, 1; § 4 f. de interd. 4, 15.

Eine unvermeidliche Folge wäre, daß weder eine wahre Litiskontestation, wie solche zu den wesentlichen Stücken des ordentlichen Prozesses gehört, vorkommen, noch auch von einem Präklusivtermine für den Vortrag der Einreden zur Zeit die Rede sein kann; beides aus dem Grunde; weil zur Zeit nicht erhellet, wer von den erschienenen Erbprätendenten Kläger, und wer von ihnen Beklagter sein könne und müsse. — Man sollte daher die unter Umständen der fraglichen Art zu erlassende öffentliche Aufforderung nur als das Mittel betrachten, um von Seite des Gerichtes die Personen kennen zu lernen, welche wahrscheinliche Ansprüche auf die in Frage stehende Erbschaft zu machen haben, oder aber um sich zu überzeugen, daß dergleichen Prätendenten nicht vorhanden, oder doch nicht gesonnen sind, von ihrem Rechte Gebrauch zu machen, und in dem einen wie in dem anderen Fall würde der Zweck des citirenden Gerichts nur sein, der lästigen Aufsicht über die cum haereditatis jacentis dadurch enthoben zu werden, daß die Erbschaft, wenn sich Niemand dazu finden will, dem Fiskus, außerdem aber demjenigen sich meldenden Erben, welcher darauf die wahrscheinlicheren Ansprüche bescheinigt, zu besitzen eingeräumt, und anderen, welche weniger wahrscheinliche Ansprüche haben, deren Befolgung wider jenen Besitzer vorbehalten wird. —

Solche Erwägungen wurden ausgesprochen in den Motiven eines

Erk. des OAG. zu Jena vom 11. Jänner 1826.

19.

Bd. I Nro. 401.

Von Entfernung eines Konkurs-Kurators.

Der einmal bestellte Konkurskurator kann bei im Wesentlichen unverändert fortdauernder Kuratel auf bloßes Verlangen der Gläubiger, beziehungsweise der Mehrheit oder eines Ausschusses derselben, oder auch nach bloßem Gutdünken des Konkursgerichtes nicht removirt werden, vielmehr begründen dessen gerichtliche Bestellung und Verpflichtung und das öffentliche Interesse an der ordnungsmäßigen und gewissenhaften Verwaltung der Konkursmassen ein Verhältniß, wonach die über die Remotion pflichtwidrig handelnder sonstiger Kuratoren und Vormünder bestehenden gesetzlichen Vorschriften, zufolge welcher deren Absetzung nur nach vorgängiger Untersuchung der von einem solchen begangenen, beziehungsweise ihm zur Last gelegten Pflichtverletzungen ausgesprochen werden kann, analog auch auf Konkurs-Kuratoren für anwendbar zu halten sind.

Decr. des OAG. zu Kassel vom 13. Oktober 1840.

20.

Bd. II Nro. 2.

Statutenkollision. Veräußerung von Immobilien eines Minderjährigen. Restitution.

Handelt es sich in einer Rechtssache von einer Frage, welche zum Gebiet des Personenrechts gehört, so ist sie nach dem Gesetze des Orts zu entscheiden, an welchem die fragliche Person ihren Wohnsitz hat. In Gemäßheit dieses Grundsatzes, welcher so nach gemeinem wie nach französischem Rechte gilt, wurde in einem vorgekommenen Falle zur Beantwortung der Frage, was zur gültigen Veräußerung von Immobilien eines Minderjährigen erfordert werde, nicht das Gesetz der gelegenen Sache, sondern das Gesetz des Landes zur Anwendung gebracht, wo der Minderjährige seinen Wohnsitz hatte, und wo die Vormundschaft geführt wurde; und dieß zwar sowohl hinsichtlich des Erfordernisses obervormundschaftlicher Zustimmung, als in Ansehung der Modalität der Veräußerung, ob nämlich der vorgenommene Verkauf unter der Hand giltig, oder ob die Veräußerung wegen Unterlassung der öffentlichen Versteigerung als nichtig anzusehen sei.

Nachdem aber die Veräußerung gemäß der Gesetze des Wohnorts für gültig erachtet worden, wurde angenommen, daß die weitere Frage, ob die wegen Verletzung auf den Grund der Minderjährigkeit gesuchte Restitution zu bewilligen oder nicht, nach dem Gesetze des Orts der belegenen Sache zu beurtheilen sei, indem man von der Ansicht ausging, daß die auf Wiedererlangung des Eigenthums der veräußerten Immobilien gerichtete actio rescissoria sich als eine zur Kategorie der dinglichen Klagen gehörige, als „Immobiliarklage" darstelle.

Erk. des rheinischen Cassations- und Revisionshofs zu Berlin vom 5. Juli 1847.

21.

Bd. II Nro. 4.

Statutenkollision. Folgen des außerehelichen Beischlafs.

In Band I dieses Archivs sind unter Nro. 153 Entscheidungen des OAG. zu München mitgetheilt, in welchen angenommen wurde, daß die Folgen des außerehelichen Beischlafs nach den Gesetzen des Ortes zu beurtheilen seien, an welchem der Beischlaf gepflogen wurde. In einer bei württemberg'schen Gerichten gegen einen Württemberger anhängigen Rechtssache dieser Art wurde in Gemäßheit jener Ansicht von der auswärtigen Klägerin behauptet, es seien die in Bamberg, dem Orte des Beischlafs, geltenden Gesetze in Anwendung zu bringen. Die Beurtheilung geschah aber nach den württemberg'schen Gesetzen: „indem es im Allgemeinen Rechtens sei, daß sich der Richter in seinen Urtheilen nach den Gesetzen seines Landes richte, zumal wenn der Beklagte ein Angehöriger des Landes sei. Allerdings gebe es Ausnahmen von dieser Regel, von welcher aber keine hier zutreffe."

Erk. des OT. zu Stuttgart.

22.

Bd. II Nro. 44.

Klage der außerehelichen Mutter auf Ersatz der dem Kinde gereichten Alimente.

Wenn die Mutter den Ersatz der ihrem Kinde gereichten Alimente von dessen Vater, Großeltern oder deren Erben verlangt, so muß sie nach gemeinem Rechte, insbesondere nach fr. 34 de neg. gest. 3, 5 und Const. 11 eod. 2, 19 solche Umstände nachweisen, aus welchen hervorgeht, daß sie sich ihre Rechte wegen der auf das Kind verwendeten Ausgaben gegen andere alimentationspflichtige Personen wahren wollte, weil die Mutter, im Falle der Unvermögenheit des Vaters, zum Unterhalte des Kindes verpflichtet ist, und sie für das, was sie auf den Unterhalt ihres Kindes aus mütterlicher Pflicht und Zuneigung verwendet hat, keine Vergütung verlangen kann.

Erk. das OAG. zu München vom 14. Oktober 1831.

(Eine der außerehelichen Mutter günstigere Ansicht hat das OAG. zu Dresden in Anwendung gebracht, wohingegen das OAG. zu Wiesbaden sich in Uebereinstimmung mit obigem Münchener OAGE. aussprach.)

23.

Bd. II Nro. 55.

Klage auf Anerkennung der außerehelichen Vaterschaft, von der außerehelichen Mutter angestellt, ohne Alimentenforderung, blos um ihrer Ehre Willen zugelassen.

Erk. des OAG. zu München v. 13. April 1824.

Für die entgegengesetzte Ansicht, daß (so nach gemeinem, wie nach sächsischem Recht) die außereheliche Mutter nicht berechtigt sei, gegen den Erzeuger ihres Kindes auf Anerkennung der Vaterschaft zu klagen, hat sich in neuester Zeit das OAG. zu Dresden ausgesprochen.

24.

Bd. II Nro. 56.

Bei Zuerkennung von Alimenten ist auf Begehren die Vorausbezahlung anzuordnen, weil dieß aus der Natur der Sache fließt. —

Erk. des OT. zu Stuttgart.

25.

Bd. II Nro. 118.

Statutenkollision. Außerehelicher Beischlaf.

Vgl. Bd. I Nro. 153, Bd. II Nro. 4.

Die Geschwächte darf aus der, in Gemeinschaft mit dem Stuprator verübten That, keine andere Verbindlichkeit ansprechen, als welche die Gesetze, unter welchem sie mit diesem delinquirte, mit sich bringen. Auch die privatrechtlichen Wirkungen des Delikts stehen vermöge ihrer accessorischen Natur unter demselben Gesichtspunkte.

Erk. des OAG. zu Jena von 1835 u. 1839.

26.

Bd. II Nro. 119.

Statutenkollision. Locus regit actum.

Erk. des OAG. zu Jena von 1832.

27.

Bd. II Nro. 186.

Außereheliche Kinder von Ehefrauen.

Wird wegen Alimentation eines von der Ehefrau während der Ehe geborenen Kindes ein dritter in Anspruch genommen, so gehört es zur Begründung der Klage, daß die Annahme der ehelichen Erzeugung durch den Umstand, daß sie während der kritischen Zeit ihrem Manne nicht ehelich beigewohnt habe, beseitigt werde.

Erk. des OAG. zu Dresden.

28.

Bd. II Nro. 197.

Restitution Minderjähriger. Obervormundschaftliches Decret.

Daß in Deutschland die Obervormundschaft einen weiteren Umfang hat, als bei den Römern, kann nicht bewirken, daß eine restitutio in integrum gegen ein mit obervormundschaftlicher Emächtigung oder Bestätigung geschlossenes Geschäft unzulässig sei. Dagegen spricht schon der allgemeine Grundsatz, daß Konfirmation die Natur des Geschäfts selbst nicht ändert.

C. 1, 3, 4 X de confirm. 2, 30.

Auch nach römischem Rechte ist den Minderjährigen die restitutio in integrum gelassen in Fällen wo ein decretum de transigendo nothwendig war.

Const. 11 de praecl. min. 5, 71;

Die hinsichtlich der Zahlungen in

Const. 2, 5 de admin. tut. 5, 37

vorkommende Ausnahme muß als solche streng erklärt werden.

Erk. des OAG. zu Jena von 1832.

29.

Bd. II Nro. 198.

Obervormundschaftlicher Consens ohne Vollwort eines Vormunds.

Ueber die Alimentation eines außerehelichen Kindes war zwischen der Mutter und dem Vater ein Vergleich abgeschlossen und dazu die obervormundschaftliche Genehmigung ertheilt worden. Nach dem Inhalte übernahm die Mutter die Alimentation. Später wurde vom Vormunde des Kindes die Gültigkeit dieses Vergleichs angefochten, weil er zwar mit obervormundschaftlichem Konsense, aber ohne Vertretung des Mündels durch einen Vormund geschlossen worden. Die Anfechtung geschah mit Erfolg.

Erk. des OAG. zu Dresden vom 29. Okt. 1844.

30.

Bd. II Nro. 241.

Extrajudizial-Appellation.

Als Fälle der Extrajudizial-Appellation in Sachen der freiwilligen Gerichtsbarkeit werden aus der Praxis des OAG. zu Kassel angeführt: Beschwerdeführungen gegen eine Prodigalitäts-Erklärung, ferner gegen Verfügungen der obervormundschaftlichen Behörde, wegen verweigerter Löschung von Hypotheken, — vorausgesetzt, daß über den deßhalbigen Antrag zweiseitige Verhandlungen stattgefunden haben, — Ablehnung der gerichtlichen Bestätigung von Verträgen über Immobilien, — Ertheilung des Zuschlags bei freiwilliger Versteigerung durch das Gericht. — Erk. des OAG. zu Kassel.

31.

Bd. II Nro. 254.

Ausschließliche Wirksamkeit der Nativitätstermine.

Erk. des OAG. zu Dresden vom 19. April 1848.

32.

Bd. II Nro. 261.

Bestärkungseid bei Geschäften Minderjähriger.

Die Verzichtleistung eines Minderjährigen auf die Rechtswohlthat der Wiedereinsetzung in den vorigen Stand oder auch ein sonstiges an sich unverbindliches Versprechen desselben kann weder durch bloße Handtreue an Eidesstatt, noch durch einen außergerichtlichen mündlich oder schriftlich geleisteten Eid Wirksamkeit erlangen.

Erk. des OAG. zu Darmstadt von 1831.

33.

Bd. II Nro. 270.

Verträge von Minderjährigen ohne Consens des Curators.

Nach römischem Rechte sind Verträge von Minderjährigen, ohne Genehmigung ihres Curators abgeschlossen, nicht ipso jure ungültig, sondern gegen sie greift nur das Rechtsmittel der in integrum restitutio Platz.

Erk. des OAG. zu Lübeck vom 27. Jänner 1846.

34.

Bd II Nro. 306.

Ueble Verwaltung der Adventitien.

Erk. des OAG. zu Jena 1830.

35.

Bd. II Nro. 309.

Der Verschwender als Testator.

Der gerichtlich erklärte Verschwender erlangt die Fähigkeit, ein Testament zu errichten, erst in dem Momente wieder, wo die über ihn angeordnete Curatel durch den Richter wieder aufgehoben worden ist. —

Erk. des OAG. zu Darmstadt vom 5. März 1835.

36.

Bd. III Nro. 65.

Legitimation der im Ehebruch erzeugten Kinder.

Vgl. Bd. I Nro. 352.

Zufolge der Grundsätze des kanonischen Rechts, insbesondere des Cap 13 X qui fil. sint legitimi 4, 17 und der deutschen Reichsgesetze hat die Legitimation durch landesherrliches Reskript auch bei adulterini dieselbe Wirkung, wie bei anderen unehelichen Kindern.

Erk. des OAG. zu Kassel vom 28. Nov 1847.

37.

Bd. III Nro. 72.

Haftung der Vormünder bei Geldanlagen.

Hat sich der Vormund in Beziehung auf die erforderliche Sicherung bei Anlegung der Mündelgelder einer Vernachlässigung schuldig gemacht, so hat er für den dadurch verursachten Schaden zu haften. Von dieser Haftung befreit nicht der Einwand, daß die obervormundschaftliche Behörde zu der fraglichen Geldausleihung ihre Zustimmung ertheilt habe, oder daß bei Abhörung der Vormundschaftsrechnung über das ausstehende Kapital weder ein Monitum gemacht, noch dem Vormund dessen Beitreibung aufgegeben worden sei. Die Vermögensverwaltung sowie die Verantwortlichkeit dafür ruht zunächst auf dem Vormund, und die nur zur Verhütung einer möglichen Untreue der Vormünder eingeführte Rechnungsabhör kann hieran keine Aenderung bewirken.

Erk. des OAG. zu Kassel v. J. 1818 u. 1823.

38.

Bd. III Nro. 135.

Collision der Statuten. Folgen des außerehelichen Beischlafs nach einheimischen Gesetzen zu beurtheilen.

Vgl. Bd. I Nro. 153; Bd. II Nro. 4, 118.

Erk. des OT. zu Stuttgart vom 28. März 1846.

39.

Bd. III Nro. 139.

Anfechtung von Rechtsgeschäften wegen Geisteskrankheit. Hypochondrie.

Erk. des OT. zu Stuttgart vom 7. April 1846 und 28. Juni 1850.

40.

Bd. III Nro. 175.

Keine Alimentationspflicht des väterlichen Großvaters bezüglich unehelicher Enkel.

Eine Verbindlichkeit des väterlichen Großvaters zur Ernährung seines unehelichen Enkels ist weder im römischen noch im kanonischen Rechte anerkannt, und es besteht auch kein abweichender Gerichtsgebrauch.

Erk. des OAG. zu Kassel vom 17. Juni 1839.

41.

Bd. III Nro. 180.

Anfechtung der Veräußerung von Mündelgütern.

In Landesgesetzen ist häufig verordnet, daß der Verkauf des Mündelgutes durch öffentlichen Aufstrich geschehe. Im Falle der Außerachtlassung dieser Vorschrift findet analoge Anwendung dessen statt, was Const. 3 si maior factus 2, 46 für den Mangel des obrigkeitlichen Veräußerungsdekrets bestimmt. Dort wie hier ist nur eine äußere Form, welche bloß im Interesse des Mündels vorgeschrieben, und zumal eine minder wichtige als diejenige des Veräußerungsdecrets versäumt; mit dem gleichen Grunde, wie bei diesem, ist anzunehmen, daß eine 5jährige Frist hinreiche, um dem volljährig gewordenen Minderjährigen Gelegenheit zu geben, darüber, wie die Veräußerung seines unbeweglichen Vermögens bewirkt worden, Nachforschung anzustellen, und daß er, wenn er während dieser Frist die Anfechtung der Veräußerung unterließ, aus der Versäumung der Förmlichkeit des öffentlichen Aufstrichs einen Anfechtungsgrund abzuleiten nicht beabsichtige.

Erk. des OT. zu Stuttgart vom 19. März 1847.

42.

Bd. III Nro. 184.

Richtung der Erbschaftsklage bezüglich der von einem Curator verwalteten Erbschaft eines Verschollenen.

Bei dem Widerspruch der Beklagten gegen die Erbansprüche des Klägers ist eine außergerichtliche Entscheidung der Theilungs- und Vormundschaftsbehörde darüber unzulässig, und ebensowenig kann Kläger angehalten werden, seinen Anspruch gegen den aufgestellten Vermögensverwalter gerichtlich zu verfolgen. Auch abgesehen von dessen Erklärung, daß er bei dem Streite nicht betheiligt sei, und er das Vermögen demjenigen, der sich als Sieger rechtsgenügend ausweise, ausfolgen werde, so wie abgesehen davon, daß, so lange die Einsprache des jetzigen Beklagten nicht durch rechtskräftiges Urtheil beseitigt ist, einer Ausfolge des Vermögens von Seite des Verwalters an den Kläger nicht stattgegeben werden könnte, ist dieser

Güterpfleger, welcher nur zur Erhaltung und Verwaltung des von dem Verschollenen zurückgelassenen Vermögens bestellt worden, gar nicht befugt, bei Erbansprüchen an das ihm anvertraute Vermögen, das er weder pro herede, noch pro possessore besitzt, die Rolle des Beklagten zu übernehmen. Vielmehr hat der Kläger seinen Erbanspruch nur gegen die von ihm gewählten Beklagten zu richten, indem sie es sind, welche jenen Anspruch bestreiten, und, den Tod ihres Bruders vorausgesetzt, selbst ein Erbrecht an dessen Nachlaß geltend machen, und aus diesem Grunde der Ausfolge des unter pflegschaftlicher Verwaltung befindlichen Vermögens an den Kläger Widerspruch entgegensetzen. Bei diesem Streite zwischen mehreren Erbprätendenten ist der Vermögensverwalter gar nicht betheiligt, sondern er hat, wenn das Erbrecht des Klägers durch rechtskräftiges Urtheil für begründet erachtet werden sollte, das Vermögen dem obsiegenden Kläger auszufolgen. Demnach konnte die Entscheidung des vorigen Richters in keinem Falle für gerechtfertigt erkannt werden. Wenn die der Klage zu Grunde liegende Behauptung, daß H. B. aus G. gestorben sei, erwiesen wird, so stellt sich sein Vermögen mit dem Zeitpunkte seines Todes als eröffnete Erbschaft dar, an welche der Kläger und die Beklagten als die einzigen bekannten Erbprätendenten Ansprüche machen.

Erk. des OT. zu Stuttgart vom 30. Juni 1849.

43.

Bd. III Nro. 185.

Der Curator eines Abwesenden kann für diesen keine Erbschaft antreten.

Der einem Abwesenden, dessen Aufenthaltsort unbekannt ist, bestellte Curator ist in dieser Eigenschaft nicht legitimirt, eine dem Abwesenden deferirte Erbschaft für seinen Curanden anzutreten, und es wird durch die Anordnung einer solchen cura dem Rechte der durch die Konkurrenz eines Abwesenden in ihrem Erbrechte beschränkten Miterben nicht präjudizirt, eine Erklärung über Antretung oder Ausschlagung der Erbschaft zu verlangen. Der Richter ist vielmehr in einem solchen Falle verpflichtet, auf Antrag der Interessenten den Abwesenden unter dem gesetzlichen Präjudize des Verzichts auf sein Erbrecht durch öffentliche Ladung zu dieser Erklärung aufzufordern, und nach fruchtlosem Ablaufe dieses Termins die Erbschaft den allein sich gemeldet habenden Erben zu überlassen.

Erk. des OAG. zu Darmstadt vom 11. April 1845;
Entschl. des OAG. zu Darmstadt vom 19. Jänner 1847.

44.

Bd. III Nro. 189.

Restitution Minderjähriger.

Die Restitution bezieht sich nur auf eigene Geschäfte der Minderjährigen oder ihrer Vertreter als solcher, nicht aber auf Geschäfte, die dergleichen Vertreter kraft eigenen Rechts vorgenommen haben.

ft. 38 de minor. 4, 4; Const. 2 si adv. vend. pign. 2, 29; const. 2 de praed. et al. reb. 5, 71. —

Wenn auch der Minderjährige wegen eines zwischen ihm und seinem Vertreter bestehenden besonderen Verhältnisses durch eine solche von seinem Vertreter kraft eigenen Rechtes vorgenommene Handlung einen Schaden erlitten hat, so ist diese Läsion nicht durch die Minderjährigkeit hervorgebracht, steht mit ihr in keinem Causalzusammenhang, sondern erscheint als eine zufällige, gegen welche keine Restitution gewährt wird.

Erk. des OAG. zu München vom 21. Mai 1850.

45.

Bd. III Nro. 190.

Restitution der Verschwender.

Der gerichtlich erklärte Verschwender genießt in Beziehung auf die Rechtswohlthat der Wiedereinsetzung in den vorigen Stand gleiche Rechte wie der Minderjährige.

Entschl. des OAG. zu Darmstadt vom 3. Juni 1842.

46.

Bd. III Nro. 254.

Statutenkollision. Ansprüche aus dem außerehelichen Beischlaf.

Vgl. Bd. I Nro. 153; Bd. II Nro. 4, 118; Bd. III Nro. 135.
Bl. f. RA. Bd. 13 S. 209.
Pl.-Beschl. des OT. zu Berlin vom 21. Nov. 1849.

47.

Bd. III Nro. 266.

Subsidiäre Alimentationsverbindlichkeit. Auswanderung des zunächst Verpflichteten nach Amerika.

Wenn bei Alimentationsverbindlichkeiten der zunächst Verbindliche nach Amerika ausgewandert ist, so liegt hinreichender Anlaß vor, den subsidiär Haftenden in Anspruch zu nehmen. Wo die Ernährung eines Kindes in Frage ist, läßt sich nicht auf jahrelange Aufsuchung eines Abwesenden und auf die Möglichkeit der gerichtlichen Geltendmachung in einem anderen Welttheile warten. Liegen auch Nachrichten über den Aufenthalt an einem bestimmten Orte vor, so ist damit für die Thunlichkeit einer wirksamen und mit den aufzuwendenden Kosten in einem angemessenen Verhältnisse stehenden Beitreibung der streitigen Alimente in der That noch nicht das mindeste Reelle gewonnen.

Vgl. Erk. des OAG. zu Dresden vom 5. Sept. 1849.

48.

Bd. III Nro. 274.

Erziehung des Mündels bei der zur zweiten Ehe geschrittenen Mutter. Auswanderung der Letzteren nach Amerika.

Die in der Regel eintretende Erziehung der Pupillen bei ihrer Mutter leidet nach den Bestimmungen des römischen Rechts eine Ausnahme, wenn die Mutter zur zweiten Ehe geschritten ist; und wenn gleich heutzutage auch in diesem Falle nach den Umständen die Erziehung der Mutter belassen werden kann, so ist doch hier, wo dieselbe ihren Wohnsitz in einen entfernten Welttheil verlegen will, und dadurch die Kinder der erforderlichen Aufsicht und Einwirkung auf deren Person von Seiten des Vormunds sowie des obervormundschaftlichen Gerichts entziehen würde, auch ein Mangel einer Gelegenheit zu einer anderweiten Versorgung nicht erhellet, — ein genügender Grund nicht vorhanden, jener die Mitnahme der aus dem hiesigen Unterthanenverbande noch nicht entlassenen, mithin ihren gesetzlichen Wohnsitz dahier behaltenden Kinder zu gestatten.

Erk. des OAG. zu Kassel vom 28. Oktober 1846.

49.

Bd. III Nro. 275.

Die uneheliche Mutter, nach ihrer Verheirathung, bezüglich der Erziehung des Kindes.

Wenn auch die hier einschlagende Bestimmung des römischen Rechts, die Endigung der Vormundschaft durch Verheirathung der Wittwe-Vormünderin betr. nicht ausschließt, daß auch der Mutter des unehelichen Kindes, welche durch Eingehung der Ehe mit einem anderen als dem Vater desselben die Vormundschaft verloren hat, nach Befinden der Umstände die Erziehung solcher Kinder überlassen werden könne, so muß doch hierüber lediglich das Ermessen des Vormunds und des obervormundschaftlichen Gerichts entscheiden. Aus diesen Gründen wurde in einem gegebenen Falle die Weigerung der unehelichen Mutter und ihres Mannes, das Kind an den Vormund herauszugeben, für unstatthaft erklärt, und dabei noch bemerkt: es sei von den Appellanten, daß sie vorzugsweise zur Erziehung der Mündel des Appellaten im Stande wären, nicht dargelegt worden und es könne dieß auch nicht ohne weiters, zumal bei ihrer Vermögenslosigkeit unterstellt werden.

Erk. des OAG. zu Kassel vom 10. Mai 1848.

50.

Bd. IIII Nro. 276.

Die Stiefmutter, vom Vater letztwillig zur Erziehung bestellt.

Wenn man auch nicht mit Gothofred (Note zu fr. 5 ubi pupillus — 27. 2.) die Stiefmutter schlechthin zu denjenigen Personen zu rechnen geneigt sein will, zu welchen man sich versehen müsse, daß sie der „pudicitia impuberis" Nachstellungen bereiten werden, so kann doch, wenn aus der weiteren Ehe Kinder vorhanden sind, und deren Interesse mit demjenigen des Stiefkindes kollidirt, von einer Bestellung derselben als Erzieherin des letzteren von Seite der Obervormundschaft nicht leicht die Rede sein. Anders verhält sich aber der Fall, wenn, in Ermangelung eines solchen zusammentreffenden Interesses, also beim Nichtvorhandensein von Kindern aus der zweiten Ehe, durch eine testamentarische Anordnung des Vaters der Stiefmutter die Erziehung des Kindes aus der ersten Ehe anvertraut wird. Unter besonderen Voraussetzungen läßt sich eine solche Bestimmung, als im Interesse des Mündels liegend, und als begründet denken. . . . . . . Es wurde indessen in diesem Falle gegen die letztwillige Anordnung des Vaters der Stiefmutter die Erziehung des Kindes um deßwillen entzogen, weil ihre Handlungsweise den sittlichen Ruf der Stieftochter gefährdet hätte. —

Erk. des OAG. zu Kassel vom 21. Febr. 1850.

51.

Bd. III Nro. 277.

Vormundschaftliche Geschäftsführung nach eingetretener Volljährigkeit.

Es ist zwar richtig, daß die N. während der Anhängigkeit des Prozesses in II. Instanz die Volljährigkeit erreicht, und daß hiemit das vormundschaftliche Verhältniß der Mutter aufgehört hat; allein daraus folgt nicht, daß von diesem Augenblicke an alle Handlungen, welche der Vormund gegen Außen und mit dritten Personen in dieser Eigenschaft vornimmt, unbedingt nichtig sind, vielmehr ist die Fortsetzung und Beendigung der von ihm angefangenen Geschäfte nach denjenigen Regeln zu beurtheilen, welche unter den gleichen Umständen bei dem Auftragsvertrag gelten, und es müssen hiernach alle Prozeßhandlungen, welche der Vormund vorgenommen hat, zu Recht bestehen, so lange das Gericht und die Gegenpartei nicht von dem Aufhören der Vormundschaft in Kenntniß gesetzt worden sind. Einerseits ist es nemlich Sache der nunmehr volljährig gewordenen Partei, die für sie angefangenen Geschäfte dem Vormund ab- und selbst in die Hand zu nehmen, und thut sie dieses nicht, so genehmigt sie dadurch stillschweigend die Fortsetzung derselben durch den Vormund. Die Anfechtung dieser im guten Glauben vorgenommenen Handlungen hieße nichts anderes, als aus der eigenen Nachlässigkeit oder gar aus einem gefährdevollen Verhalten unter dem Scheine verletzter Formen Vortheil ziehen zu wollen, und die Erreichung solcher Vortheile wäre den ersten Rechtsgrundsätzen zuwider. Andererseits kann weder dem Gerichte, noch der Gegenpartei zugemuthet werden, sich von dem Augenblicke der eintretenden Volljährigkeit Kenntniß zu verschaffen, um nicht der Gefahr eines ungiltigen Verfahrens ausgesetzt zu sein, sondern man darf erwarten, daß in diesem Falle der Volljährige sich selbst um seine Angelegenheiten kümmere und in den Rechtsstreit eintrete, falls er das bisherige Verhältniß nicht bis zur Beendigung des Prozesses fortbestehen lassen will. Im gleichen Sinne hat auch das römische Recht ausdrücklich bestimmt, daß der Volljährige zwar den während seiner Minderjährigkeit angefangenen Prozeß selbst übernehmen könne, daß aber der Vormund, wenn dieses unterbleibt, nicht nur berechtigt, sondern sogar verpflichtet sei, den anhängigen Prozeß fortzuführen, solange er nicht Rechnung gestellt und dem Volljährigen ausgeliefert hat.

Fr. 5. § 6. fr. 39. § 12 de administr. et peric. tutorum 27. 7; const. un. ut causae post pubert. 5. 48; const. 10. de appellat. 7. 62.

Erk. der Oberhofgerichts zu Mannheim.

52.

Bd. III. Nro. 278.

Behandlung der Verlassenschaftssachen. Ediktalzitation der Intestaterben.

Erk. des OAG. zu Kassel vom 7. März 1834.

53.

Bd. III. Nro. 298.

Vermuthung für die Fortdauer des Lebens bei Verschollenen.

Erk. des OT. zu Berlin vom 6. April 1848.

54.

Bd. III. Nro. 311.

Unfähigkeit des mündigen Minderjährigen, durch Verträge sich zu verpflichten.

Erk. des OT. zu Stuttgart vom 5. Sept. 1848.

55.

Bd. III. Nro. 355.

Adventitien. Veräußerungsbefugniß des Vaters.

Der Vater darf nicht nur wegen jeder faktischen Nothwendigkeit, sondern selbst dann schon, wenn es den Kindern zu merklichem Nutzen gereicht, deren bona adventitia veräußern.

Erk. des OAG. zu Kassel vom 9. Sept. 1843.

56.

Bd. III. Nro. 336.

Sicherstellung der Adventitien.

Die Beantragung von Sicherheitsmaßregeln ist statthaft, wenn aus der Verwaltung der Adventitien von Seite des Vaters den Kindern Gefahr droht. Dabei wird aber die Nachweisung sehr bestimmter Gründe eines vorhandenen Verdachts schlechter Administration, insbesondere der Verschwendung vorausgesetzt. In einem Falle, wo der Vater kein eigenes Vermögen besaß und eine beträchtliche Verminderung des von seiner verstorbenen Ehefrau inferirten Vermögens eingestanden hatte, auch zu einer ledigen Weibsperson in einem verbotenen Verhältnisse sich befand, welches man für die bemittelten Kinder für gefährlicher als eine zweite Heirat hielt, wurde auf den Antrag des mütterlichen Großvaters jener Hauskinder die Beiordnung eines Vormunds erkannt.

Erk. des OAG. zu Kassel v. 8. Mai 1805.

57.

Bd. III. Nro. 337.

Adventitien. Keine Verbindlichkeit des Vaters zur Rechnungs-Ablage.

Es genügt, wenn die Herausgabe des vom Vater verwalteten Adventitiengutes nach einem Verzeichnisse geschieht, worin denn auch die (nach Ende des väterlichen Nießbrauchs) gezogenen Nutzungen als Zuwachs mit aufzunehmen sind.

E. d. OAG. zu Kassel v. 8. März 1845.

58.

Bd. III. Nro. 342.

Adventitien. Ende der väterlichen Verwaltung.

Durch Verzichtleistung des Vaters auf den Nießbrauch des den Gegenstand des väterlichen Verwaltungsrechtes bildenden Vermögens wird das Ende dieses Verwaltungsrechtes nicht herbeigeführt.

E. des OAG. zu Kassel v. 23. Febr. 1839.

Wohl aber hört dasselbe auf, wenn wider den Vater die Vermögensinterdiktion erkannt wird. Es ist das eine Folge seiner alsdann eingetretenen Unfähigkeit, in Beziehung auf sein Vermögen sich verbindlich zu machen.

E. des OAG. zu Kassel v. 25. Sept 1839.

Die eingetretene Verarmung des Vaters allein hat aber diesen Erfolg nicht; und kann nur etwa unter Umständen einen Antrag bei der obervormundschaftlichen Behörde auf Untersuchung und nach deren Resultat auf Enthebung von der Verwaltung begründen. So lange dieses nicht ausgesprochen ist, dauert die väterliche Administrationsbefugniß fort.

E. des OAG. zu Kassel v. 23. Februar 1839.

Die Beendigung des väterlichen Verwaltungsrechtes kann auch dadurch herbeigeführt werden, daß das eigene Interesse des Vaters mit dem seiner Kinder in Collision kömmt; was z. B. in dem Falle eintritt, wenn in dem wider den Vater anhängig gemachten Rechtsstreit der Nießbrauch am Vermögen des Kindes als Exekutionsobjekt in Vorschlag gebracht wird, und über die Zulässigkeit des Antrages gestritten werden muß.

E. des OAG. zu Kassel v. 1835 u. v. 8. Febr. 1845.

59.

Bd. III. Nro. 343.

Irreguläre Adventitien. Deren Verwaltung durch einen Curator.

Quistorp Beiträge z. Erl. verschiedener Rechtsmaterien Nro. II. S. 23 lehrt:

„Nach dem Gerichtsgebrauche hat es nicht den mindesten Zweifel, daß derjenige, der gewisse der väterlichen Gewalt annoch unterworfene Kinder zu Erben einsetzt, den Vater derselben von allem Nießbrauch und aller Verwaltung des Vermögens, auch was den Pflichttheil anlangt, ausschließen, gegentheils aber die Vormundschaft in Betreff der Verwaltung des Vermögens solchen Personen, die überall nicht einmal zu der Verwandtschaft gehören, übertragen . . . . könne."

In Beurtheilung eines Rechtsfalles solcher Art sprach das OAG. zu Kassel unter Bezugnahme auf Novelle 117 Kap. 1 § 1 aus, daß das in Frage befindliche Sondergut von dem entweder durch den Testator selbst bezeichneten oder von dem zuständigen Gericht bestellten Curator zu verwalten sei.

E. des OAG. zu Kassel v. 16. Juni 1838.

Uebrigens bedürfen auch die für solche Fälle letztwillig bestimmten Curatoren der obrigkeitlichen Bestätigung.

E. des OAG. zu Kassel v. 18. Oktober 1837 und 19. März 1834.

Ein solcher Curator ist insbesondere zur Vertretung der Curanden in den auf den fraglichen Vermögenstheil (irregul. Adventitiengüter) bezüglichen Streitigkeiten befugt.

E. des OAG. zu Kassel v. 19. März 1834.

Indessen steht dem Vater, aber nicht kraft seiner väterlichen Gewalt, sondern wie jedem anderen Verwandten des Hauskindes, insofern das Recht zu, auf die Curatelverwaltung einzuwirken, als er sowohl die gerichtliche Bestätigung und Verpflichtung des Curators beim zuständigen Gerichte veranlassen als auch Anträge in Beziehung auf etwa ungehörige Verwaltung des Vermögens seiner Kinder stellen kann.

E. des OAG. zu Kassel v. 16. Juni 1838.

Bremischen zugefallenen Legate in einem gewissen Maße wahrzunehmen, nicht bezweifeln. Die Behauptung der Appellanten zuvörderst, daß dazu nur die Obrigkeit des Domizils befugt sei, widerlegt sich durch Const. unic. ubi pet. tut. 5, 32 und fr. 27. pr. de tut. dat. 26. 5, nach welchen Gesetzesstellen die Obrigkeit des Orts, wo sich Vermögen von Minderjährigen befindet, für dieses Vermögen einen Curator sogar mit der vollen Gewalt eines Vormunds ernennen kann.

E. des OAG. zu Lübeck v. 6. März 1827.

72.

Bd. IV. Nro. 131.

Curatelbestellung für Unterthanen eines anderen Staates.

Eine solche Curatelbestellung hat sich nur auf konservatorische Maßregeln zu beschränken; wozu nicht jede Klagestellung gehört.

E. des OAG. zu Lübeck v. 6. März 1827.

73.

Bd. IV. Nro. 132.

Zum Begriffe einer Cura absentis.

Zum Begriffe einer Cura absentis, welche auf der allgemeinen Befugniß der Obrigkeit beruhet, solchen Personen einen Curator zu bestellen, qui bonis suis superesse non possunt,

fr. 12. pr. de tutor. dat. 26. 5; fr. 2. de curat. furosi 27. 10; fr. 22. § 1 de reb. auct. jud. 42. 5.

wird weder eine Abwesenheit von dem regelmäßigen Wohnorte oder Geburtsorte, noch eine Unbekanntschaft des jetzigen Aufenthaltes der Curanden erfordert, sondern es kann dieselbe in allen Fällen verfügt werden, wo eine Person von demjenigen Orte abwesend ist, an welchem in ihren Angelegenheiten nothwendig etwas vorgenommen werden muß, und wo dieselbe dadurch verhindert wird, das Nöthige zu besorgen oder besorgen zu lassen, ohne daß ihr ein eigenes Verschulden zur Last fällt. Ebendaher ist sogar die Anwesenheit des Curanden am Orte der Bestellung ohne Einfluß, wenn derselbe durch seine Anwesenheit z. B. wegen seiner Minderjährigkeit nicht in den Stand gesetzt ist, seine Angelegenheiten zu besorgen und diejenigen Personen, welche für ihn hätten handeln können, z. B. seine Mutter oder Vormünder, abwesend blieben. — E. des OAG. zu Lübeck v. 6. März 1827.

74.

Bd. IV. Nro. 157.

Gegen Folgen des Ungehorsams im Prozeß sind Minderjährige und solche Parteien, welche der Vorrechte der Minderjährigen sich zu erfreuen haben, ipso jure gesichert. —

E. des OAG. zu Jena v. 19. Nov. 1839 u. 29. Juni 1841.

75.

Bd. IV. Nro. 191.

Versäumte Berufungsfrist. Restitution Minderjähriger, von dem an der Versäumung schuldigen Vormund nachgesucht und, ohne Nachweis der materiellen Unrichtigkeit des anzufechtenden Erkenntnisses, von kurzer Hand bewilligt.

E. des OAG. zu Darmstadt v. 18. April 1849.

76.

Bd. IV. Nro. 234.

Vermuthung der ehelichen Kindschaft kann vom auf Alimente belangten außerehelichen Vater eines mit einer Ehefrau erzeugten Kindes nicht in Bezug genommen werden. —

E. des OAG. zu Jena v. 7. Juli 1835.

77.

Bd. IV. Nro. 243.

Erbvertrag eines Minderjährigen, ohne obrigkeitliches Dekret wirksam (Hannover).

Erbverträge, welche das ganze Vermögen zum Gegenstande haben, enthalten keine Veräußerung, können daher von Minderjährigen ohne obrigkeitliches Dekret eingegangen werden.
E. des OAG. zu Celle v. 2. Okt. 1846.

78.

Bd. IV. Nro. 255.

Forum delicti resp. contractae obligationis. Ansprüche aus dem außerehelichen Beischlaf kompetiren nur bezüglich der Defloration und der Kindbettkosten, nicht aber bezüglich der Alimente zum forum delicti.
E. des OAG. zu Lübeck v. 19. April 1845.

79.

Bd. IV. Nro. 257.

Pflegevater und Oheim sind, wenn sie nicht als Vormünder gerichtlich bestätigt sind, nicht als gesetzliche Vertreter eines Minderjährigen zu betrachten. — E. des OAG. zu Lübeck v. 19. April 1845.

80.

Bd. V. Nro. 31.

Eintritt der Vermuthung für den Tod. Kein Erbschaftsantritt für Verschollene.

81.

Bd. V. Nro. 83.

Rechnungsablage. Rechnungs- (Defektur-) Verfahren.

Der Zweck des Antrags auf Rechnungsablegung ist zunächst nur, daß von demjenigen, welcher für Rechnung eines andern eine Verwaltung geführt hat, eine Rechnung gefertigt und vorgelegt werde. Die Frage wie dieselbe beschaffen sei, ob sie richtig oder unrichtig, vollständig oder mangelhaft sei, gehört in das Defekturverfahren. Völlige Zurückweisung derselben mit der Auflage, eine ganz andere Rechnung zu fertigen, kann nur ausnahmsweise stattfinden, wenn die Rechnung so verkehrt angelegt oder in ihrer Form verworren ist, daß man in einer genügenden Ordnung Erinnerungen dagegen zu ziehen nicht im Stande ist.
(Gönner Hdb. des Proz. Bd. 4. Abth. 75. § 10 u. 11 unter 1.)

Andere Mängel einer an sich brauchbaren Rechnung aber sind auf dem ordentlichen Wege des Defekturverfahrens, in abwechselnden Sätzen, wobei der Kläger mit den unter fortlaufenden Nummern gegen die Rechnung gezogenen Erinnerungen beginnt, zur Erledigung zu bringen. So können Lücken in der Einnahme durch Nachträge ergänzt, Dunkelheiten in einzelnen Punkten durch Erläuterungen aufgehellt, zu allgemeine Ansätze durch nähere Angaben spezialisirt, endlich die Schwierigkeiten, welche durch Einmischung fremdartiger Gegenstände entstehen, durch Ausscheidung der betreffenden Posten beseitiget werden. Sind die Seitenbeträge nicht summirt und ist am Schlusse eine Bilance nicht gezogen, so läßt sich diesem durch Berechnung, zu welcher nach Befinden ein Rechnungsverständiger adhibirt werden kann, abhelfen. Auch ist es dem Kläger unbenommen, das Material der Rechnung, sobald nur Einnahme und Ausgabe gehörig getrennt gehalten bleibt, in eine bessere Uebersicht zusammenzustellen.
E. des OAG. zu Dresden v. 18. März 1847.

82.

Bd. V. Nro. 98.

Wegen einer vom Curator massae versäumten Angabe sind die Konkursgläubiger ex clausula generali zu restituiren.

E. des OAG. zu Oldenburg v. 8. Juli 1839.

83.

Bd. V. Nro. 102.

Ein Minderjähriger kann auch gegen einen Minderjährigen von seinen Privilegien Gebrauch machen, wenn keine Collision der beiderseitigen Privilegien vorliegt.

E. d. OAG. zu Oldenburg v. 1. Mai 1851.

84.

Bd. V. Nro. 103.

Blödsinnige. Anspruch derselben auf restitutio in integrum, und Beginn des Laufes des quadriennii dabei.

Blödsinnige sind den Abwesenden gleichzuachten und zu restituiren. Der Lauf des quadrienniums beginnt erst dann, wenn die absentia oder das sonstige Hinderniß aufgehört hat.

E. des OAG. zu Jena v. 31. Januar 1851.

85.

Bd. V. Nro. 104.

Restitution wegen Abwesenheit.

Im Sinne der bestehenden gesetzlichen Vorschriften kann die Entfernung vom Gerichtsort des Gegners allein als eine Abwesenheit nicht betrachtet werden, welche auf Restitution Anspruch zu machen geeignet ist; denn geht man die sämmtlichen einzelnen Fälle durch, in denen eine absentia als rechtliche Veranlassung zur Restitution angesehen wird, so liegt ihnen durchgängig das Prinzip zu Grunde, daß Jemand in eine Lage oder Verhältnisse versetzt worden, wo es ihm unmöglich gewesen, die ihm zuständigen Gerechtsamen wahrzunehmen.

E. des OAG. zu Lübeck v. 22. Sept. 1834.

86.

Bd. V. Nro. 138.

Restitution wegen Minderjährigkeit.

Dem Gesuche eines minderjährigen Reiteroffiziers um Wiedereinsetzung in den vorigen Stand gegen einen Pferdsankauf wurde entsprochen. Es war

1) die erforderliche Vernachtheiligung gegeben, indem . . . .
2) die bei der Restitution eintretende Ausnahme, wenn ein in seinem Fache von der Staatsbehörde als Meister anerkannter Minderjähriger vernachtheiligt wird, trat nicht ein, da selbst bei einem Reiteroffizier nicht spezielle thierärztliche Kenntnisse vorausgesetzt werden.
3) Das dem Kläger (einem Haussohn) zustehende Recht der Verfügung über sein peculium castrense entzog ihm nicht das in seiner Minderjährigkeit begründete Recht, der Anfechtung getroffener Verfügungen.

Der weitere Anspruch des Klägers auf Ersatz der auf das Pferd verwendeten Kosten, wurde für unbegründet erachtet, weil in dergleichen Rescissionsfällen der Kläger nur Ersatz der auf die erkaufte Sache gemachten nothwendigen oder mit dem Willen des Verkäufers gemachten nützlichen Auslagen verlangen könne,

fr. 25. § 8. fr. 27. 29. § 3. de aedil. ed. 21. 1.

die bezeichnete Voraussetzung aber hier nicht gegeben sei. —

E. des OT. zu Stuttgart vom 10. März 1848.

87.

Bd. V. Nro. 175.

Berechnung der 182 Tage von Zeit des Beischlafs.

Der Beischlaf hatte am 18. Dez. 1815, die Entbindung am 16. Juni 1816 (Schaltjahr) stattgefunden. Unter Hinzurechnung der beiden angeführten Tage, sowie des Schalttages, entziffern sich gerade 182 Tage. —

In der gesetzlich bestimmten Anzahl von Tagen müssen sowohl der Schalttag als die Tage des Beischlafs und der Geburt des Kindes, und zwar die letzteren nach den Regeln der Civilkomputation mitgezählt werden, folglich kann es nicht darauf ankommen, ob der Beischlaf zur Vor- oder Nachmittagszeit vollzogen ist *)

E. des OAG. zu Celle v. 27. Okt. 1817.

88.

Bd. V. Nro. 181.

Ueber Erziehung jüdischer Kinder, deren Mutter nach dem Tode ihres Mannes zum Christenthume übertritt, und sich mit einem Christen verheirathet.

Die Legitimation des Landrabbiners zu der hier eingereichten Beschwerde ist nicht zu bezweifeln, weil, wenn derselbe auch nicht über die Fragen „ob die fraglichen Kinder im Christenthume zu erziehen? und ob sie der Mutter zu belassen?" mit der Mutter und den Vormündern der Kinder im Wege Rechtens zu streiten befugt anzusehen, — derselbe doch wohl berechtigt ist, in seiner Eigenschaft als Landrabbiner etwaige Bedenken über die religiöse Erziehung der Kinder bei der Obervormundschaft auch in der höheren Instanz geltend zu machen, und eine gehörige Vertretung der Unmündigen zu beantragen.

In Ermangelung spezieller hier einschlagender Gesetze über die Erziehung der jüdischen Kinder nach den Grundsätzen des Familienrechts die fraglichen Kinder bis dahin, daß sie selbst darüber einen Entschluß fassen können, zu welcher Religion sie sich bekennen wollen, der anzunehmenden Absicht ihres Vaters, des Hauptes der Familie, gemäß von den Vormündern in der Religion zu erziehen, welcher der Vater angehörte, und in welche er seine Kinder bei der Geburt auch aufnahm. Dieses ist im vorliegenden Falle die jüdische, und jedenfalls sind die Vormünder zu einer Veränderung des bisherigen Rechtszustandes ihrer Pupillen, welche für deren ganzes Leben entscheidend sein würde, überall nicht befugt anzusehen. Aus diesen Gründen ist mit Recht von dem Amte B. die Genehmigung zur Taufe der Kinder verweigert worden, und die Anstellung eines jüdischen Mitvormundes stellt sich zu dem Zwecke, damit dieser für eine gute jüdische Erziehung der Kinder Sorge trage, als nothwendig dar, und ist ganz angemessen angeordnet. —

E. des OAG. zu Celle v. 19. Febr. 1846.

89.

Bd. V. Nro. 192.

Inventarserrichtung, jährliche Rechnungsablage, Kautionsleistung des Vormunds, können sie durch letztwillige Verfügung des Vaters und Erblassers erlassen werden?

Den bestehenden Rechten nach gehören nicht nur die allgemeine Wirksamkeit der Obervormundschaft und deren besondere Konkurrenz bei der Veräußerung von Pupillengütern, sondern auch die Errichtung eines öffentlichen Inventars, jährliche Rechnungsablage und Sicherheitsleistung von Seite der Vormünder dem jus publicum an, können mithin durch keine Privatdisposition **), vielmehr nur im Wege landesherrlicher Dispensation ausgeschlossen werden. — E. des OAG. zu Celle vom 18. Juni 1847.

---

*) Vergleiche Savigny System Bd. 4. S. 419; Vangerow Lehrbuch Aufl. 6 Bd. 1 S. 389 No. 7, wo gleichfalls gelehrt wird, daß stets der Tag des Beischlafs (resp. der geschlossenen Ehe) und der Geburt mitzuzählen sind.

**) Vergl. indessen const. 13 arbitrium tutelae 5, 51.

In Strippelmann's neuer Sammlung bemerkenswerther Entscheidungen des OAG. zu Kassel Thl. 4 Abth. 1 S 36 f. sind mehrere Erkenntnisse aus der neueren Zeit mitgetheilt, in welchen angenommen worden, daß durch die Untersagung der Errichtung eines Inventars von Seiten des Erblassers die Verpflichtung des Vormundes nicht aufgehoben werde, das Vermögen des Pfleglings zu verzeichnen, und die Richtigkeit des Verzeichnisses auf den geleisteten Vormundschaftseid zu versichern. Es sollte jedoch die angefertigte Privatverzeichnung bei dem vormundschaftlichen Gerichte verschlossen hinterlegt werden und das Gericht ohne das Vorhandensein besonderer Gründe von dem Inhalte desselben keine Kenntniß nehmen dürfen. —

Bemerkung. Man beruft sich, um die fragliche Beschränkung der Wirksamkeit des testamentarischen Inventurverbotes zu rechtfertigen, auf den in fr. 5. § 7 de admin. tutorum 26. 7 ausgesprochenen Grundsatz: „nemo jus publicum remittere potest hujus modi cautionibus." Nach diesem Grundsatze ergiebt sich aber die erstrebte Rechtfertigung nur für diejenigen Fälle, in welchen die Zuwendung an den Pflegling wenigstens theilweise (im Betrage des Pflichttheils) eine rechtlich nothwendige war. Lag es im freien Belieben des Erblassers, dem Pflegling nichts zu hinterlassen, so kann ihn auch kein jus publicum hindern, mit der Zuwendung Anordnungen über die Verwaltung zu verbinden, welche von den Gesetzesvorschriften über die Obliegenheiten der Vormünder abweichen. Auf der andern Seite folgt aus jenem Grundsatze, daß, insoweit die Zuwendung an den Pflegling eine rechtlich nothwendige war, dem Inventurverbote gar keine Wirkung beizumessen sei. Insbesondere geht es nicht an, sich mit einer verschlossen hinterlegten Spezifikation zu begnügen; indem Kenntniß von dem Bestande und den Bestandtheilen des Vermögens Bedingung jeder obervormundschaftlichen Aufsicht, sowie jeder (nicht blos die Ziffern revidirenden) Rechnungsprüfung ist. —

90.

Bd. V. Nro. 193.

Der Vormund als Ersteher freiwillig subhastirter Mündelgüter.

Bei freiwilligen Subhastationen steht es . . . . dem Eigenthümer vor erfolgtem Zuschlage frei, falls das höchste Gebot nicht annehmlich wäre, den versteigerten Gegenstand zurückzunehmen oder selbst zu erstehen. Rücksichtlich dieser im vorliegenden Falle so wichtigen Befugniß und der Prüfung der Annehmlichkeit des höchsten Gebotes war aber, da das letztere vom Vormunde selbst geschah, und kein Vormund auctor in rem suam werden kann,

§ 3 de auctor. tutor. 1. 21, fr. 1. § 13 ad Sc. Trebell. 36 1,

der Pupill offenbar von keinem Vormunde vertreten. Unter diesen Umständen hätte dem Pupillen zur Prüfung des von dem Vormunde gethanen höchsten Gebotes ein zweiter Vormund, ad hunc actum, bestellt werden müssen, was unterblieben ist.

Die hieraus folgende Nichtigkeit der Versteigerung kann auch dadurch nicht entkräftet werden, daß das höchste Gebot die der Versteigerung vorausgegangene Taxe der fraglichen Berghandlung überstiegen hat. Denn wie ungenügend jene gewesen, hat der Erfolg gezeigt. Ebensowenig kann man sich darauf berufen, daß der Pupill durch das die Versteigerung leitende und den Zuschlag ertheilende obervormundschaftliche Gericht genügend vertreten gewesen sei. Denn wo ein Pflegbefohlener rechtlich eines Vormundes bedarf, da muß ihm zu allseitiger Wahrnehmung seiner Interessen, mithin auch um die Vormundschaft selbst auf etwaige Bedenklichkeiten aufmerksam zu machen, ein solcher schlechterdings bestellt werden.

E. des OAG. zu Jena v. 5. Juni 1834.

91.

Bd. V. Nro. 202.

Ein Erbvertrag von einem Minderjährigen ohne Zuziehung eines Curators eingegangen, ist nichtig.

E. des OAG. zu Celle v. 30. April 1849.

92.

Bd. V. Nro. 240.

Beweis der Identität eines Testators mit einer verschollenen Person, deren unter Curatel befindliches Vermögen der Erbschaftskläger anspricht. Werth der Namensgleichheit. Zeugenvernehmungen anderwärts ohne Beobachtung der im Lande der Prozeßführung geltenden Formen gepflogen.

(Beitrag zur Kenntniß nordamerikanischer Zustände.)

93.

Bd. V. Nro. 247.

Erforderniß der Verletzung bei der Wiedereinsetzung in den vorigen Stand.

E. des OT. in Stuttgart v. 30. April 1852.

94.

Bd. V. Nro. 290.

Klage auf Dotation und Alimentation, sowie auf Bezahlung der Kindbettkosten von der Stuprata vor ihrer Entbindung angestellt.

E. des OAG. zu Jena v. 22. Nov. 1855.

95.

Bd. V. Nro. 292.

Alimentationsklage einer Ehefrau gegen den Vater ihres im Ehebruch erzeugten Kindes, setzt die Weigerung des Ehemannes zur Anerkennung der Ehebürtigkeit des Kindes und zur Alimentirung desselben voraus.

E. des OAG. zu Celle v. 21. Mai 1819.

96.

Bd. V. Nro. 297.

Beneficium divisionis in Bezug auf Mitvormünder.

Das beneficium divisionis steht nach den späterhin nicht aufgehobenen gesetzlichen Bestimmungen des Pandektenrechts mehreren Vormündern, welche zugleich die Administration geführt haben, im Falle der ihrerseits zu erweisenden Solvenz der Mitvormünder, zu.

E. des OAG. zu Celle v. 7. Sept. 1837.

Bemerkung. Thibaut, Pandektenrecht § 432 B. a. (Aufl. 8.) Mühlenbruch spricht in seinem Lehrbuche des Pand.-R. Bd. 3. § 599 dem auf das Ganze in Anspruch genommenen Vormunde nur das Recht zu, Theilung der Forderung, oder wenigstens verhältnißmäßige Cession derselben gegen die Mitvormünder zu verlangen.

97.

Bd. V. Nro. 298.

Actio tutelae utilis gegen ein ganzes Gericht.

Das mit mehreren Beamten besetzte Amt Rotenburg (Hannover) war, weil es durch Versäumung oberkuratorischer Pflichten Minderjährige in Schaden gebracht habe, auf Ersatz desselben belangt, ohne daß Kläger anzugeben vermochten, welchem Beamten die Versäumniß zur Last falle. Das Oberappellationsgericht zu Celle erkannte, daß die actio tutelae den Grundsätzen unseres heutigen, die Bestimmungen der römischen Gesetze über die Natur dieser Klage wesentlich verändernden, Rechts zufolge, gegen das obervormundschaftliche Gericht als solches allerdings mit Rechtsbestand erhoben werden könne, und es dessen zeitigen Mitgliedern obliege, die von einer Entschädigungsverbindlichkeit sie speziell befreienden Gründe im Wege einer Einrede geltend zu machen.

E. des OAG. zu Celle v. 17. Febr. 1837.

Dagegen hat das genannte höchste Landesgericht im Jahre 1844 eine gegen ein k. Consistorium gerichtete actio tutelae utilis mit folgenden Worten zurückgewiesen.

Demnach unser Consistorium als solches nur die ihm von der Staatsgewalt übertragenen Rechte auszuüben hat, und als eine selbstständige juristische Person nicht angesehen werden kann (Vgl. Savigny System § 85), dasselbe auch, soferne die Klage etwa als gegen die Staatsgewalt selbst gerichtet betrachtet würde, zur Vertretung nicht legitimirt erscheint, so wird die Klage angebrachtermaßen abgewiesen.

E. des OAG. zu Celle v. J. 1844.

98.

Bd. VI. Nro. 46.

Paternitätsklage einer Ehefrau gegen den angeblichen außerehelichen Vater ihres Kindes setzt die Erklärung des Ehemannes voraus, daß er das Kind für das seinige nicht anerkenne.

E. des OAG. zu Jena v. 29. Juli 1842.

99.

Bd. VI. Nro. 47.

Alimentationspflicht des wahnsinnigen außerehelichen Vaters.

Die Pflicht des Vaters eines außerehelichen Kindes, dieses zu ernähren, ist keine aus einem Verbrechen entstandene Verbindlichkeit,

Herwart im Archiv f. civ. Praxis Bd. 14. S. 435 f.

sie ist vielmehr eine natürliche Folge der Erzeugung des Kindes, daher denn solche dem Vater ohne seine Zustimmung, geradezu durch das Gesetz aufgelegt ist, — was im römischen Rechte mit dem Ausdrucke „obligatio ex re" bezeichnet wird.

Glück Erläut. der Pand. Thl. 1. § 2. a. E.

Daß aber dergleichen Verbindlichkeiten einen Wahnsinnigen ebensogut, als einen Pupillen treffen, ist in den Gesetzen ausdrücklich erklärt.

fr. 46 de obl. et. act. 44. 7. (Vergl. auch Vangerow, Lehrb. der Pand. Bd. 1. § 260. Anm. 1. Nro. 5 (ed. 6· S. 555.)

E. des OAG. zu Jena v. 6. Dez. 1836.

100.

Bd. VI. Nro. 49.

Einfluß der Veränderung in dem Wohnsitz des Pfleglings auf die Competenz der Obervormundschaft.

Für die erstehеliche Tochter des A. wurde bei dem k. Landgerichte M. wegen eines von ihrem mütterlichen Großvater erhaltenen Pekuliums eine Vormundschaft bestellt. Als A. später in die Stadt E. versetzt wurde, entstand über die Führung der Obervormundschaft zwischen dem Landgerichte M. (wo fränkisches Landrecht gilt) und dem Stadtgerichte E. (woselbst preußisches Landrecht gilt) ein negativer Competenzkonflikt.

Es wurde die Fortdauer der Competenz des Landgerichts M. aus folgenden Erwägungen ausgesprochen:

1) Es ist in der Vorschrift der Gesetze sowie schon in der Natur der Sache gelegen, daß die Obervormundschaft von der Obrigkeit geführt wird, welcher der Pflegling durch seinen Wohnort unterworfen ist.

Fr. 1. § 2 de tut. dat. 26. 5, const. un. ubi pet. tut. 5. 32.

2) Indessen ist bei einzelnen auswärtigen, vorzüglich in andern Ländern gelegenen Gütern der Obrigkeit des Ortes, wo sich Vermögen („facultates") von minderjährigen befindet, gestattet, für dieses Vermögen einen Curator mit der vollen Macht eines Vormunds zu ernennen.

Const. un. cit. fr. 23. pr. de tut. dat. 26. 5. Seuffert's Archiv Bd. IV. Nro. 130. Kaiserliche Landgerichtsordnung des Herzogthums Franken Thl. III. Tit. 7. § 8.

3) Die Frage, welchen Einfluß eine Veränderung in dem Wohnsitz des Pfleglings auf die Competenz der Obervormundschaft ausübe, ist in dem fränkischen Land- sowie im gemeinen Rechte nicht entschieden. Das preußische Landrecht beantwortet sie Thl. II. Tit. 18. § 85. 90 dahin, daß Veränderungen des Wohnsitzes des Pflegbefohlenen unmittelbar den vormundschaftlichen Gerichtsstand nicht ändern, daß indeß das Gericht des veränderten Aufenthaltes die Obervormundschaft auf sich übertragen lassen muß, wenn es das Wohl des Schützlings fordert.

4) Diese Bestimmung geht auch aus den allgemeinen Grundsätzen über die Fortdauer der Competenz derjenigen Obrigkeit, die einmal in legaler Weise ihre Amtsthätigkeit über ein bestimmtes Objekt oder Subjekt begonnen hat, in Verbindung mit dem Zweck der Obervormundschaft hervor.

5) Demgemäß steht der Belassung der Obervormundschaft bei dem Landgerichte M. ein rechtliches Hinderniß um so minder im Wege, als hier nicht die Rede von der Vormundschaft über die Person des Pflegbefohlenen, sondern nur von einer besonderen Güterpflege ist, und als die von dem Vater der Pflegbefohlenen für diese Belassung angeführten Gründe der Zweckmässigkeit sich als die überwiegenden darstellen.

E. des OAG. zu München vom 11. Okt. 1852.

101.

Bd. VI. Nro: 121.

Curatores bonorum einer Falitmasse dritten Personen haftend.

E. des OAG. zu Lübeck v. 11. Oktober 1850.

102.

Bd. VI. Nro. 122.

Einem Konkurscurator kann auch ohne Autorisation der Oberkuratel wirksam Zahlung geleistet werden.

E. des OAG. zu Celle v. 8. Juni 1848.

103.

Bd. VI. Nro. 201.

Geständniß über Vaterschaft eines unehelichen Kindes.

Die Bestimmung des römischen Rechts, wonach ein eheliches Kind nicht später als 300 Tage nach der Conzeption geboren werden kann, ist nach der Praxis auch auf uneheliche Kinder anzuwenden und schließt selbst den Beweis des Gegentheils aus. Da aber das von der Klägerin geborene Kind, ihrem eigenen Anführen nach, erst 306 Tage nach dem letzten mit dem Beklagten gepflogenen Beischlaf geboren worden ist, so kann auch die der Klägerin von dem Beklagten angeblich gemachte Erklärung, daß das Kind das seinige sei, da dieselbe etwas rechtlich unmögliches enthalten würde, als ein den Beklagten bindendes Geständniß nicht angesehen werden. Ebensowenig kann in diesem Geständniß eine vertragsmäßige Verpflichtung des Beklagten zur Ernährung des unehelichen Kindes der Klägerin gefunden werden.

E. des OAG. zu Kiel v. 6. Mai 1845.

104.

Bd. VI. Nro. 202.

Verzugszinsen von Alimentengeldern können erst von der Zeit der erhobenen Klage an gefordert werden.

E. des OAG. zu Dresden v. J. 1852.

105.

Bd. VI Nro. 203.

Alimentengelder, Größe derselben.

Der Gendarm S. hatte anerkannt, daß er der Vater eines mit der K. erzeugten unehelichen Kindes sei. Als er sich jedoch weigerte, dieses Kind zu alimentiren, wurde er deshalb belangt und in dritter Instanz der Betrag der von S. zu leistenden Alimentengelder auf monatlich 2 fl. festgesetzt, bis zum zurückgelegten vierzehnten Lebensjahre des Lindes, wiefern sich nicht noch ein späteres Bedürfniß zeigen sollte. Dieser Betrag wurde für den geringsten betrachtet, für welchen alle Kosten für Nahrung, Kleidung, Wohnung und Unterricht eines Kindes, selbst für die geringeren Lebensverhältnisse, bestritten werden könnten; auch sei bei jedem arbeitsfähigen Mann vorauszusetzen, daß er einen solchen Betrag bei einiger Einschränkung füglich werde erübrigen können. Gemeinrechtlich entscheide hier das billige richterliche Ermessen und als Anhaltspunkt für dasselbe dienten zunächst die Vermögensverhältnisse des Alimentationspflichtigen, der Stand der Mutter und das Bedürfniß des zu Alimentirenden, wobei besonders zu berücksichtigen sei, daß das Kind nicht nur nothdürftig ernährt, sondern auch so erzogen werde, daß es sich künftig selbst fortzubringen in der Lage sei. Danach müsse man von der älteren Consistorialpraxis, wonach nur 5 fl. jährlich zugebilligt worden seien, nach den jetzigen Verhältnissen abweichen und die obigen Normen annehmen.

E. des OAG. zu Darmstadt v. 8. April 1851.

106.

Bd. VI. Nro. 204.

Alimentationsverbindlichkeit, durch hinreichende Mittel bedingt, und nicht vorhanden, wenn die Alimentationspflichtigen kaum sich selbst zu ernähren im Stande sind.

E. des OAG. zu Dresden v. 4. Merz 1851.

107.

Bd. VI. Nro. 205.

Alimentationspflicht der Erben von Deszendenten.

E. des OT. zu Stuttgart v. 12. Jänner 1853.

108.

Bd. VI. Nro. 219.

Unzulässige Anfechtung einer Curatelbestellung. Giltigkeit der mit dem aufgestellten Curator gepflogenen Verhandlungen.

Gestützt auf das ihm von dem zuständigen Gerichte ertheilte Curatorium klagte der Curator einer Erbmasse gegen einen Schuldner derselben. Dieser bestritt die Legitimation des Klägers, indem er auszuführen suchte, daß es an einer rechtlichen Veranlassung zu dieser Curatelbestellung gefehlt habe.

Das OAG. zu Kiel verwarf aber diese Einrede, weil der Beklagte in seiner Eigenschaft als Schuldner der Masse so wenig legitimirt ist, das formell fehlerfreie Curatorium aus dem angeführten Grunde anzufechten, als dabei ein rechtliches Interesse auf seiner Seite obwaltet, da er, gestützt auf die Rechtsvermuthung der Legalität gerichtlicher Verhandlungen, ohne alle Gefahr an den vom Gerichte bestellten Curator zahlen und mit ihm Prozesse führen kann, indem, selbst wenn das Curatorium etwa später auf den im Wege der Extrajudizialbeschwerde anzubringenden Antrag der betheiligten Erben aus dem von dem Beklagten vorgebrachten Grunde gerichtlich für nicht zu Recht beständig erklärt werden sollte, doch die von dem Curator als solchem inzwischen vorgenommenen Handlungen, sofern durch dieselben dritten Personen Rechte erworben werden, diesen gegenüber giltig bleiben würden.

E. des OAG. zu Kiel v. 27. Oktober 1852.

109.

Bd. VI. Nro. 222.

Fideikommissarische oder Pupillar-Substitution. Bei letzterer kein Anspruch der Mutter des Institutus auf den Pflichttheil.

E. des OAG. zu Jena v. 16. Juli 1835.

110.

Bd. VI. Nro. 302.

Kein Intestaterbrecht unehelicher Kinder auf des Vaters Nachlaß.

E. des OAG. zu Lübeck v. 30. Mai 1852.

111.

Bd. VI. Nro. 225.

Letztwillige Erlassung der Inventarserrichtung des Vormunds ist in der Regel wirksam, doch kann der Vormund aus besonderen Gründen Dispensation vom Inventursverbote beantragen.

E. des OAG. zu Lübeck v. 21. Sept. 1839.

112.

Bd. VI. Nro. 258.

Gerichtshängigkeit. Sache der freiwilligen Gerichtsbarkeit.

Bei Entscheidung der Frage, wann Sachen der freiwilligen Gerichtsbarkeit als bei einem Gerichte anhängig anzusehen seien, lassen sich die von der Litispendenz in streitigen Rechtssachen geltenden Grundsätze nicht anwenden; es muß vielmehr die Anhängigkeit jener Sachen mit dem Zeitpunkte angenommen werden, wo die Partei die betreffenden Anträge bei dem zuständigen Gerichte angebracht hat. —

E. des OAG. zu Celle v. 1852.

113.

Bd. VI. Nro. 307.

Statutenkollision.

Die Befugniß des am Wohnorte eines furiosus demselben bestellten Curators zum Erwerbe einer dem Curanden im Auslande angefallenen Erbschaft ist nach den Gesetzen des Auslandes zu beurtheilen

114.

Bd. VII. Nro. 13.

Zinsen-Privilegium der Minderjährigen.

Die Frage ob minderjährigen Gläubigern Zinsen von ihren Geldforderungen auch ohne einen dem Schuldner zur Last fallenden Verzug, vermöge einer gesetzlichen Begünstigung, entrichtet werden müssen, ist allerdings zu bejahen. Denn nicht nur wird

fr. 87 § 1 de legatis II.
fr. 26 § 1 de fideicommissar. libertatib. (40. 5)

bei Gelegenheit geschichtlich angeführt, es sei eine allgemeine Vorschrift, daß den Minderjährigen auch ohne mora die Verzinsung ihrer Geldansprüche gebühre, sondern diese Vorschrift ist auch in zwei anderen Gesetzesstellen, nämlich in

C. 3. in quib. causis restitut. necessar. non est (2. 41)
und in
C. 5. de actionib. emti et venditi (4. 49)
resp. selbst vorgetragen und auf einen einzelnen Fall angewendet. Dabei wird aber namentlich angeführt, daß favor minoris aetatis der Grund dieser auch ohne mora des Schuldners eintretenden Zinsenverpflichtung sei. Daher haben denn die Gerichtshöfe Deutschlands und die Rechtsgelehrten mit Recht kein Bedenken getragen, hierin eine gemeinrechtliche Begünstigung der Minderjährigen anzuerkennen.

Noodt de foenore et usuris III. cap. 10.
Carpzov, Jurispr. for. Rom-Saxon. P. II. C. 30. def. 23.
Strube, rechtliche Bedenken, 3. Bd. Bed. 94.
Carl Friedr. Ad. Weber, de praerogativa minorum quoad usuras. Jen. 1784 § IV. 59.
Herm. Ratjen, Commentat. de mora Kil. 1824. § 4. No. 1.

Wenn daher die Zahlungspflicht eines Schuldners von einem Minderjährigen nur weiter nicht suspendirt ist, sondern die Zahlung von jenem begehrt werden kann, so ist jede Zahlung eine tarda solutio zu nennen, welche später erfolgt als die obligatio nota war, gesetzt es hätte auch an einem fixirten Zahlungstermine im einzelnen Falle gemangelt.

Meister, Selecta opuscula T. II. pag. 249. § 33 sequ.

E. des OAG. zu Jena v. 14. Sept. 1830.

115.

Bd. VII. Nro. 49.

Alimentationspflicht des natürlichen Vaters.

Die Alimentationspflicht des natürlichen Vaters dauert bis zum selbständigen Fortkommen des Kindes, und erstreckt sich auch auf die Verpflegungskosten in einer öffentlichen Besserungsanstalt.

E. des OAG. zu Jena v. 21. August 1828.

116.

Bd. VII. Nro. 69.

Eine Erbschaft kann zwar vom Abwesenheitsvormunde, nicht aber von dem Curator eines Wahnsinnigen angetreten werden.

E. des OAG. zu Oldenburg v. 5. März 1853.

117.

Bd. VII. Nro. 104.

Die Ehefrau ist nicht legitimirt zur Vertretung ihres abwesenden Ehemannes, für welchen vielmehr ein curator absentis zu bestellen ist.

E. des OAG. zu Kiel v. 4. April 1838.

118.

Bd. VII. Nro. 105.

Unzulässige Intervention eines Prodigus in einem gegen dessen Curator erhobenen Rechtsstreit.

E. des OAG. zu Kiel v. 23. Dez. 1845.

119.

Bd. VII. Nro. 110.

Zweck und Wirkungen der Ediktalladungen.

Das bei Ediktalladungen wider unbekannte Gegner anzudrohende Präjudiz darf nicht weiter ausgedehnt werden, als es die Sicherheit des Provokanten behufs Abwendung eines ihm sonst bevorstehenden Schadens erfordert. Am wenigsten darf es dazu gemißbraucht werden, um jenem einen Vortheil zuzuwenden. — Wenn es geschieht, ist es wirkungslos. —

E. des OAG. zu Celle v. 10. Nov. 1842.

120.

Bd. VII. Nro. 112.

Der Curator einer Erbmasse hat für diese auf das Armenrecht keinen Anspruch.

E. des OAG. zu Kiel v. 20. März 1839.

121.

Bd. VII. Nro. 141.

Restitution des Minderjährigen gegen den Minderjährigen.

(Vergl. Bd. I. Nro. 155. Bd. V. Nro. 101. 102.)

Der Satz, daß Minderjährige den Minderjährigen gegenüber nicht in den vorigen Stand zu setzen seien, findet nur da Anwendung, wo es sich um Rechtsgeschäfte handelt, welche Minderjährige unter einander eingegangen haben, und selbst in diesem Falle ist die Wiedereinsetzung in den vorigen Stand nicht ausgeschlossen, wenn der dieselbe nachsuchende Theil vorzugsweise lädirt erscheint.

E. des OAG. zu Celle v. J. 1849.

122.

Bd. VII. Nro. 170.

Klagenverjährung gegen Minderjährige.

E. des OAG. zu Jena v. J. 1852 mit Nachschrift.

123.

Bd. VII. Nro. 197.

Vertretung des minderjährigen Hauskindes durch den Vater.

E. des OAG. zu Oldenburg v. J. 1851.

124.

Bd. VII. Nro. 198.

Regelmäßiges Sondergut der Hauskinder. Folgen schlechter Verwaltung von Seiten des Vaters.

Dem Vater, welcher das regelmäßige Sondergut seiner Kinder (peculium adventitium regulare) durch Nachlässigkeit, Verschwendung, schlechte Wirthschaft gefährdet, kann zwar durch eine anzuordnende Curatel das Verwaltungsrecht bezüglich dieses Vermögens, nicht aber das ihm daran zustehende Nießbrauchsrecht entzogen werden.

E. des OAG. zu Celle v. J. 1849.

125.

Bd. VII. Nro. 276.

Verheirathung eines Minderjährigen. Fortdauer der Vormundschaft neben der dem Ehemann gebührenden Verwaltung und Nutznießung.

(Gemeines und Sachsen-Recht.)

E. des OAG. zu Jena v. 19. Nov. 1821.

126.

Bd. VII. Nro. 325.

Die von den Minderjährigen ohne Einwilligung ihrer Vormünder eingegangenen Rechtsgeschäfte sind nur zu ihren Gunsten ungültig, sie selbst aber sind befugt, dieselben gelten zu lassen und auf Erfüllung, beziehungsweise Entschädigung zu dringen.

E. des OAG. zu Kiel v. 31. Okt. 1853.

127.

Bd. VII. Nro. 333.

Prozeßwahnsinnskuratel.

Eine solche Euratel setzt vorgängige Untersuchung des Geisteszustandes durch Sachverständige voraus und kann nur als eine allgemeine Wahnsinnskuratel bestellt werden, zu welcher die bloße Einwilligung des zu Bevormundenden allein nicht hinreicht. —

E. des OAG. zu Jena v. J. 1819.

128.

Bd. VII. Nro. 356.

Präsumtive Todeszeit eines Verschollenen. Bedenken gegen die Annahme seines Fortlebens bis zum 70. Jahre seines Alters. Zulässigkeit des Verschollenheitsverfahrens vor erreichtem 70. Lebensjahre. Kein Erbschaftsanfall an Verschollene.

E. des OAG. in München v. —

129.

Bd. VII. Nro. 359.

Mündelprozesse. Ermangelnde obervormundschaftliche Erlaubniß.

Prozesse für ihre Mündel zu führen sind Vormünder schon vermöge der ihnen zustehenden Botmässigkeit berechtigt.

Martin, Civilprozeß edit. 10. § 80.

Obervormundschaftliche Erlaubniß dazu ist nach gemeinen Rechten kein wesentliches Erforderniß, dieselbe einzuholen, vielmehr nur eine Regel der Vorsicht für den Vormund, die lediglich zu dessen eigener Sicherheit gereicht.

Kind, Quaestiones forens. edit. 2. Tom. 3. cap. 13. pag. 61 in fine seqq.

E. des OAG. zu Jena v. 28. April 1825.

130.

Bd. VIII. Nro. 10.

Restitution wegen Minderjährigkeit, insbesondere Anfangspunkt der Restitutionsfrist.

Die Frist, binnen welcher wegen Minderjährigkeit um Restitution nachgesucht werden kann, läuft von der Zeit der erlangten Großjährigkeit an, ohne daß es dabei auf Wissenschaft von der Läsion ankommt.

E. des OAG. zu Darmstadt.

131.

Bd. VIII. Nro. 61.

Liberalitätshandlung. Hypothekenrangrücktritt.

Liberalitätshandlungen eines Vormundes involviren ein grobes Verschulden und begründen deshalb stets eine Verantwortlichkeit, auch wenn obervormundschaftliche Genehmigung erfolgt war. (Hieher gehört namentlich der Hypothekenrangrücktritt.)
E. des OAG. zu Celle v. 10. Januar 1842.

132.

Bd. VIII. Nro. 118.

Contrahirungsfähigkeit der Hauskinder.

E. des OG. zu Wolfenbüttel v. 2. Dez. 1853.

133.

Bd. VIII. Nro. 146.

Hauskinder können ohne Zuziehung des Vaters belangt werden.
E. des Cass. Hofes zu Wolfenbüttel v. 14. Febr. 1854.

134.

Bd. VIII. Nro. 148.

Competenz zur Vormünderbestelluug bei auswärtigen Liegenschaften.

Weder nach den vormaligen Reichsgesetzen, noch nach den holsteinischen Vormünderverordnungen steht dem Richter, unter dessen Gerichtsbarkeit auswärtige Pupillen Güter besitzen, das Recht zu, denselben Vormünder zu bestellen, indem alle diese Gesetze den gemeinrechtlichen Grundsatz, daß dazu nur der Richter des Wohnorts befugt und verpflichtet sei, und daß die von diesem angeordnete oder bestätigte Vormundschaft sich über alle Güter des Pupillen, sie mögen belegen sein, wo sie wollen, erstrecke, nicht abändern. . . . .
E. des OAG. zu Kiel v. 8. Jänner 1840.

135.

Bd. VIII. Nro. 208.

Rechtsmittel gegen Beschlüsse in Curatelsachen.

Wenn man den Begriff einer Justizsache auch noch so eng zieht, so ist es doch unläugbar, daß die Bestellung der Vormünder überhaupt zu den richterlichen Geschäften gehöre, und insbesondere die Frage, ob einem Majorennen ein Curator zu bestellen sei, nur vermittels eines richterlichen, auf vorgängige Untersuchung zu gründenden Ausspruches entschieden werden könne. Dieses ergiebt sich nicht nur aus der Natur dieses Verhältnisses an sich, da die Fähigkeit eines Menschen, selbständig rechtliche Geschäfte vorzunehmen, eines der wichtigsten rechtlichen Verhältnisse und die Grundlage aller übrigen ausmacht, sondern es ist dies auch in den Gesetzen ausdrücklich anerkannt, indem die Bestellung der Vormünder nur von dem kompetenten Richter der Curanden vorgenommen werden kann,

fr. 1. § ult.; fr. 3. de tutor. et curatorib. (26. 5)
fr. 1. de curat. furioso dandis (27. 10)
Hoppe, Lehre von den jurid. Verschwendern, § 7,

und Streitigkeiten, welche über die Pflicht und das Recht entstehen, Vormundschaften zu übernehmen, zu richterlichen Entscheidungen und zu Rechtsmitteln Anlaß geben.

Fr. 13 de excusationib. (27. 1).

Mit noch viel größerem Rechte müssen auch demjenigen, welcher behauptet, daß er mit Unrecht für einen Wahnsinnigen oder Verschwender erklärt worden sei, Rechtsmittel gegen die richterliche Entscheidung gestattet werden.

Lyncker, de gravamine extrajudiciali C. II. P. II. d. 1 m. 1 § 46.

Es ist dies einer der Fälle, wo sich die Unentbehrlichkeit der in den Rechten ohnehin allgemein gegründeten Rechtsmittel gegen einseitige Verfügungen des Richters und der innige Zusammenhang der Extrajudizialappellationen mit der ganzen Rechtsverfassung zu Tage legt.

E. des OAG. zu Jena v. J. 1818.

136.

Bd. VIII. Nro. 216.

Befugnisse des Cridars in Bezug auf die Verwaltung des Curators.

Der Gemeinschuldner muß des erkannten Konkurses ungeachtet, wegen seines dabei obwaltenden Interesses, allerdings für berechtigt gehalten werden, gegen den curator bonorum wegen doloser oder kulposer Beeinträchtigungen der Konkursmasse Entschädigungsansprüche erheben, sofern nur, was er erstreitet, zur Befriedigung der Gläubiger, soweit nöthig, verwendet wird.

E. des OAG. zu Celle v. 14. Febr. 1842.

137.

Bd. VIII. Nro. 229.

Gesetzliche Nativitätstermine, Beschaffenheit des partus nicht zu beachten.

E. des OAG. zu Jena v. 22. März 1842.

138.

Bd. VIII. Nro. 230.

Entmündigung wegen Geistesschwäche, zufolge hohen Alters beantragt.

Nach den Bestimmungen des römischen Rechts: § 4, Inst. de curat. (1. 23); fr. 12 de tutor. et curat. (26. 5) u. s. w., sind außer den furiosis nur die »mente capti«, die »fatui« und »dementes« solche, welche unter Curatel zu stellen sind. Altersschwäche in Verbindung mit geistiger Beschränktheit allein genügen nicht zur Curatelbestellung. —

E. des OAG. zu Darmstadt v. 23. Febr. 1854.

139.

Bd. VIII. Nro. 262.

Kein Klagerecht auf Anerkennung unehelicher Vaterschaft, wenn nicht zugleich auf Alimentation geklagt ist.

E. des OAG. zu Cassel v. 2. März 1853.

140.

Bd. VIII. Nro. 269.

Ueber das Recht und die Pflicht zur Erziehung der Kinder aus geschiedenen Ehen.

Zunächst und in der Regel hat der Vater mit der Pflicht für die Mittel zur Ernährung und Erziehung der Kinder zu sorgen, auch das Recht, die Ueberlassung der Kinder zu Erfüllung dieser Pflicht zu verlangen. Diese Regel leidet jedoch dann eine Ausnahme, wenn das Interesse des Kindes dies mit sich bringt. Letzteres ist wenigstens gewöhnlich der Fall, so lange das Kind noch in einem so zarten Alter steht, daß es der physischen Pflege und Sorge der Mutter vorzugsweise bedarf.

Hiernach braucht die geschiedene Frau, auf Verabfolgung und Alimentation noch nicht schulpflichtiger Kinder klagend, sich nur auf deren zartes Alter zu beziehen, indem es dem geschiedenen Ehemann, dafern er jene Präsumtion durch Bezugnahme auf besondere Momente zu elidiren vermag, nach welchen die Ueberlassung der Kinder an deren Mutter bedenklich, oder die Belassung der Kinder bei ihm für diese erheblich vortheilhafter erscheint, obliegt, solche anzuführen und nachzuweisen, wohingegen ein Antrag der Mutter, ihr die Kinder auch nach deren Eintritt in das schulpflichtige Alter zur Ernährung und Erziehung zu überlassen, und den Vater zur Verabreichung des dazu erforderlichen Aufwandes oder eines Beitrages dazu anzuhalten, nur dann Beachtung erlangen kann, wenn die Mutter sich auf besondere, eine solche Beschränkung der Rechte des Vaters begründende nachweisliche Umstände zu beziehen im Stande ist.

Da bei Beurtheilung der zwischen geschiedenen Eheleuten über die Kindererziehung entstandenen Differenzen neben dem Rechte der Eltern zugleich das Interesse der Kinder und deren Recht auf die Ernährung und Erziehung in Frage gelangt, und da sich die während der Differenz und bei ihrer Entscheidung obwaltenden, bei der letzteren als maßgebend betrachteten Umstände im Verlaufe der Zeit ändern können, so folgt von selbst hieraus, daß die diesfallsigen Entscheidungen dann, wenn die ihnen unterliegenden Voraussetzungen nicht mehr vorhanden sind, eine Modifikation im Interesse des Kindes nicht ausschließen, und daß zu den darauf an die kompetente Behörde (die Vormundschaftsbehörde) zu richtenden Anträgen ebensowohl die Mutter als der Vater des Kindes berechtigt ist.

E. des OAG. zu Dresden v. 22. Mai 1850.

141.

Bd. VIII. Nro. 325.

Schwurpflicht des Vormundes über Nichtwissen und Nichtglauben.

E. des OAG. zu Lübeck v. 12. März 1853.

142.

Bd. VIII. Nro. 344.

Vaterschaft eines in der Ehe vor dem 182sten Tage geborenen Kindes.

Ein in der Ehe vor dem 182sten Tage nach deren Eingehung geborenes Kind kann sich durch den bloßen Beweis, daß ein Dritter innerhalb der kritischen Zeit mit der Mutter den Beischlaf vollzogen habe, die Rechte eines unehelichen, von jenem Dritten erzeugten Kindes verschaffen.

E. des OAG. zu Lübeck v. 11. Nov. 1854.

143.

Bd. IX. Nro. 23.

Cession einer Forderung gegen die Pupillen an den Vormund.

Die Ungiltigkeit der Cession einer Forderung gegen die Pupillen an den Vormund ist nicht bedingt durch den dolus desselben und nicht ausgeschlossen durch sein vormundschaftliches Verhältniß zu denselben, oder die vorgängige Zustimmung des verstorbenen Vaters zu der Cession, oder endlich die oberkuratorische Genehmigung. (Gemeines Recht.)

E. des OAG. zu Celle v. 4. Okt. 1854.

144.

Bd. IX. Nro. 39.

Minderjährigkeit als Restitutionsgrund in Verlöbnißsachen. Läsion.

E. des OAG. zu Celle v. J. 1848 u. 1850.

145.

Bd. IX. Nro. 45.

Von der gesetzlichen Curatel über das hinterlassene Vermögen eines Verschollenen. Berufung der nächsten Verwandten hiezu.

Ein durch einen langjährigen Gerichtsgebrauch begründetes Herkommen läßt die nächsten Verwandten eines Verschollenen, nach altdeutschen Grundsätzen von der erfrüheten Erbfolge, zu der gesetzlichen Curatel über das hinterlassene Vermögen, und indem es hierin von dem römischen Rechte abweicht, welches die Bestellung des Curators in solchen Fällen dem Befinden des Richters überließ, beschränkt es sich darauf, zur Sicherstellung des Abwesenden dem solchergestalt die Verwaltung antretenden eine Cautionsleistung aufzulegen.

Obwohl diese gesetzliche Curatel in ihren Erfordernissen und Wirkungen von der wirklichen Beerbung des Abwesenden sich unterscheidet und keineswegs von dem Beweise dessen Todes abhängig ist, so setzt sie doch voraus, daß der Abwesende für verschollen erklärt sei, ein Ausspruch, der eine gerichtliche Erwägung der Umstände, der Entfernung und Abwesenheit eine Nachforschung nach dem etwaigen Aufenthaltsorte des Abwesenden und endlich die Erlassung von Ediktalien, sowohl in Beziehung auf denselben, als auf einen zur Curatel näher Berechtigten, vorgängig erfordert.

E. des OAG. zu Wolfenbüttel v. 28. April 1817.

146.

Bd. IX. Nro. 49.

Pflichttheilergänzungsklage für den Verschollenen.

Der Curator eines Verschollenen ist nicht befugt, eine diesem angefallene Erbschaft anzutreten; einen diesem ausgesetzten Erbtheil aber ist er einstweilen zu besitzen und zu verwalten befugt.

E. des OAG. zu Wolfenbüttel v. 10. Juli 1838.

147.

Bd. IX. Nro. 75.

Gerichtsstand der geführten Verwaltung.

(Genauere Mittheilung des in Bd. VII. Nro. 101 nach einer handschriftlichen Einsendung benutzten Ausspruchs.)

Der gewesene Vormund kann wegen Verbindlichkeiten aus seiner Verwaltung nicht bei dem obervormundschaftlichen Gerichte, sondern bei dem Gerichte, in dessen Bezirke er die Verwaltung geführt hat, belangt werden.

E. des OAG. zu Cassel v. 18. Juni 1853.

148.

Bd. IX. Nro. 78.

Befugniß des pubes zur selbständigen Rechtsverfolgung in Matrimonialsachen.

E. des OAG. zu Celle v. J. 1848.

149.

Bd. IX. Nro. 124.

Nativitätstermin. Rechtmäßige Spätgeburt.

E. des OAG. zu Jena v. 14. Juli 1823.

150.

Bd. IX. Nro. 162.

Schwängerungsklage auf einen bestimmten Zeitpunkt der Conzeptionsperiode beschränkt. Eidesnorm.

Wenn sich die Klage auf einen bestimmten Schwängerungsakt beschränkt, kann auch der Hauptеid nur hierauf normirt werden. Könnte jedoch Klägerin in einer neuen Klage noch andere Zeiten und Gelegenheiten des Beischlafs mit dem Beklagten darthun, so würde ihr die Rechtskraft der ersten Entscheidung nicht entgegenstehen.

E. des OAG. zu Dresden v. Okt. 1862.

151.

Bd. IX. Nro. 165.

Alimentationsklage vor der Entbindung.

Allerdings begründet der Beischlaf nicht an sich, sondern nur erst in Verbindung mit der Geburt eines lebenden Kindes innerhalb der gesetzlichen Conzeptionsfrist die Alimentationsverbindlichkeit In vorausgesetztem Hinzukommen dieser Thatsache, deren Eintritt oder Nichteintritt nicht etwa auf eine unbestimmte Zeit hin ungewiß bleiben kann, sondern sich während eines bestimmten, nach Anleitung der Zeit des Beischlafes im Voraus genau zu berechnenden Zeitraums entscheiden muß, ist aber der Schwängerer sofort von Geburt des Kindes an zu Gewährung des gesetzlichen Alimentationsbeitrages verpflichtet, und die Mutter zu dessen vorschußweiser Aufwendung dem Schwängerer gegenüber nicht verbunden. Zu dieser praktischen Rücksicht für die Bedürfnisse der Mutter und des Kindes tritt die Erwägung hinzu, daß durch Zulassung einer Alimentenklage vor der Niederkunft die Rechtsvertheidigung des Schwängerers in keiner Beziehung beeinträchtigt oder beschränkt wird, indem übrigens dessen Verurtheilung in einem solchen Falle nur dahin erfolgen kann:

> daß Beklagter der Klägerin für das von ihr zu gebärende Kind von dessen Geburt an, dafern Klägerin ihre innerhalb der, nach den jedesmaligen concreten Umständen zu normirenden gesetzlichen Conzeptionsfrist erfolgte Entbindung von einem lebenden Kinde annoch nachweist, den zu bestimmenden Alimentationsbeitrag zu gewähren verbunden.

E. des OAG. zu Dresden v. Okt. 1852.

152.

Bd. IX. Nro. 167.

Einrede mehrerer Beihälter.

Nach dem gemeinrechtlichen Gerichtsgebrauche, wie ihn insbesondere auch das OAG. Jena bisher beobachtet hat, befreit obige Einrede nicht von der Alimentationspflicht. Jeder der mehreren Constupratoren kann in solidum so lange in Anspruch genommen werden, als nicht Einer der andern bereits gezahlt hat.

E. des OAG. zu Jena v. 31. Dez. 1844.

153.

Bd. IX. Nro. 175.

Befreiung von der Vormundschaft wegen Daseins eigener Kinder.

E. des OAG. zu Kiel v. 5. Febr. 1842.

154.

Bd. IX. Nro. 176.

Vormundschaftsbestellung bei mehreren gleich nahen Verwandten. Anwendbarkeit der Vorschriften der Nov. 118. cap. 5.

Die von dem Appellanten aufgestellte Behauptung, daß noch zwei väterliche Verwandte der Pupillen vorhanden seien, welche mit den letzteren so nahe, wie er selbst verwandt, stellt sich nach der, zwar nach heutigem Rechte nicht mehr in allen Punkten anwendbaren, aber doch keineswegs völlig beseitigten Vorschrift der Nov. 118, cap. 5, insofern als erheblich dar, als das Vormundschaftsgericht bei der Existenz jener Verwandten verpflichtet sein würde, diese Personen, insofern nicht deshalb besondere Bedenken entgegenstehen sollten, ebenfalls über die anzuordnende Vormundschaft zu vernehmen und namentlich zu befragen, ob sie nicht selbst zur Uebernahme derselben bereit seien, und erst dann, unter Berücksichtigung aller Verhältnisse, unter den gleich nahen Verwandten die Auswahl zu treffen, wobei jedoch der Umstand, daß der Appellant der einzige mütterliche Verwandte der Pupillen ist, allein nicht entscheiden kann, ebenso wenig auch das Loos entscheiden darf.

E. des OAG. zu Celle v. 12. Nov. 1850.

155.

Bd. IX. Nro. 177.

Competenz zur Bestellung eines curator absentis.

Geschieht die Bestellung eines curator absentis zum Behufe der Führung eines einzelnen Prozesses, so ist auch dasjenige Gericht kompetent, von welchem derselbe behandelt wird. —

E. des OAG. zu Lübeck v. 28. Febr. 1845.

156.

Bd. IX. Nro. 241.

Zahlung an den Gantmasseverwalter.

Ein Concurskurator bedarf behufs Annahme von Zahlungen der Autorisation der Oberkuratel nicht, wie die Vormünder und Curatoren Minderjähriger.

E. des OAG. zu Celle v. J. 1848.

157.

Bd. IX. Nro. 241.

Manualakten des Gantmasseverwalters.

Manualakten des Concurskurators gehören zum Eigenthum der sämmtlichen Concursgläubiger.

E. des OAG. zu Celle v. J. 1848.

158.

Bd. IX. Nro. 254.

Vermuthung des Todes eines Verschollenen.

Die Todeserklärung eines Verschollenen begründet keine Vermuthung, daß er bis zum Eintritte derselben gelebt habe.

E. des OAG. zu Celle v. 15. Okt. 1833.

159.

Bd. IX. Nro. 307.

Obervormundschaftlicher Streitkonsens.

Zur Einklagung fälliger Capitalien die obervormundschaftliche Genehmigung einzuholen, ist der Vormund nach gemeinem Rechte nicht verpflichtet.

E. des OAG. zu Lübeck v. 28. Oktober 1852.

160.

Bd. IX. Nro. 310.

Vermuthung des Lebens eines Verschollenen.

Der Verschollene gilt vor Zurücklegung des 70. Lebensjahres bis zum Beweise des Gegentheiles für lebend.

E. des OAG. zu Darmstadt v. 27. April 1855.

161.

Bd. IX. Nro. 311.

Erbschafts-Antritt und Verzicht des Vormundes.

Der Vormund ist zwar zur Antretung einer Erbschaft befugt; wenn aber diese Antretung einen Verzicht enthält, so bedarf sie der Oberkuratelgenehmigung (decretum de alienando.).

E. des OAG. zu Celle v. 6. Oktober 1846.

162.

Bd. IX. Nro. 332.

Obervormundschaftliche Genehmigung zur Prozeßführung.

Nach gemeinem Rechte ist die Zulässigkeit der von Vormündern für ihre Pupillen angestellten Klagen von einer vorgängigen obervormundschaftlichen Genehmigung nicht abhängig.

E. des OAG. zu Celle v. 22. Febr. 1855.

163.

Bd. X. Nro. 12.

Veränderung des Domizils eines Geisteskranken durch dessen Verbringung in eine Irrenanstalt.

In der Verbringung eines Wahnsinnigen in eine Irrenanstalt liegt ein freiwilliges Aufgeben des Domizils nicht, und das Gesetz knüpft an jene Verbringung nirgends das Hinwegfallen seines bisherigen Domizils.

E. des Cass. Hof. für die Prov. Rheinhessen v. 6. Dez. 1852.

164.

Bd. X. Nro. 53.

Alimente. Festsetzung des Betrags.

Bei der richterlichen Festsetzung des Betrages der von den Verwandten zu leistenden gesetzlichen Alimente ist nur auf das gegenwärtige Bedürfniß der zu Unterstützenden und die gegenwärtige Fähigkeit der zur Unterstützung Verpflichteten Rücksicht zu nehmen. Künftige Ereignisse, welche hierauf abändernd einwirken, bieten einen Grund zu neuen Einreden dar, welche, als nach dem Urtheile entstanden, auch für die Folge mit Rechtswirkung noch vorgeschützt werden können.

E. des OAG. zu Wiesbaden v. 13. Nov. 1850.

165.

Bd. X. Nro. 54.

Alimentationsanspruch für ein in der Ehe geborenes Kind wider den außerehelichen Zuhalter der Frau.

Die in stehender Ehe erzeugten Kinder h ben an dem Ehemann ihren gesetzlich bestimmten Ernährer, dergestalt, daß selbst das Eingeständniß und der Beweis eines unerlaubten Umgangs der Mutter mit einem Dritten unerheblich erscheint.

Fr. 11 § 9 ad leg. Jul. de adult. (48. 5).
Thibaut, Pandekten, 7. Ausgabe § 366 a. b.

Die Klage auf Alimentation eines gesetzlich für ehelich anerkannten Kindes gegen einen Dritten ist nicht zulässig,

Pufendorf, obs. tom. IV. obst. 91,

so lange nicht eine Unmöglichkeit der Zeugung durch den Ehemann behauptet worden ist, die aber daraus, daß der Klägerin sowohl 6 Wochen vor dem 18. Aug. 1832 als 6 Wochen nach diesem Tage (des Beischlafs mit dem Dritten) ihr Ehemann nicht beigewohnt habe, noch keineswegs gefolgert werden kann.

E. des OAG. zu Wiesbaden v. 12. April 1837.

166.

Bd. X. Nro. 62.

Zuständigkeit zur Anordnung der Vormundschaft.

Competent ist das Gericht, in dessen Sprengel die verwittwete Mutter der Minderjährigen zuletzt ihren Wohnsitz hatte, zur Anordnung der Vormundschaft, auf Ableben der Mutter.

E. des OAG. zu Darmstadt v. 21. Juni 1854.

167.

Bd. X. Nro. 63.

Inhalt der Rechnungsstellungspflicht des Vormundes.

Die auf Rechnungsstellung belangten Erben eines Vormundes beriefen sich unter andern Einwänden darauf, daß ihr Erblasser kurz vor seinem Tode eine Berechnung über das in seiner Verwaltung stehende Vermögeu der Kläger dem Vater der letzteren übergeben habe.

Hiemit ist jedoch G. der ihm obgelegenen und jetzt auf seine Erben übergegangenen Pflicht nicht nachgekommen. Denn dem auf Darlegung vollständiger Rechenschaft über die Art und Weise der Verwaltung wie über den Bestand des pflegschaftlichen Vermögens gerichteten Zwecke der abzulegenden Rechnung gemäß hat diese, neben dem Nachweise des jetzigen Vermögensbestandes, eine genaue, vollständige, fortlaufende, geordnete und mit Angabe der Zeit versehene Aufzählung sämmtlicher Einnahmen und Ausgaben während der ganzen Rechuungsperiode, unter spezieller Angabe der einzelnen Posten und unter Anschluß der erforderlichen Beweise und Belege, zu enthalten. Diesen Erfordernissen entspricht die von G. gefertigte Berechnung entfernt nicht, indem sie in die Art und Weise der geführten Verwaltung keinerlei Einblick gestattet, über die Art und die Zeit der Ausleihung der pflegschaftlichen Gelder insbesondere gar keinen Aufschluß gibt, an die Stelle der wirklich eingehobenen Zinsen eine willkürliche Berechnung derselben setzt, überhaupt die wirklichen Einnahmen und Ausgaben nicht enthält und aller erforderlichen Belege ermangelt. Es liegt daher eine wirkliche Rechnung, welche hinsichtlich der Form und Vollständigkeit als Erfüllung der den Klagegegenstand bildenden Verbindlichkeiten gelten könnte, nicht vor . . . .

Uebrigens war die Verurtheilung auf die Ablegung einer einzigen, den ganzen Zeitraum von dem Tage der letzten von G. gestellten Pflegrechnung (1. Juli 1830) an, umfassenden Schluß- oder Abstandsrechnung zu beschränken. Denn nur zu dieser ist der Vormund dem Pflegling verpflichtet, während die jährlichen Rechnungen, welche lediglich die Erleichterung der von der Vormundschaftsbehörde zu übenden Aufsicht über die Verwaltung des Vormundes zum Zweck haben, ebendeshalb nicht dem Pflegling, sondern der Vormundschaftsbehörde zu stellen sind, von jenem daher auch nicht verlangt werden können; abgesehen davon, daß im vorliegenden Fall, nach längst erreichter Volljährigkeit der Pfleglinge, ihre Nachholung ebenso zwecklos als unzweckmäßig wäre.

E. des OT. zu Stuttgart v. 27. Okt. 1855.

168.

Bd. X. Nro. 75.

Gantmassakurator. Fortsetzung der Interimswirthschaft.

Dem Concurskurator steht kein Anspruch auf Fortsetzung der Interimswirthschaft bis zu Beendigung der festgesetzten Mahljahre zu.

E. des OAG. zu Celle v. 23. Okt. 1828.

169.

Bd. X. Nro. 170.

Nativitätstermine. Längste und kürzeste Dauer der Schwangerschaft. Berechnung nach Monaten.

E. des OAG. zu Jena v. 8. Okt. 1851.

170.

Bd. X. Nro. 174.

Einrede der mehreren Beihälter des öffentlichen Mädchens.

Auch wenn die Mutter ein öffentliches Mädchen war, wird die Alimentationsklage durch die Einrede der mehreren Zuhälter nicht beseitigt.

E. des OAG. zu Lübeck v. 30. Juni 1840.

171.

Bd. X. Nro. 181.

Peculium adventitium, Befugniß des Vaters, die dazu gehörigen Hypothekkapitalien zu kündigen, zu erheben und zu zediren.

Gemeinrechtlich ist der Nießbrauch des Vaters an den zu den Adventitien seiner Kinder gehörigen Forderungen, wie überhaupt der Nießbrauch an Capitalien, sofern nämlich dieser die Capitalien selbst und nicht blos deren Zinsen zum Gegenstande hat, als quasi usus fructus zu beurtheilen und zu behandeln. Demnach erscheint der Vater, weil nicht lediglich auf Zinsengenuß beschränkt, und von der sonst dem Usufruktuar obliegenden Cautionsleistung

fr. 3, 4, 5, § 1 de usufr. earum rerum (7. 5)

befreit

const. 8 § 4 de bon. quae liberis (6. 61)

kraft seines Nießbrauchs- und Verwaltungsrechts,

const. 1 de bonis maternis (6. 60): »parentes debent ita ommia agere, tamquam solidum perfectumque dominium iis acquisitum fuisset et personam gerant legitimam;« const. 6 § 2 de bonis quae liberis: »habeat parens plenissimam potestatem uti fruique his rebus, — easdemque res tenere aut quomodo reluerit gubernare,« —

auch zu Dispositionen über die Substanz des Paraphernalvermögens, also zur Einziehung und, um letzte zu bewirken, zur Cession der Adventitien-Capitale befugt,

§ 2. Inst. de usufr. (2. 4) fr. 7. de usufr. earum rerum; const. 1. de usufr. (3. 33),

ohne daß ihm die Nachweisung besonderer Berechtigung hiezu oder des Vorhandenseins eines zur Veräußerung von Adventitiengütern anderer Art nöthigen, ausdrücklich gebilligten Veräußerungsgrundes

const. 8. § 4. 5. de bon. quae lib. (6. 61)

abverlangt werden kann.

E. des OG. zu Wolfenbüttel v. 20. Dez. 1855.

172.

Bd. X. Nro. 182.

Einwilligung des Vormunds zur Heirat des Mündels.

Ein Vormund verweigerte seinem Mündel seine Einwilligung zu dessen Verheiratung, weil die Heirat noch nicht nöthig und derselbe zur Uebernahme der erst nach erlangter Volljährigkeit von ihm anzutretenden väterlichen Bauerstelle sich besser vorbereite, wenn er noch ein Jahr bei fremden Leuten diene, als wenn er verheiratet vorher bei seinem Schwiegervater wohne. In oberster Instanz wurde erkannt, daß der verweigerte Consens des Vormunds gerichtlich zu ergänzen sei, aus folgenden Gründen:

Einem Minderjährigen steht es in der Regel frei, sobald er das erforderliche Alter erreicht hat, eine eheliche Verbindung einzugehen. Es kommt daher bei der von dem Vormunde einzuholenden Genehmigung nicht darauf an, ob die Ehe wünschenswerth oder nöthig erscheine, sondern nur darauf, ob Gründe vorliegen, die nachgesuchte Einwilligung zu verweigern. Die von dem Vormunde für seine Weigerung vorgebrachten Gründe erscheinen aber um so unerheblicher, als der Appellant bereits in sein 25stes Lebensjahr eingetreten, seit mehreren Jahren verlobt und nach seinem Stande vermögend ist. —

E. des OAG. zu Kiel v. 29. Mai 1847.

173.

Bd. X. Nro. 183.

Prozeßwahnsinns=Curatel.

Dem Dr. med. G. zu J. war von seiner ordentlichen Gerichtsobrigkeit, der damaligen Regierung zu W. in der Person des Hofadvokaten zu S. ein Prozeßkurator bestellt und dieser bei seiner Verpflichtung ausdrücklich angewiesen worden, von G. zwar Aufklärung über seine rechtlichen Angelegenheiten, jedoch keinerlei Instruktion, die auf Wahl, Einleitung, Führung und Endigung des Prozesses abzwecke, anzunehmen, alle jetzigen oder künftigen G.'schen Prozeßangelegenheiten vielmehr selbständig einzuleiten und zu führen, nach Befinden Vergleiche zu schließen, und sich nur in allen denjenigen Fällen an die Regierung als vormundschaftliche Behörde zu wenden, in welchen dieß nöthig sein würde, wenn G. minderjährig wäre.

Diese Art von Curatel wurde von der Juristenfakultät zu Gießen, Inhalts des Namens des OAG. zu Jena v. J. 1825 in der Erwägung gebilligt, daß die Gesetze namentlich § 4 Inst. ce curatorib. (1. 23), fr. 9. § 5 de officio proconsul. (1. 16), fr 12 de tutor. et inquib. causis specialiter dari possint (26. 5) den Richter allerdings verpflichten, die Staatsunterthanen in Fällen, wie in dem hier in Rede stehenden, Vertreter beizuordnen. —

174.

Bd. X. Nro. 224.

Klagenverjährung gegen Minderjährige.

Bei einer 10= und 20jährigen (Acquisitiv=) Verjährung müssen allerdings die Jahre der Minderjährigkeit desjenigen, gegen welchen die Verjährung wirken soll, ausfallen, wie das in gleicher Weise hinsichtlich der Unmündigkeit gilt. Dagegen ist bei Berechnung der Dauer der dreißigjährigen Klagenverjährung auf die in den fraglichen Zeitraum fallende Minderjährigkeit der ursprünglich Berechtigten überall keine Rücksicht zu nehmen, wie denn auch der Umstand, daß etwa die Mutter des Klägers und der letztere selbst (als Universalsuccessor der ersteren) während der Verjährungszeit theilweise minderjährig gewesen, die Klagenverjährung zu hemmen nicht vermocht habe.

E. des OAG. zu Celle v. 27. Sept. 1849.

175.

Bd. X. Nro. 263.

Vergleich, Alimentation unehelicher Kinder betreffend.

Die gesetzliche Beschränkung der Freiheit, über Alimente einen Vergleich einzugehen, kann auf die Alimentationsklage einer unehelich Geschwängerten nicht für anwendbar gehalten werden. Ein solcher Vergleich bedarf daher nach gemeinem Rechte der gerichtlichen Bestätigung nicht.

Der Ernährungspflicht aus gesetzlichen Verhältnissen, wie namentlich des Vaters im Verhältniß zu seinem Kinde und dem Anspruch des letzteren, durch Fürsorge des Vaters sein Leben fortzusetzen, muß nothwendig eine absolute Natur beigemessen werden, so daß sie selbst durch Vergleich oder Verzicht weder beseitigt noch verkümmert werden könnte; und so oft die Lage wieder eintritt, daß das Kind nach eingetretenem Verbrauche oder vorhandener Unzulänglichkeit vergleichsweise bezogener Aversional=Alimenten=Summen wirklich darbt, die Ernährungspflicht des Vaters, des Verzichts oder Vergleichs ungeachtet, in ihrer primitiven unzerstörbaren Stärke wieder auflebte.

E. des OAG. zu Kassel v. 5. Sept. 1854.

176.

Bd. X. Nro. 267.

Voraussetzung der Vermuthung »pater est quem nuptiae demonstrant«. Beweislast.

In einem Falle war schon seit langer Zeit jede äußerliche Lebensgemeinschaft zwischen den an verschiedenen Orten sich aufhaltenden Eheleuten völlig und dauernd aufgehoben. Als die

Geburt eines Kindes vom Ehemanne zum Zwecke des Scheidungsantrags als Beweis des Ehebruchs geltend gemacht wurde, behauptete die Frau, in der kritischen Zeit ihrem Manne einen Besuch gemacht, und hiebei mit ihm geschlechtlichen Verkehr gepflogen zu haben. Diese Behauptung wurde zwar für erheblich, aber die Afferentin darüber für beweispflichtig gehalten, indem die Vermuthung „pater est quem nuptiae demonstrant" wegen der stattgefundenen Aufhebung der Lebensgemeinschaft hier nicht zutreffe. —

E. des OAG. zu Lübeck v. 30. Juni 1855.

177.

Bd. X. Nro. 268.

Der Gläubiger als Vormund. Fortdauernde Giltigkeit der Strafbestimmungen der Nov. 72. Restitution wegen rusticitas.

Der dem Bauernstande angehörige Kläger machte gegen seine gewesenen Pupillen eine Forderung klagbar, welche er weder bei der Uebernahme der Vormundschaft der Obrigkeit kund gethan, noch in das Inventar aufgenommen, noch selbst bei Gelegenheit einer von ihm als Vormund erwirkten Ediktalladung angemeldet hatte. Es kam in Frage, ob die Strafbestimmungen des Cap. IV. der Novelle 72 noch gegenwärtig anwendbar seien, sowie ob dem Kläger nicht mindestens im Wege einer Restitution propter rusticitatem zu helfen sei. In beiden Beziehungen fiel die Entscheidung in allen 3 Instanzen gegen ihn aus.

Die Behauptung des Klägers, daß die durch das römische Recht eingeführten Privatstrafen außer Anwendung gekommen sind, erscheint in dieser Ausdehnung keinesfalls als begründet, indem dieses vielmehr nur von den Pönalklagen gilt, während hingegen andere Privatstrafen und zwar namentlich die durch die Novelle 72 vorgeschriebene auch noch nach dem heutigen Gerichtsgebrauche anwendbar sind.

Auch würde Kläger auf die Wiedereinsetzung in den vorigen Stand nur dann Anspruch machen können, wenn ihm bei dieser Unterlassung nicht schon sonst ein Verschulden zur Last fallen sollte, dieses aber insoferne der Fall ist, als er seine Forderung wider die Beklagten in das von ihm angefertigte Inventar nicht aufgenommen hat.

E. des OAG. zu Celle v. 15. Januar 1836.

Nachschrift:

Mit dieser Praxis stimmt auch die frühere Hannoversche Praxis überein; vergl. Pufendorf Obs. III. 49; Strube's rechtl. Bedenken V. 8; Hagemann's prakt. Erört. 30. Indessen stellt Hagemann als eine Voraussetzung der Anwendbarkeit der fraglichen Strafbestimmungen namentlich auch hin, „daß die Verschweigung entweder aus betrügerischen und anderen arglistigen Rücksichten, oder wenigstens absichtlich und geflissentlich vom Vormund geschehen ist." Die mitgetheilte Entscheidung legt auf diesen Umstand kein Gewicht. —

178.

Bd. X. Nro. 331.

Verwandtschaft des Massekurators zum Richter.

Remotion eines Concurskurators und Contradictors wegen naher Verwandtschaft zum Concursrichter.

E. des OAG. zu Kiel v. 21. März 1855.

179.

Bd. XI. Nro. 11.

Nativitätstermin. Reifegrad des Kindes.

Der Beweis der Illegitimität eines innerhalb des gesetzlichen Zeitraumes gebornen Kindes kann durch dessen Reifegrad geführt werden.

E. des Obertr. zu Stuttgart v. 18. Juni 1856, 25. Febr. 1846 und 25. Febr. 1846 ꝛc.

180.

Bd. XI. Nro. 25.

Ein minderjähriger bevormundeter Offizier als Contractschuldner.

Aus der Genehmigung des Vormunds zum Eintritt in den Offiziersstand folgt nur die Autorisation des Curanden, sich seine Lebensbedürfnisse mit den baaren Geldmitteln anzuschaffen, welche er durch die Gage und etwaige Zuschüsse aus dem Curatelvermögen erhält, und läßt sich keineswegs die Annahme rechtfertigen, daß der minorenne Offizier nach einer zu präsumirenden Einwilligung des Vormundes generell die Befugniß habe, seine standesmäßigen Bedürfnisse auf Credit anzuschaffen.

E. des OAG. zu Rostock v. 14. Mai 1855.

181.

Bd. XI. Nro. 41.

Alimentation außerehelicher Kinder. Dauer der Beitragspflicht des Vaters.

Der ebenso konstante als allgemeine Gerichtsgebrauch, den Erzeuger eines unehelichen Kindes nur bis zum vollendeten 14. Lebensjahre des letzteren zu Leistung eines entsprechenden Alimentationsbeitrags für schuldig zu erkennen, findet darin seine volle Rechtfertigung, daß dieß Alter, wie den Zeitpunkt der Pubertät, so auch der Regel nach den der Confirmation und des Eintritts in Lehr-, Dienst- oder sonstige den Unterhalt des Kindes sicherstellende Verhältnisse bildet und es könnte höchstens, wenn nach Erreichung jenes Alters die absolute Unfähigkeit des Kindes vorliegt, sich selbst zu erhalten, ein Anspruch auf fernere Beisteuer wider den natürlichen Vater erhoben merden.

E. des OAG. zu Lübeck v. 16. Juni 1855.

182.

Bd. XI. Nro. 42.

Alimentationspflicht der Erben des unehelichen Vaters.

Die Alimentationsverbindlichkeit des außerehelichen Vaters geht auch auf dessen Erben über.

E. des OAG. zu Lübeck v. 30. Juni 1840.

183.

Bd. XI. Nro. 43.

Alimentenklage. Restitution.

Zur Alimentenklage aus außerehelichem Beischlafe beziehungsweise aus einem Vertrage hierüber wurde Restitution wegen Fristversäumniß ertheilt.

E. des OAG. zu Wiesbaden v. 5. Mai 1852

184.

Bd. XI. Nro. 50.

Alimentation des Vaters durch den per subs. matr. legitimirten Sohn.

Der dürftige Vater, welcher die Mutter seines unehelichen Sohnes geheiratet hat, kann von dem Letzteren keine Alimente verlangen, es wäre denn, daß der Sohn seine Zustimmung zu der Legitimation gegeben hätte.

E. des OAG. zu Celle v. 8. Febr. 1856.

185.

Bd. XI. Nro. 53.

Wirkung der Rückzalung eines verzinslich angelegten Darlehens an den Vormund ohne obervormundschaftliche Genehmigung.

Die an einen Vormund ohne obervormundschaftliche Genehmigung erfolgte Rückzalung eines verzinslich angelegten Kapitals seitens des Schuldners ist als nichtig zu betrachten und befreit deshalb den letzteren nicht von der dem Pupillen zustehenden Forderung, es wäre denn, daß das Capital zum Besten des Pupillen verwendet worden.

E. des OAG. zu Celle v. 27 Sept. 1855.

186.

Bd. XI. Nro. 154.

Alimentationspflicht der Mutter und des väterlichen Großvaters.

Die Mutter ist vor dem väterlichen Großvater zur Alimentirung ihrer Kinder verpflichtet, so lange sie die Mittel hiezu besitzt. — E. des OAG. zu Rostock v. 3. Mai 1855.

187.

Bd. XI. Nro. 160.

Restitution Minderjähriger. Wirkung des Ablaufs des quinquenii bei Veräußerungen von Mündelgütern. (Const. 3. si major factus, 5. 74.)

Der von dem Vormunde der Kläger mit dem Beklagten unterm 21. August 1818 abgeschlossene, eine onerose Veräußerung des von den Klägern ipso jure erworbenen väterlichen (auch aus Grundstücken bestehenden) Nachlasses enthaltende Vertrag würde selbst dann, wenn er, wie jedoch nicht, als Einkindschaftsvertrag anzusehen sein sollte, in seiner Giltigkeit ein von dem kompetenten Gerichte, nach vorgängiger die Nothwendigkeit der Veräußerung bezielenden Sachuntersuchung abgegebenes Veräußerungsdekret erfordert haben.

Da jedoch die Bestimmungen der C. 3 si major fact. auch auf die Güter unmündiger Minderjähriger Anwendung finden, die Kläger aber bereits seit mehr als 5 Jahren vor erhobener Klage unbestrittenermassen die Volljährigkeit erreicht gehabt und diesen zur Anfechtung des Vertrags gestatteten, vom Augenblicke der Volljährigkeit an zu berechnenden Zeitabschnitt zu benutzen unterlassen haben, so haben sie damit die Anfechtungsbefugniß verloren.

Dagegen kann die allgemeine, aus einem Rechtsirrthum hergeleitete Behauptung des bösen Glaubens nicht in Betracht kommen. Auch wird durch den unbenützten Ablauf der 5 Jahre nicht nur der gänzliche Mangel des Dekrets ersetzt, sondern es werden durch denselben auch die etwaigen sonstigen Mängel des vorangegangenen Verfahrens und abgegebenen Dekrets so vollständig geheilt, daß darnach selbst ein die Nothwendigkeit der Veräußerung bestreitender Beweis als unzulässig erscheint. — E. des OAG. zu Celle v. 27. Jan. 1852.

188.

Bd. XI. Nro. 183.

Gerichtsstand des Wohnorts und der Verwaltung.

Der Gerichtsstand des Wohnorts konkurrirt elektive mit dem der geführten Verwaltung.

E. des OAG. zu Lübeck v. 31. Oktober 1845.

189.

Bd. XI. Nro. 196.

Abgabe verschiedener Erklärungen durch Vormünder auf einen zugeschobenen Eid.

Der Ansicht, daß die beiden Curatoren rücksichtlich der Vertretung ihrer Mündel überhaupt und gegen dritte Personen gleiche Rechte und Pflichten haben und ihren Handlungen zum Behufe der Vertretung und Verpflichtung der Curanden nur dann rechtliche Wirkung beigelegt werden könne, wenn eine Gemeinschaftlichkeit und Uebereinstimmung der Handlungsweise beider vorliege, ist zwar beizupflichten,

(fr. 7. § 3 de curat. furioso dand. (27. 10); fr. 3. § 7 de adm. et peric. tut. (26. 7);

aus diesem Gesichtspunkte aber folgt nicht, daß im vorliegendrn Falle, da die Curatoren auf die Eidesdelation eine übereinstimmende Erklärung nicht abgegeben, der Beweis durch Eideszuschiebung überall nicht zu führen sei, sondern es müssen danach die in entgegenstehender Richtung abgegebenen Erklärungen als ungenügend betrachtet und deshalb als unwirksam zurückgewiesen werden, und von der zuständigen Behörde ist zu bestimmen, ob dem einen oder dem andern Curator die weitere Vertretung des Curanden in dem gegenwärtigen Prozesse, nemlich die Fortsetzung dieser Rechtssache und die Erklärung auf den deferirten Eid ausschließlich zu übertragen, oder — was zur Herbeiführung einer neuen und unbefangenen Prüfung der Umstände wohl zweckmäßiger sein würde — statt der bisherigen Curatoren zu solchem Zwecke ein anderer Curator zu bestellen sei. Diese Bestellung aber steht beim Vorhandensein besonderer Behörden für Vormundschafts- und Curatelsachen nicht den Gerichten zu, sondern gehört zur Competenz jener Behörden.

Aus diesen Gründen wird, um dem Mangel des bisherigen Verfahrens prozeßleitend abzuhelfen, hiemit ordinatorisch verfügt:

daß, unter Beseitigung des decreti a quo, die verklagten Curatoren mit den abgegebenen sich widersprechenden Erklärungen auf die ihnen geschehene Eidesdelation zurück- und anzuweisen seien, von der zwischen ihnen stattfindenden Meinungsverschiedenheit behufs deren Erledigung und Herbeiführung einer rechtsgenügenden Erklärung der obervormundschaftlichen Behörde unter Vorlegung dieses Bescheides binnen 8 Tagen Anzeige zu machen, auch wie solches geschehen, binnen 14 Tagen bei 5 Thlr. Strafe zu den Akten erster Instanz zu bescheinigen; und daß nachdem eine anderweite Erklärung von Seiten der Curatoren beigebracht worden, vom herzogl. Kreisgerichte weiters in der Sache zu erkennen sei, was Rechtens.

Dekr. des OAG. zu Wolfenbüttel v. 10. Nov. 1848.

190.

Bd. XI. Nro. 199.

Vaterschaftsbekenntniß eines Minderjährigen.

Die Paternitätsanerkennung von Seite eines Minderjährigen ist als vollgiltiges Geständniß aufzufassen.

E. des OAG. zu Darmstadt v. 1. Juni 1854.

191.

Bd. XI. Nro. 209.

Der Bestärkungseid bei Geschäften Minderjähriger.

Der aus der Minderjährigkeit und der aus der Unverbindlichkeit des vorliegenden Erbverzichts nach gemeinem Rechte hergenommene Einwand ist jedenfalls durch die eidliche Entsagung auf das beneficium restitutionis und die Anfechtung des Vergleiches beseitigt.

Erk. des OG. zu Wolfenbüttel v. 14. Nov. 1856.

192.

Bd. XI. Nro. 240.

Ansprüche aus geleisteter Alimentation. Stiefeltern.

Wenn Eltern ihre Kinder alimentirt haben, wird der animus donandi so lange vermuthet, bis der animus repetendi nachgewiesen worden,

C. 1. C. 11. de negot. gest. (2. 19); fr. 34 eod. fr. 50 famil. ercisc. (10. 2),

während, falls von anderen Personen, namentlich von Stiefeltern, die Alimente gegeben sind, die Zurückforderung nur dann nicht stattfindet, wenn wider sie der animus donandi bewiesen werden kann. — C. 15 de negot. gest. fr. 27. § 1. fr. 44 eod.

E. des OAG. zu Wolfenbüttel vom 2. Okt. 1849.

193.

Bd. XI. Nro. 245.

Größe der Alimentengelder.

Für ein sog. Brautkind einer wohlhabenden Bauerstochter wurden jährlich 40 fl. Alimenten vorläufig bis zu dessen 14. Lebensjahre zuerkannt (monatlich 3 fl. 20 kr.),

E. des OAG. zu Darmstadt v. 26. Sept. 1856,

für das natürliche Kind einer vermögenslosen Person jährlich 30 fl. — (monatlich 2 fl. 30 kr.)

E. des OAG. zu Darmstadt v. 16. Febr. 1856.

194.

Bd. XI. Nro. 253.

Verpflichtungen der Vormünder bei Geldausleihen.

Geldausleihen ohne hypothekarische voraussichtlich genügende Versicherung verräth grobe Fahrläßigkeit des Vormundes und macht ihn daher im Falle des Verlustes haftbar.

E. des OAG. zu Celle v. 1. Juli 1835.

195.

Bd. XI. Nro. 257.

Erbschaft oder Erbtheil, einem Abwesenden deferirt. Natur der eintretenden Curatel.

Da die Abwesenheit keine Vermuthung für den erfolgten Tod des Abwesenden begründet, so ist die demselben deferirte Erbschaft eine hereditas jacens, und muß als solche unter Curatel bleiben, bis dessen Tod nachgewiesen oder dessen Todeserklärung ausgewirkt worden ist.

Es erstreckt sich aber das deutschrechtliche Institut der Curatel in Bezug auf einen Verstorbenen nicht blos auf das von demselben erworbene Vermögen, sondern auch auf eine ihm angefallene Erbschaft, so daß die eventuell Berechtigten auf diese Curatel hinsichtlich der letzteren, unter den geeigneten Voraussetzungen Anspruch haben.

E. des OAG. zu Cassel v. 29. Mai 1845.

196.

Bd. XI. Nro. 258.

Erbschaftsanfall an einen Abwesenden. Antrag der Nacherben auf dessen Vorladung. Gerichtszuständigkeit in Verschollenheitssachen solcher Art.

In einem Falle wurde von den eventuell berufenen Halbgeschwistern des Erblassers bei dem Verlassenschaftsgerichte beantragt:

> den Abwesenden ediktaliter aufzufordern, sich über die Antretung oder Ausschlagung der ihm möglicher Weise (falls er seinen Bruder wirklich überlebt haben sollte) angefallenen Erbschaft des letztern zu erklären, widrigenfalls jener Nachlaß, vorerst ohne Rücksicht auf den Verschollenen, an die nächstfolgenden Intestaterben ertheilt werden solle. . . .

Diesem Antrage wurde nicht stattgegeben, indem die Vorladung eines abwesenden präsumtiven Erben zu dem erwähnten Zwecke und unter dem gedachten Rechtsnachtheil überhaupt unstatthaft sei, auch eine Verschollenheitserklärung nur bei dem zuständigen Gerichte des Abwesenden auszuwirken sein würde.

Dagegen wurde (bezüglich eines eventuellen Antrags) angenommen, daß Gesuche um Zulassung der deutschrechtlichen Curatel über die liegende Erbschaft beim Verlassenschaftsgerichte anzubringen seien.

E. des OAG. zu Cassel v. 22. Mai 1849.

197.

Bd. XI. Nro. 299.

Heimat und Wohnort. Competenz zur Obervormundschaft.

Die Competenz zur Obervormundschaft ist bei dem Gerichte des Wohnortes (der häuslichen Niederlassung) des Vaters begründet, auch wenn sich dieser anderwärts seine Heimat vorbehalten. E. des OAG. zu Celle v. 26. Mai 1856.

198.

Bd. XII. Nro. 1.

Die Todeserklärung eines Verschollenen begründet keine Vermuthung, daß er bis zum Eintritt derselben gelebt habe.

E. des OAG. zu Rostock v. 20. Januar 1855.

199.

Bd. XII. Nro. 2.

Rechtlicher Begriff des Verschwenders.

Unter einem Verschwender ist ein Individuum zu verstehen, welches, gleich einem Unvernünftigen oder Geistesschwachen, nicht die Fähigkeit besitzt, über sein Vermögen, dessen Erhaltung und Verwendung angemessene Anordnungen zu treffen, dabei zugleich einen Hang darlegt, ganz verkehrten Gebrauch von diesem Vermögen zu machen und dasselbe mit Gleichgiltigkeit in Hinsicht auf dessen Umfang und Beträchtlichkeit bis zur völligen Erschöpfung zu vergeuden.

E. des OG. zu Wolfenbüttel v. 19. Merz 1857.

200.

Bd. XII. Nro. 35.

Umfang der Alimentationsverpflichtung des unehelichen Vaters. Negotiorum gestio der unehelichen Mutter.

Der spätere Ehemann der Geschwängerten klagte sämmtliche von ihm auf die Ernährung des, vor Eingehung seiner Ehe von seiner Ehefrau gebornen Kindes verwendeten Kosten von dem angeblichen Erzeuger derselben ein. Obgleich von dem Beklagten namentlich geltend gemacht war, daß Kläger jedenfalls von ihm nur den üblichen Alimentenbeitrag beanspruchen könne, so erachtete das OAG. doch die angestellte, als actio negotiorum gestio contraria aufzufassende Klage ohne Einschränkung des geforderten quanti für an sich begründet, weil nach Behauptung des Klägers der Beklagte als Vater des Kindes anzusehen und deshalb zur Ernährung desselben verpflichtet sei.

E. des OAG. zu Celle v. 16. Febr. 1841.

Der Vater hat die zur Ernährung und Verpflegung seines außer der Ehe erzeugten Kindes erforderlichen Kosten, sowohl für die Vergangenheit, soweit sie verwendet worden, als auch für die Zukunft, wofern er nicht selbst die Alimentation übernehmen wolle, zu bestreiten, und zwar denjenigen Betrag zu leisten, welcher als zur Alimentation erforderlich von dem Kläger nachgewiesen werden könne.

E. des OAG. zu Celle v. 30. Okt. 1843.

201.

Bd. XII. Nro. 36.

Eheliche Geburt. Berechnung der 182 Tage. Schwangerschaft von einem Dritten. Beweislast.

Die Beweisauflage ging dahin:

Der klagende Ehemann habe zu beweisen, daß die beklagte Ehefrau vor dem 182. Tage nach ihrer am 6. Mai 1855 mit dem Kläger geschlossenen Ehe, d. h. vor dem 3. November 1855 ein Kind geboren und während des der Geburt dieses Kindes entsprechenden Zeitraums mit einem Dritten sich fleischlich vermischt habe; eventuell habe die beklagte Ehefrau zu beweisen, daß der Kläger bereits vor seiner am 6. Mai 1855 mit der Beklagten geschlossenen Ehe derselben zu einer der Geburt ihres Kindes entsprechenden Zeit fleischlich beigewohnt habe.

E. des OAG. zu Kiel v. 31. März 1857.

Nachschrift. Es ist also angenommen, daß ein Kind als in der Ehe erzeugtes zu betrachten sei, wenn es nicht früher als am 182. Tage nach der Trauung den Tag der Trauung mitgezählt geboren worden ist. Uebereinstimmend Puchta, Vorles. § 74, No. 2; anderer Ansicht Göschen, Vorles. Bd. 1 § 42, S. 145.

202.

Bd. XII. Nro. 45.

Pekuliarvermögen. Verwendung der Einkünfte zur Alimentation des Kindes.

Der Vater ist berechtigt, die Einkünfte von dem unter seiner Verwaltung stehenden peculium adventitium irregulare des Sohnes zu dessen Alimentation und Erziehung zu verwenden, auch wenn er dieß thun zu wollen im Voraus nicht erklärt hat. Von der Nothwendigkeit einer obervormundschaftlichen Genehmigung kann dabei überall nicht die Rede sein.

E. des OAG. zu Celle v. 28. Mai 1838.

203.

Bd. XII. Nro. 47.

Voraussetzung der Vorschrift der Nov. 72 rücksichtlich des Verlustes der dem Vormunde gegen den Pupillen zustehenden Forderungen, falls ersterer bei seiner Beeidigung dieselben dem Gerichte nicht anzeigt.

Es genügt die Behauptung, der Vormund habe zu gehöriger Zeit die Anzeige unterlassen, zur Begründung einer Einrede gegen den wider den Pupillen klagenden Vormund nicht, sondern es ist die Behauptung nothwendig, daß der Vormund die Existenz der Forderung geflissentlich verschwiegen habe.

E. des OAG. zu Celle v. 9. Sept. 1856.

204.

Bd. XII. Nro. 121.

Verjährung gegen Wahnsinnige.

Die Verjährung läuft auch gegen Wahnsinnige.

E. des OLG. zu Wolfenbüttel v. 14. Jan. 1845.

205.

Bd. XII. Nro. 161.

Nativitätstermin. Habitus des Kindes.

Die Vaterschaft zu einem im Anfange des siebenten Monats gebornen völlig ausgetragenen Kinde und Entkräftung der gesetzlichen Vermuthung wird durch den habitus des Kindes anerkannt.

E. des OAG. zu Wolfenbüttel v. 17. Nov. 1829 u. 29. April 1831.

206.

Bd. XII. Nro. 162.

Alimentationspflicht des außerehelichen Vaters. Zurechnungsfähigkeit zur Zeit des Beischlafs.

Abgesehen von der vagen Behauptung der Unzurechnungsfähigkeit muß die hier in Anspruch genommene Alimentationspflicht des Beklagten überhaupt ganz unabhängig von dessen

Geisteszustand erachtet werden, da solche nicht aus einem Rechtsgeschäfte oder aus einem Delikte, wobei die Zurechnungsfähigkeit des Beklagten von Einfluß sein möchte, sondern aus dem bloßen Faktum des Beischlafs hergeleitet wird, an welches unter gewissen hier zutreffenden Voraussetzungen das Gesetz aus staatswirthschaftlichen Gründen jene Verbindlichkeit als Folge geknüpft hat. — E. des OAG. zu Wiesbaden v. 22. Septbr. 1854.

207.

Bd. XII. Nro. 163.

Anspruch des außerehelichen Vaters auf Selbsterziehung des Kindes.

Nachdem zuerst ausführlich dargelegt worden, daß der außereheliche Vater im Allgemeinen kein Recht hat, das Kind bei sich zu ernähren und zu erziehen, weil ihm die elterliche Gewalt fehlt, heißt es in dem oberstrichterlichen Erkenntnisse weiter:

Geht nun gleich des Vaters Verbindlichkeit an und für sich zunächst auf Leistung der Alimente in natura, nicht einer Entschädigung in Geld, so folgt doch hieraus noch nicht die Berechtigung des Vaters, das Kind bei sich zu ernähren, sondern nur die, die Naturalalimente immer zeitig und in geeigneter Beschaffenheit und Masse an den rechtlich zuständigen Aufenthaltsort des Kindes zu leisten; bei der in der Sache selbst liegenden offenbaren Unthunlichkeit einer solchen Leistung rechtfertigt sich denn aber die auch durch einen beständigen Gebrauch bestätigte Abweichung von jener Regel, daß statt des Naturalbeitrags ein mäßiger Geldbeitrag erfolgt.

Wenn aber auch in dem Falle, wo der Mutter die Erziehung des unehelichen Kindes ohne dessen Nachtheil nicht überlassen bleiben kann, dem Wunsche des Vaters, das Kind bei sich zu alimentiren und zu erziehen, nach des Vormundes und der Obrigkeit Ermessen wohl nachgegeben werden darf, so würden solches doch hier, wo ohnehin jener Nachtheil nicht erhellet, die Umstände sehr bedenklich machen, daß das Kind eine Tochter ist, welche hauptsächlich der weiblichen Erziehung bedarf, daß also diese zunächst von des Appellaten Ehefrau würde geschehen müssen, diese aber in gleichsam stiefmütterlichem, mithin in einem solchen Verhältnisse zu dem Kinde steht, welches die Gesetze selbst für nachtheilig für das Kind halten, und daß auch der Appellat mit seiner gerühmten Wohlhabenheit und besonderen Zuneigung zu dem Kinde ungeachtet mit seinem Alimentenbeitrage mehrfach ungebührlich zurückgeblieben ist. — E. des OAG. zu Wolfenbüttel v. 20. Merz 1832.

208.

Bd. XII. Nro. 164.

Einklagung der alimenta praeterita gegen den außerehelichen Vater.

Allerdings sind auch alimenta praeterita unter Umständen klagbar; namentlich kann die Mutter eines unehelichen Kindes dieselben vom Schwängerer einklagen, weil sie des Letzteren negotia gerirte, indem sie das Kind ernährte. Anders aber ist es, wenn der Vormund des Kindes Alimente für die Vergangenheit vom Schwängerer fordert; denn was in dieser Hinsicht beansprucht wird, hat das Kind bereits genossen, und das Kind kann keinesfalls berechtigt sein, die Alimente zweimal zu beanspruchen, einmal in Natur, das anderemal in Geld. Will daher der Vormund auf alimenta praeterita klagen, so kann er dieß mit Erfolg nur thun, wenn er zu behaupten und nachzuweisen vermag, entweder daß er selbst das Kind seither aus seinen Mitteln ernährt und erzogen habe, oder daß das Kind Erbe oder Cessionar dessen geworden sei, welcher es seither ernährt und erzogen hatte.
E. des OAG. zu Dresden v. 11. Juni 1857.

209.

Bd. XII. Nro. 169.

Kosten der Erziehung und Berufsausbildung, wenn das Kind mütterliches Vermögen hat.

Nach den hier in Betracht kommenden gesetzlichen Bestimmungen ist zunächst der Vater regelmäßig verpflichtet und beziehungsweise berechtigt, sein Kind zu alimentiren und demselben eine seinen eigenen Verhältnissen und den Fähigkeiten des Kindes entsprechende Erziehung zu geben, insbesondere den künftigen Beruf des letzteren zu bestimmen und folgeweise den zur Vorbereitung hierzu erforderlichen Kostenaufwand zu bestreiten. Dieses Verhältniß leidet nun zwar insofern eine Aenderung, als das Kind, falls es selbst so viel Vermögen besitzt, oder sich zu erwerben in der Lage ist, um aus den Einkünften dieses Vermögens oder aus seinem Erwerbe die Kosten seiner Alimentation und seiner Berufsausbildung entnehmen zu können, deshalb keine Ansprüche an das Vermögen seines Vaters machen kann. Auch steht jedenfalls dem Vater frei, die ihm gehörigen Einkünfte des in seiner Verwaltung befindlichen mütterlichen Vermögens seines Kindes zu den gedachten Kosten zu verwenden. Es besteht aber nicht eine Befugniß des Vaters, wenn diese Einkünfte des Kindesvermögens zu jenem Zwecke unzureichend wären, ohne weiteres die Substanz dieses Vermögens hierzu zu verwenden. Vielmehr liegt ihm alsdann, vermöge der gesetzlichen Verpflichtungen, welche er in Absicht auf die Verwaltung des ihm untergebenen Kindesvermögens zu erfüllen hat, soweit er selbst dazu im Stande ist, ob, das Fehlende aus den Einkünften seines eigenen Vermögens zuzulegen, den Bestand der Adventitien aber unvermindert zu erhalten. —

E. des OAG. zu Kassel v. 18. Juni 1857.

210.

Bd. XII. Nro. 238.

Inhalt der Rechnungsstellungspflicht.

Durch die Vorlegung der Rechnung und der dazu gehörigen Belege ist dem Gegentheile ausreichend Gelegenheit gegeben, sich von der Richtigkeit der Rechnung zu überzeugen, oder behufs der näheren Rechnungsprüfung eine Abschrift der Rechnung und der Belege zu erbitten. Eine Verbindlichkeit des Verklagten, die Rechnung nebst Belegen dem Kläger auszuhändigen, ist aus den Gesetzen nicht zu entnehmen, und es kann dem Beklagten namentlich die Ausantwortung der Belege vor stattgehabter Decharchirung umsoweniger zugemuthet werden, als derselbe alsdann die nöthigen Mittel zu seiner Vertheidigung gegen etwaige Ansprüche des Klägers aus der für denselben übernommenen Geschäftsführung aus den Händen geben würde.

211.

Bd. XII. Nro. 273.

Nachzahlung von Alimenten für die Vergangenheit.

Alimente für eine verflossene Zeit sind Kinder den Eltern nachzuzahlen nicht schuldig.

E. des OAG. zu Darmstadt v. 4. Januar 1826.

212.

Bd. XII. Nro. 276.

Stiefvater, einem außerehelichen Kinde zum Vormunde bestellt.

Erst die spätere Praxis des gemeinen Rechts nahm die Unfähigkeit der Stiefeltern, ihre Stiefkinder zu bevormunden, an. Wenn gleich aber diese Praxis bei einzelnen Partikulargesetzgebungen und namentlich auch bei der Landes-Partikulargesetzgebung Eingang gefunden hat, so ist es doch aus naheliegenden Gründen geboten, dergleichen gesetzliche Bestimmungen, die von dem ursprünglichen Rechte abweichen, nur im beschränkten Sinne aufzufassen, und bloß bei ehelich, nicht aber auch bei außerehelich gebornen Stiefkindern die Unfähigkeit der Stiefeltern zu ihrer Bevormundung anzunehmen. Denn abgesehen davon, daß, wenn es sich um Bestellung eines Vormundes für unmündige Stiefkinder handelt, gewöhnlich und regelmässig ehelich geborne solche in Frage stehen, mithin der Gesetzgeber, der die Stiefeltern von der Vormundschaft über ihre Stiefkinder ausgeschlossen haben will, auch nur diesen gewöhnlich vorkommenden Fall vor Augen gehabt haben wird, fällt bei unehelich gebornen Stiefkindern der Grund, weßhalb über ehelich geborne die Stiefeltern nicht zur Vormundschaft gelassen werden, insofern hinweg, als jene ersteren in den bei weitem meisten Fällen vermögenslos sind, mithin von einer zu besorgenden Benachtheiligung ihrer vermögensrechtlichen Interessen durch ihre Stiefeltern als Vormünder nicht die Rede sein kann; was bei ehelich gebornen

Stiefkindern sich anders verhält, indem diese meist Vermögen besitzen, von dessen Verwaltung die Stiefeltern ausgeschlossen sein sollen, weil man von denselben keine die Interessen ihrer Stiefkinder wahrende Vormundschaftsführung erwartet.

E. des OAG. zu Jena v. 5. Juni 1858.

213.

Bd. XII. Nro. 333.

Statutenkollision bei Ansprüchen aus dem außerehelichen Beischlafe.

Es muß dem Gesetze der Vorzug gegeben werden, unter welchem die Mutter des Kindes zur Zeit der Zeugung desselben ihren Wohnsitz hatte (nicht dem Orte der Schwängerung als solchem), und zwar aus dem Grunde, weil das Recht des Kindes schon durch dessen Erzeugung entsteht, wenn gleich es erst zur Ausübung gelangt, sobald das Kind lebensfähig geworden.

E. des OT. zu Berlin v. 1. Febr. 1858.

214.

Bd. XIII. Nro. 9.

Restitution der Verschwender. Rechtlicher Begriff eines solchen. Freiwillige Entmündigung.

Den Verschwendern kommt auch die Rechtswohlthat der Wiedereinsetzung in den vorigen Stand zu. Es gilt dieß jedoch nur von solchen Personen, welche im rechtlichen Sinne als Verschwender zu betrachten sind, und dieß ist nur dann der Fall, wenn jemand durch das zuständige Gericht als Verschwender erklärt, und als solcher der Verwaltung seines Vermögens entsetzt worden ist. Eine freiwillige Begebung der Vermögensverwaltung kann aber selbst mit gerichtlicher Genehmigung diese Wirkung nicht haben, da es sich hier in Wahrheit nicht von der Anordnung einer gerichtlichen Curatel über einen Verschwender, überhaupt von keiner in der staatlichen Fürsorge für handlungsunfähige Personen begründeten Curatel, sondern lediglich durch die eigene Zustimmung des zu Bevormundenden veranlaßten, somit von einer vertragsmässigen Vermögensverwaltung, welche ebendaher auch die Wirkungen einer gerichtlichen Curatel nicht haben und die Rechte der Minderjährigen nicht gewähren kann.

215.

Bd. XIII. Nro. 13.

Verträge Minderjähriger. Bekräftigung durch Handgelübde an Eidesstatt.

Ein Handgelübde ersetzt die Wirkungen einer eidlichen Bekräftigung nicht.

E. des OAG. zu Wiesbaden v. 28. April 1843.

216.

Bd. XIII. Nro. 42.

Legitimation im Ehebruch erzeugter Kinder.

Auch die im Ehebruch erzeugten Kinder werden durch Reskript des Regenten ohne Einwilligung der ehelichen Kinder legitimirt.

E. des OAG. zu Wiesbaden v. 10. Sept. 1852.

217.

Bd. XIII. Nro. 43.

Legitimation im Ehebruch erzeugter Kinder.

Im Ehebruch erzeugte Kinder werden durch die nachfolgende Ehe ihrer Eltern legitimirt.

E. des OAG. zu Wiesbaden v. 29. Juni 1853.

218.

Bd. XIII. Nro. 81.

Voraussetzung der Anordnung der cura prodigi.

Nach Inhalt der Akten würden wir es zwar für vollständig gerechtfertigt gefunden haben, wenn dem Beschwerdeführer die Verwaltung des Vermögens seiner Kinder, zu welcher er nach seiner konstanten Prozeßsucht und nach seinem Geisteszustand unfähig erscheint, entzogen worden wäre, was das Landgericht durch den in seinem Bericht gestellten Antrag vorzugsweise bezweckt hat. Dagegen kann in seinen Handlungen, insoweit sie dem Gerichte zur Beurtheilung vorliegen, eine Verschwendung in dem Sinne, in welchem sie zu einer Prodigalitätserklärung berechtigt, noch zur Zeit nicht gefunden werden. Zu einer solchen gerichtlichen Verfügung, durch welche er in dem von ihm betriebenen Nahrungszweige des Kleinhandels sehr gefährdet werden könnte, ist um so weniger ein Grund vorhanden, als von keiner Seite behauptet worden ist daß er ohne jene Maßregel seiner Familie oder dem öffentlichen Unterstützungsfond zur Last fallen würde. —

Entschl. des OAG. zu Darmstadt v. 8. Okt. 1865.

219.

Bd. XIII. Nro. 99.

Vormundschaft über die minderjährige Ehefrau nach gem. Recht.

Nach gemeinem Rechte (Reichsp. Ordn. v. 1577, Tit. 32) dauert die Vormundschaft nach der Verheiratung einer Minderjährigen fort. —

E. des OAG. zu Darmstadt v. 22. Febr. 1855.

220.

Bd. XIII. Nro. 100.

Zur Ausschlagung der einem Minderjährigen angefallenen Erbschaft ist ein Alienationsdekret nicht erforderlich.

Ein Vormund, dessen Curanden ihren Gerichtsstand bei dem obersten Gerichte hatten, zeigte demselben unter Angabe der Gründe an, daß er es für räthlich erachtet habe, die denselben als Miterben angefallene Erbschaft auszuschlagen, und bat um die entsprechende obervormundschaftliche Verfügung. Das Tribunal eröffnete ihm, daß es unter den dargelegten Verhältnissen die Ausschlagung der Erbschaft ebenfalls als räthlich erachtet, und diesen Schritt genehmige, indem es hinzufügte, daß nach richtiger Auslegung der Gesetze ein förmliches Veräußerungsdekret in solchen Fällen vormundschaftlicher Verwaltung nicht als nothwendig erscheine, indem es sich nicht um Aufhebung bereits vollkommen erworbener Rechte der Curanden handle. —

Entschl. des OAG. zu Darmstadt v. 9. Sept. 1831.

221.

Bd. XIII. Nro. 101.

Verschwender. Befugniß desselben zur Eingehung einer Ehe ohne Einwilligung des Vormunds.

Der gerichtlich erklärte Verschwender bedarf zur Eingehung einer Ehe der Einwilligung seiner Curatel nicht, daher der Mangel derselben kein zivilrechtliches Hinderniß abgiebt. Der aus den Bestimmungen des römischen Rechts und ihrer Analogie fließende allgemeine Grundsatz, daß kein willensfähiger Curand bezüglich rein persönlicher Verhältnisse an die Zustimmung des Curanden gebunden sei, hat durch die Reichspolizeiordnung v. J. 1577 keine Abänderung erlitten. —

Entschl. des OAG. zu Darmstadt v. 25. Febr. 1830.

222.

Bd. XIII. Nro. 102.

Auflösung der Bevormundung eines Verschwenders im Falle seiner Auswanderung.

Eine Wittwe, welche wegen Verschwendung unter Curatel gestellt worden war, hatte die Erlaubniß erhalten, auszuwandern und verlangte darum die Freigebung ihres Vermögens. Diesem Antrage wurde aus folgenden Gründen stattgegeben:

Nach der Meinung der meisten neueren Rechtslehrer bleibt der Verschwender für seine Person unabhängig und verliert nur die Disposition über sein Vermögen. Da nun nach Art. 1 des (großh. hess.) Gesetzes v. 30. Mai 1821 wegen der Auswanderung jeder, welcher selbständig über seine persönlichen Verhältnisse verfügen kann, auszuwandern berechtigt ist, so bedarf auch der Prodigus, weil er hinsichtlich seiner Person nicht beschränkt ist, keiner besondern Erlaubniß von Seiten der vormundschaftlichen Behörde, sodann hat er nur den wegen der Auswanderung ergangenen Bestimmungen zu genügen, worüber die Verwaltungsbehörde zu erkennen hat. Wenn er dann die Erlaubniß zur Auswanderung erwirkt und er ferner auch nicht mehr als Inländer, sondern als Fremder zu betrachten ist, so liegt auch kein Grund vor, die Curatel ferner bestehen zu lassen, weil der Zweck nur der ist, dafür besorgt zu sein, daß er demnächst dem Staat oder der Gemeinde nicht zur Last falle, dieser Zweck aber zessirt, sobald er nicht mehr dem Staatsverbande angehört. Aus diesem Grunde kann auch der Querulantin die Auslieferung dieses Vermögens nicht mehr vorenthalten werden, sobald sie sich nicht mehr im hiesigen Staatsverbande befindet, sondern als ausgewandert zu betrachten ist. —

Entschl. des OAG. in Darmstadt v. 13. Merz 1847.

223.

Bd. XIII. Nro. 104.

Richtung der Erbschaftsklage bezüglich der von einem Curator verwalteten Erbschaft eines Verschollenen.

Die Erbansprüche der Querulanten können durch ein kontradiktorisches Verfahren zwar nicht gegen den blos für die Verwaltung des Vermögens des Abwesenden bestellten Curator, wohl aber gegen dessen ebenfalls als Erbprätendenten hier allein zur Sache legitimirten Seitenverwandten damals allerdings schon in rechtsgenügender Weise erledigt werden, weil seit der Geburt des Abwesenden über 70 Jahre verflossen sind, mit deren Ablauf aber der Tod des Verschollenen, wenn er auch nicht erwiesen werden sollte, doch, der Bestimmung des Landesgesetzes gemäß, zu vermuthen und hiernach der Zeitpunkt der in dessen Verlassenschaft eröffneten Erbfolge jedenfalls bereits erschienen ist. —

Entschl. des OAG. zu Darmstadt v. 24. Dez. 1834.

224.

Bd. XIII. Nro. 123.

Vermuthung für die Vaterschaft. Gegenbeweis.

Die bloße körperliche Beschaffenheit eines neugebornen Kindes und die hieraus nach ärztlichen Grundsätzen und Erfahrungen über die Conzeptionszeit zu ziehenden Schlüsse reichen nicht aus, um die in den Gesetzen

fr. 12. de statu hom. (1., 5); fr. 3. § 11 de suis et leg. (38. 16)

in Bezug auf eheliche Kinder anerkannt, in Sachsen aber nach einer feststehenden und allgemein befolgten Praxis auch bei außerehelichen Kindern geltende Präsumtion zu beseitigen. . . Die körperliche Beschaffenheit des Kindes bei der Geburt und der Ausspruch der Sachverständigen über die regelmässige Dauer der Schwangerschaft vermögen indeß bei diesem Beweise adminikulirende Wirkung zu äußern, und insbesondere kann der erkennende Richter das Urtheil Sachverständiger darüber, ob gewisse äußere oder innere Erscheinungen in dem Organismus der Mutter entweder an und für sich allein oder in Verbindung mit der Beschaffenheit des später gebornen Kindes die Annahme rechtfertigen, daß die Schwangerschaft bereits einem gewissen früheren Zeitpunkte thatsächlich stattgefunden habe, als maßgebend bei seiner Entscheidung berücksichtigen.

E. des OAG. zu Dresden v. 15. Febr. 1859.

225.

Bd. XIII. Nro. 149.

Veräußerung von Mündelgut.

Es erhebe nichts, daß der Verkauf nicht im Wege öffentlicher Versteigerung zu Stande gekommen sei, und der Kaufschilling die Taxation nicht erreiche. Weder das eine noch das andere sei bei Veräußerung von Gütern der Minderjährigen gesetzlich durchaus nothwendig. Dazu komme, daß das Haus zwischen der Wittwe K. und ihren Kindern pro indiviso gemeinschaftlich sei, in einem solchen Falle aber die Veräußerung, sobald der großjährige Miteigenthümer darauf zum Zweck der Auseinandersetzung provozire, ebenso wenig versagt werden könne, als überhaupt an die sonst zur rechtsgiltigen Veräußerung von Pupillengütern vorgeschriebenen Solennien gebunden sei.

Entschl. des OAG. zu Darmstadt v. 24. Sept. 1830.

In gleicher Weise entschied derselbe Gerichtshof jedoch mit dem Schlußsatze, „daß zum Verkaufe zu schreiten und dieser zu genehmigen sei, wenn der Erlös der Abschätzung gleichkomme oder diese übersteige.“ — Entschl. v. 3. Mai 1833.

226.

Bd. XIII. Nro. 150.

Anlage von Mündelgeldern.

Haftung des Vormunds wegen ungenügend gesicherter Anlage von Pflegschaftsgeldern anerkannt.

E. des OT. zu Stuttgart v. 24. Sept. 1859.

227.

Bd. XIII. Nro. 181.

Statuten-Collision. Geschlechtsvormundschaft am Gerichtsorte. Auswärts ausgestellte Prozeßvollmacht für den Vertreter der auswärtigen Klägerin.

Die Bestimmung (der älteren sächsischen Gesetzgebung), daß Ehefrauen nur durch obrigkeitlich bestätigte Curatoren oder von solchen ernannte Anwälte vor Gericht sollen erscheinen dürfen, kann zunächst nur auf die Ehefrauen bezogen werden, für welche die Prozeßordnung gegeben ist, mithin auf inländische. Nun läßt sich zwar behaupten, daß wenn ausländische Ehefrauen vor einem Sachsen-Meiningenschen Gerichte auftreten und handeln wollen, sie nach dem Grundsatze locus regit actum mit einem gehörig bestellten Curator erscheinen müssen. In dem Falle aber, daß sie ihre Angelegenheit durch einen Anwalt betreiben lassen, kann dessen Vollmachtsinstrument nach denselben Grundsätzen nur nach den Gesetzen des Orts beurtheilt werden, an welchem die Vollmacht ausgestellt wurde. Konnte die Ehefrau diese Handlung hier giltig ohne Curator vornehmen, wie überall, wo es keine Cura sexus der Frauenzimmer gibt, so muß ein solcher Anwalt auch von dem S.-Meiningenschen Gerichte als genügend legitimirt betrachtet werden.

E. des OAG. zu Jena v. 15. Dez. 1831.

228.

Bd. XIII. Nro. 200.

Befreiung des Minderjährigen und des demselben rechtlich Gleichstehenden von der Verbindlichkeit zur Ableistung des Restitutionseides.

Minderjährige können lediglich aus dem Grunde der Verletzung Wiedereinsetzung verlange .

E. des OAG. zu Darmstadt v. 2. Nov. 1850.

229.

Bd. XIII. Nro. 232.

Anerkennung der Vaterschaft. Deren Beweiskraft für das Kindschaftsverhältniß.

Wenn man auch dem Anerkenntnisse des Ehemannes wegen des erwiesenen Umgangs der Ehefrau, wegen der früheren entgegengesetzten Aeußerungen derselben und ihres Ehemannes, und wegen der Möglichkeit, daß Letzterer durch die vor seinem Tode abgegebenen Erklärungen seinen Nachlaß dem Kläger entziehen und dem Johann H. zuwenden wollte, nicht dasjenige Gewicht beilegen kann, wie es mitunter in den Gesetzen geschieht, so liegt doch immer hinlänglicher Grund vor, die Beklagte zum Erfüllungseide zuzulassen, zumal der Kläger über die streitige Sache doch keine Wissenschaft haben kann.

E. des OAG. zu Wiesbaden v. 6. Merz 1850.

230.

Bd. XIII. Nro. 241.

Verträge Minderjähriger.

a) Minderjährige Haussöhne können sich ohne Mitwirkung eines Curators giltig verpflichten.

E. des OAG. zu Celle v. 30. Okt. 1843.

b) Für diejenigen Minderjährigen, welche sich in einer väterlichen Gewalt befinden, ist die Giltigkeit einer Verfügung über ihr dem Nießbrauche des Vaters nicht unterliegendes Vermögen so wenig durch eine richterliche Genehmigung als durch die Zustimmung des Vaters bedingt.

E. des OAG. zu Celle v. 11. Okt. 1848.

c) Für die der väterlichen Gewalt enthobenen Minderjährigen, deren Vater noch am Leben ist, wird die Anordnung der Curatel weder von dem römischen Rechte, noch von den Reichsgesetzen gefordert. Die Rechtsgeschäfte der bezeichneten Minderjährigen sind daher als giltig anzusehen, auch wenn sie ohne Beistand eines Curators abgeschlossen wurden.

E. des OAG. in Celle v. 13. Juli 1858.

d) Alle von Minderjährigen ohne Zustimmung ihrer gesetzlichen Vertreter vorgenommenen Veräußerungen sind gesetzlich nichtig.

E. des OAG. zu Wiesbaden v. 23. April 1853.

231.

Bd. XIII. Nro. 253.

Einrede der Alimentationsverbindlichkeit eines Dritten.

Klage auf Alimentation eines außerehelichen Kindes. Der Einwand, ein Dritter habe die Bezahlung der gesetzlichen Alimentenbeiträge bereits zugesichert, ist unbehelflich.

E. des OAG. zu Wiesbaden v. 24. Merz 1847.

232.

Bd. XIII. Nro. 259.

Suplirung des elterlichen Verehelichungskonsenses. Gründe.

Versagung der elterlichen Einwilligung in die Ehe eines Kindes. Vermögenslosigkeit der Verlobten und geringes Ansehen der Familie der Braut sind keine Versagungsgründe.

E. des OAG. zu Jena v. 6. Febr. 1857.

233.

Bd. XIII. Nro. 265.

Alimentationspflicht der konkurrirenden väterlichen und mütterlichen Großeltern.

Die Verpflichtung der Aszendenten mütterlicher Linie zur Alimentation der Enkelkinder steht in gleicher Linie mit den väterlichen Aszendenten.

E. des OAG. in Darmstadt v. 15. Februar 1860.

234.

Bd. XIII. Nro. 266.

Der Liedlohn ist zum sog. peculium adventitium zu rechnen. Zustimmung des Haussohnes zur Klage des Vaters, das pec. advent. betreffend.

In der Appellationsinstanz war der Lohn eines Schäferknechts als pec. quasi castr. behandelt. In der Nichtigkeitsinstanz wurde dagegen angenommen, daß die geklagte Lohnforderung durch gewöhnliche ökonomische Dienste, welche der Haussohn des Klägers dem Beklagten geleistet habe, gegen diesen erwachsen sei, und die Gesetze dergleichen Erwerb nirgends zu einem pec. qu. castr. erhoben, vielmehr als sog. adventitium dem Nutzungs- und Verwaltungsrechte des Hausvaters unterstellt haben, daß demnach Kläger kraft der ihm über seinen Sohn zustehenden väterlichen Gewalt zur Anstellung der Klage für legitimirt anzusehen sei, und es dabei der Zustimmung des Sohnes, selbst wenn dieser schon die Jahre der Volljährigkei erreicht haben sollte, nicht bedurfte, weil derselbe, wie beide Theile angeben, seit Jahresfrist und länger in Amerika sich befinde, und dieser Umstand die sonst zur Klagerhebung erforderliche Zustimmung des volljährigen Haussohnes nicht weiter erforderlich erscheinen lasse.

E. des Cass. Hofes zu Wolfenbüttel v. 27. Juni 1859.

235.

Bd. XIII. Nro. 267.

Verträge zwischen dem Hausvater und Hauskind.

Solche Verträge sind keineswegs nichtig, sondern nur nicht klagbar. Wird dem Haussohne auf Antrag des Vaters behufs des mit diesem abzuschließenden Geschäfts ein Curator beigeordnet, so liegt darin eine einstweilige Emanzipation. —

E. des OAG. zu Celle v. 1. Dez. 1847.

236.

Bd. XIII. Nro. 281.

Voraussetzung des Gerichtsstandes der geführten Verwaltung.

Der Gerichtsstand der geführten Verwaltung setzt Anwesenheit des Beklagten im Gerichtsbezirk zur Zeit der Ladung oder den Besitz von Vermögen daselbst voraus.

E. des OT. zu Stuttgart v. 14. Juli 1860.

237.

Bd. XIV. Nro. 40.

Kindbettkosten und Schadensersatz der Geschwängerten.

Es besteht kein Anspruch der außerehelich Geschwängerten auf Ersatz der Kosten für Wohnung und Unterhalt während des Wochenbettes, dann des entgangenen Dienstlohnes.

E. des OAG. zu München v. 3. Febr. 1857.

238.

Bd. XIV. Nro. 43.

Erziehung der Kinder bei zeitweiliger Trennung der Ehegatten von Tisch und Bett.

Weder der Vater noch der unschuldige Theil hat im gegebenen Falle ein ausschließliches Recht, die Kinder bei sich zu erziehen, sondern der Richter hat alle Umstände genau abzuwägen und hienach dem einen der geschiedenen Gatten die Kinder so lange zu überweisen, bis auf Grund wesentlich veränderter Thatsachen neuerlicher Antrag gestellt wird. —

E. des OAG. zu Lübeck vom 30. April 1860.

239.

Bd. XIV. Nro. 44.

Verträge zwischen Vater und Hauskind.

Verträge, insbesondere Schenkungen zwischen Vater und Hauskind sind giltig.

E. des OG. zu Oldenburg v. 19. Januar 1859 u. des OAG. zu Oldenburg v. 23. Juni 1860

240.

Bd. XIV. Nro. 100.

Geldforderungen als Bestandtheil des ordentlichen Adventizgutes. Umfang des väterlichen Rechts.

Der erhobenen Darlehnsklage gegenüber berief sich Beklagter auf eine zwischen ihm und dem Vater der Klägerin getroffene Abrede, wonach die zum Adventitienvermögen der Klägerin gehörige Darlehensforderung mit den Schulden des Vaters der Klägerin an ihn, den Beklagten, aufgerechnet worden sei. Diese Einrede wurde in den oberen Instanzen für erheblich erachtet. Motive: Der Vater erscheint zu einer Disposition, wie die fragliche, hinsichtlich des ordentlichen Adventitienvermögens seiner Kinder nach dem gemeinen Rechte vermöge seines Rechtes der Verwaltung jenes Vermögens befugt.

In einem späteren Erkenntnisse wurde ausgesprochen, daß der Vater vermöge der ihm zustehenden Nutzungs- und Verwaltungsrechte berechtigt sei, im eigenen Interesse, vorbehaltlich seiner Ersatzpflicht den Kindern gegenüber, über eine diesen zustehende Geldforderung, sei es durch Erhebung, Verrechnung oder Cession, zu verfügen.

E. des OAG. v. 12. April 1853 u. v. 3. Dez. 1859.

241.

Bd. XIV. Nro. 101.

Gesetzwidrige Veräusserung von Mündelgut. Nichtigkeit auch zu Gunsten des Käufers.

Nach den Bestimmungen des jüngeren römischen Rechts, namentlich nach Inhalt und Fassung der const. 22 de admin. tutorum (5. 37) (Tam ergo venditio tutoris nulla sit sine interpositione decreti) muß angenommen werden, daß die Verletzung des in dieser Stelle enthaltenen allgemeinen Verbotes der Veräusserung der Pupillengüter, resp. die Nichtbeachtung der für die Ausnahme von diesem Verbote zur Pflicht gemachten Vorschriften eines förmlichen Dekretes nach vorgängiger causae cognitio eine absolute Nichtigkeit der Veräusserung zur Folge habe. — Nach der thatsächlichen Darstellung der ersten Instanz kann aber die vormundschaftliche Mitwirkung zu dem erfolgten Verkaufe der den klägerischen Pupillen gehörenden Stelle (durch eine ganz allgemein gehaltene mündliche Verkaufserlaubniß) als eine jenen Vorschriften entsprechende nicht betrachtet werden. —

E. des OAG. zu Celle v. 2. Juli 1860.

242.

Bd. XIV. Nro. 145.

Alimente. Ersatz und Größe.

Das Klagerecht der von ihrem Ehemanne getrennten Mutter auf Ersatz des vergangenen, sowie künftigen Alimentenaufwandes auf die in ihrer Pflege befindlichen Kinder ist begründet, 40 fl. jährlich Alimentenbeitrag als sehr gering erachtet.

E. des OT. zu Stuttgart v. 11. Dez. 1860.

243.

Bd. XIV. Nro. 196.

Statutenkollision. Ansprüche aus außerehelichem Beischlaf.

Das OAG. zu Dresden befolgt konstant die Ansicht, daß über die im Inlande geltend gemachten Civilansprüche aus einer im Auslande und mit einer Ausländerin stattgefundenen außerehelichen Beiwohnung nach den inländischen Gesetzen zu entscheiden sei.

E. des OAG. zu Dresden v. 20. Sept. 1860.

244.

Bd. XIV. Nro. 232.

Klage auf Rechnungsablage. Deren Begründung.

E. des OAG. zu Cassel v. 24. Okt. 1857.

245.

Bd. XIV. Nro 233.

Klage auf Rechnungsablage. Deren Verjährung.

E. des OAG. zu Wiesbaden v. 9. Dez. 1853.

246.

Bd. XIV. Nro. 239.

Im Ehebruche erzeugte Kinder können durch landesherrliches Rescript legitimirt werden.

Gutachten des OT. zu Stuttgart v. 16. Juli 1819 u. 27. Juni 1837.

247.

Bd. XV. Nro. 30.

Verträge zwischen Hausvater und Hauskind; wann verbindlich?

Contrakte zwischen Vater und Haussohn sind verbindlich, wenn aus dem Inhalt des Contrakts selbst mit genügender Sicherheit erhellt, daß die Absicht der Contrahenten gleichzeitig auf eine Aufhebung der väterlichen Gewalt gerichtet gewesen sei, z. B. wenn der Inhaber eines Bauerngutes wegen sofortiger Uebertragung desselben mit seinem Sohne kontrahirt.

E. des OAG. zu Celle v. 30. Mai 1860.

248.

Bd. XV. Nro 94.

Statutenkollision. Ehemännliche Curatel.

Zufolge der für das Inland bestehenden Rechtsnormen ist eine Ehefrau der Regel nach an die Curatel ihres Ehemannes gebunden. Die Supplikantin, als Ehefrau eines Ausländers (von dem sie getrennt lebt), ist zwar in Ansehung ihrer Statusverhältnisse zunächst nach den in dessen Domizil geltenden Rechtsgrundsätzen zu beurtheilen; dieselbe hat aber sowenig aus den fremden Rechten, als nach hiesigem Rechte, einen Ausnahmefall nachgewiesen, und diesem Mangel hat durch die an das C. Amthaus gerichtete Bitte um Beiordnung eines Curators nicht abgeholfen werden können, weil das Gericht, in Ermangelung eines gesetzlichen Ausnahmefalles, nicht willkürlich beschränken kann; und überdieß der Umstand allein, daß die Supplikantin zeitweilig unter C.'scher Gerichtsbarkeit thatsächlich von ihrem Ehemanne getrennt verweilt, dem C. Amthause keine Zuständigkeit hat verschaffen können, in die zur Competenz des Gerichts für das Domizil des Ehemannes gehörigen güterrechtlichen Verhältnisse der Eheleute zu einander vermindernd einzugreifen. Daher kann nicht einmal die Befähigung der Supplikantin zur Vornahme gerichtlicher Schritte mit einem andern als ihrem ehelichen Curator anerkannt werden.

E. des OAG. zu Kiel v. 31. Mai 1856.

249.

Bd. XV. Nro. 98.

Ausschließende Wirksamkeit der Nativitätstermine.

Wirksamkeit der Nativitätstermine, auch bei unehelichen Geburten, ohne Rücksicht auf den Reifegrad des Kindes.

E. des OAG. zu Lübeck v. 30. Nov. 1848.

250.

Bd. XV. Nro. 113.

Minderjährige Hauskinder. Väterliche Vormundschaft.

Den minderjährigen Hauskindern muß gleich den unter Vormundschaft stehenden Minderjährigen die Fähigkeit abgesprochen werden, sich durch ihre Handlungen allein zu verpflichten, und kann folgeweise auch nicht von der Fähigkeit derselben zum selbständigen Auftreten vor Gericht die Rede sein. Das ohne Zuziehung des Vaters stattgehabte Civilverfahren ist demnach der Regel nach nichtig.

(Vergl. Seuffert's Archiv, Bd. III. Nro. 377),

Die Vertheidigung der Vermögensansprüche aus Delikten macht davon keine Ausnahme. Die Behauptung der Klägerin endlich, daß der Vater des Beklagten um den Prozeß des Sohnes gewußt habe, ist irrelevant, weil dadurch die mangelnde Befähigung des letzteren, für sich allein vor Gericht zu handeln, nicht gehoben wird, und immer die amtliche Zuziehung des Vaters zu den einzelnen Handlungen fehlt.

Besch. des OAG. zu Rostock v. 24. Juli 1858.

251.

Bd. XV. Nro. 136.

Unzulässigkeit freiwilliger Entmündigung.

Die gemeinrechtliche Praxis gewährt dem Ermessen der obervormundschaftlichen Behörden in Bezug auf die Frage über das Vorhandensein des Bedürfnisses freien Spielraum. Nie ist aber der dem römischen ebenso wie dem deutschen Rechte zu Grunde liegende Gedanke aufgegeben worden, daß nur Personen, welche durch einen in ihrer Persönlichkeitl liegenden Grund an der eigenen Betreibung ihrer Angelegenheiten behindert sind, unter Curatel gestellt werden dürfen, und nie ist in Bezug auf die Anordnungen einer Curatel das Requisit einer justa causa oder der in fr. 6 de curat. fur. dandis (27. 10) nachdrücklich eingeschärften causae cognitio beseitigt worden. Wer sich, bei voller Fähigkeit zur eigenen Fürsorge für sich selbst, einer Curatel unterwerfen will, sucht dieß Institut über die demselben vom Rechte gesetzten Grenzen hinaus zu Zwecken zu benutzen, zu deren Befriedigung das Mandat ausreicht, und verfolgt ein rechtlich unstatthaftes Ziel, indem er das hohe Gut der freien Selbstbestimmung in seinen Angelegenheiten aus unmotivirter Willkür aufzugeben beabsichtigt. Ueberhaupt ist aber Niemand im Stande, seine rechtliche Handlungsfähigkeit unmittelbar durch (einseitige oder vertragsmässige) Willenserklärung zu beschränken. Mag eine derartige Willenserklärung beim Vorhandensein ausreichender Motive für die obervormundschaftliche Behörde Veranlassung zur Bestellung einer Curatel werden können, so unterliegt es doch keinem Zweifel, daß eine rechtlich handlungsfähige Person nicht schon dadurch die Befugniß zu Dispositionen über ihr

Vermögen verliert, daß sie in einem Vertrage mit dem von ihr selbst privatim ernannten Curator verspricht, ohne dessen Zustimmung nichts Bindendes vornehmen zu wollen; die gerichtliche Confirmation als solche reicht aber nicht aus, um dem an sich nichtigen Vertrage des erwähnten Inhalts Rechtsgiltigkeit zu verleihen. . .

E. des OAG. zu Rostock vom 15. Merz 1858.

252.

Bd. XV. Nro. 153.

Wechselakzept eines Minderjährigen, der sich für großjährig ausgibt.

Der Geklagte war zur Zeit der Akzeptation wirklich minderjährig; aus diesem Akte kann daher nach dem Art. 1 der Wechselordnung keine wechselrechtliche Wirkung begründet werden. Diese Einwendung geht aus dem Wechselrechte selbst hervor, kann daher jedem Wechselinhaber entgegengesetzt werden. Hat sich der Geklagte zur Zeit der Akzeptation für großjährig ausgegeben, so begründet dieß lediglich einen gemeinrechtlichen Entschädigungsanspruch, kann aber im Wechselrechte nicht in Betracht kommen.

E. des obersten GH. zu Wien v. 23. Jan. 1861,

253.

Bd. XV. Nro. 184.

Wohnsitz der Kinder; eines Handlungskommis.

Wohnsitz der Kinder, welche einen solchen noch nicht erwählt haben. Ein Handlungskommis begründet keinen selbstgewählten Wohnsitz. —

E. des OT. zu Stuttgart vom 8. Juli 1862.

254.

Bd. XV. Nro. 191.

Fälligkeit des Elterngutes im Falle der Versorgung und des Todes.

Elterngut, zahlbar „im Versorgungsfalle“. Begriff der Versorgung., Fälligkeit der Forderung mit dem Tode des Berechtigten.

E. des OAG zu München v. 27. Jan. 1862.

255.

Bd. XV. Nro. 199.

Erbfähigkeit des Verschollenen. Statutenkollision.

Für die Frage der Erbfähigkeit eines Verschollenen entscheidet das Recht des Wohnsitzes des Verschollenen, d. i. desjenigen Wohnsitzes, welchen er bis zu der Zeit des Verschwindens inne hatte. E. des OT. zu Stuttgart v. 8. Juli 1862.

256.

Bd. XV. Nro. 200.

Erbschaftsanfall an Verschollene. Vermuthung des Todes.

Ein Verschollener ist nicht erbfähig; eine Vermuthung für dessen Fortleben bis zum Ablauf des 70sten Jahres von seiner Geburt an besteht nicht.

Entsch. des OT. zu Stuttgart v. 8. Juli 1862.

257.

Bd. XV. Nro. 227.

Legitimation der im Ehebruche erzeugten Kinder.

Im Ehebruche erzeugte Kinder können in der Regel durch nachfolgende Ehe der Eltern legitimirt werden.

E. des OAG. zu Dresden v. 27. Merz 1862.

258.

Bd. XV. Nro. 228.

Mehrere Vormünder. Theilung der Verwaltung.

Bei einer Theilung der Vormundschaft erscheint nur dasjenige als giltig und rechtsbeständig, was der einzelne Vormund innerhalb der Grenzen des ihm zugewiesenen Geschäftsbezirkes vornimmt, und wenn daher die vorzunehmende Handlung auch in den Geschäftskreis des andern Vormundes eingreift, so bedarf es dazu dessen Concurrenz, um dem Geschäfte rechtliche Giltigkeit zu verschaffen.

E. des OAG. zu Lübeck v. 21. Juli 1832.

259.

Bd. XV. Nro. 229.

Aufhebung einer Curatel. Hiegegen kein Beschwerderecht der Verwandten des bisher Bevormundeten.

Die Gesetze (Bayer. Landr. Thl. I. Cap. 7. § 35, 36, 37) räumen den Verwandten curatelmässiger Personen kein anderes Recht ein, als die Anzeige, durch welche die Obrigkeit zur Curatelbestellung veranlaßt werden soll. Hieraus kann für Verwandte ein Recht zur Beschwerdeführung in dem Falle, wenn von der Obrigkeit eine bestehende Curatel deßwegen, weil der Grund zur Curatelbestellung hinweggefallen sei, wieder aufgehoben wurde, nicht abgeleitet werden. Das Recht gegen eine obrigkeitliche Verfügung oder Entscheidung Beschwerde bei höherer Instanz zu führen, setzt ein rechtliches Interesse des Beschwerdeführers, die Verletzung oder Gefährdung eines ihm selbst zustehenden Rechtes voraus; ein solches Interesse ist aber für die Schwester und den Schwager des C. St. im vorliegenden Falle nicht vorhanden.

E. des OAG. zu München v. 13. Juli 1860.

260.

Bd. XV. Nro. 233.

Gesetzliche Vertreter des wahnsinnigen Minderjährigen. Erbschaftsantritt.

Definitiver Erbschaftserwerb für einen in Wahnsinn verfallenen Minderjährigen durch dessen Altersvormund ist möglich. —

E. des OAG zu Rostock v. 17. Dez. 1855.

261.

Bd. XVI. Nro. 57.

Klage des Vaters auf Herausgabe seiner Kinder. Statuten-Collision.

Nach richtigen Grundsätzen des internationalen Rechts sind in Absicht auf die Familienverhältnisse der Ausländer unter sich in der Regel nur die Gesetze und Einrichtungen ihres Staats maßgebend, und es kann folgerecht die Art und Weise, wie von den obrigkeitlichen Behörden zu Basel das Rechtsverhältniß in der Familie hinsichtlich des Rechts und der Pflicht zur Erziehung der fraglichen Töchter geordnet worden ist, weder was das Materielle der Beurtheilung, noch was die Form des Verfahrens betrifft, zum Gegenstande einer Revision durch auswärtige Behörden gemacht werden. . . . . .

E. des OT. zu Stuttgart v. 25. Januar 1861.

262.

Bd. XVI. Nro. 58.

Beendigung der väterlichen Gewalt durch separirte Oekonomie ohne Einwilligung des Vaters.

Der volljährige Haussohn, welcher sich selbständig ernähren kann, und demzufolge eine eigene Oekonomie etablirt, tritt aus der väterlichen Gewalt, ohne daß es hierzu der Einwilligung des Vaters bedarf. — Urtheil des OAG. zu Darmstadt v. 1. Sept. 1858.

263.

Bd. XVI. Nro 59.

Obervormundschaftlicher Veräußerungskonsens bei Theilungsklagen, welche das Grundvermögen Minderjähriger betreffen.

Nicht eine jede Theilung der Güter von Minderjährigen, sondern nach const. 17 de praed. et aliis reb. 5, 71 nur die von einem volljährigen Mitberechtigten verlangte Theilung derselben ist als eine solche nothwendige Veräußerung zu betrachten, wozu es des obervormundschaftlichen Consenses nicht bedarf. Im vorliegenden Falle, wo die gerichtliche Theilung solcher Güter nur von den Vormündern der minderjährigen Theilhaber verlangt wird, erscheint die gedachte Einwilligung daher allerdings erforderlich.

E. des OAG. zu Kassel.

264.

Bd. XVI. Nro. 73.

Verlegung des Wohnorts eines Inländers in das Ausland.

Der Inländer, welcher seinen Wohnsitz in das Ausland verlegt hat, hat seinen Gerichtsstand an seinem letzten Wohnorte des Inlandes.

E. des OAG. zu —

265.

Bd. XVI. Nro. 96.

Wiedereintritt der Minderjährigkeit, wenn die Ehe der minderjährigen Tochter vor erreichter Großjährigkeit aufgelöst wird. Einfluß auf das Wiederaufleben der väterlichen Gewalt.

Wenn die Ehe einer minderjährigen Tochter vor erlangter Großjährigkeit der letzteren wieder aufgelöst wird, so fällt dieselbe in den Stand der durch die Verheirathung beendigten Minderjährigkeit zurück, ohne daß jedoch die aufgehobene väterliche Gewalt wieder auflebt. Eine gesetzliche Vertretung der Tochter in der Person des Vaters besteht deßhalb in diesem Falle nicht, sondern nur in der Person des zu diesem Zwecke besonders zu bestellenden Vormunds.

E. des OAG. zu Wiesbaden v. 9. Juli 1845.

266.

Bd. XVI. Nro. 117.

Die Exceptio plurium stupratorum schließt die Alimentationsklage des unehelichen Kindes nicht aus.

E. des OT. zu Berlin v. 17. Sept. 1861.

267.

Bd. XVI. Nr. 119.

Verweigerte Einwilligung der Eltern zur Eheschließung der Kinder wegen Religionsverschiedenheit der Verlobten (Jude und Christin) als gegründet erklärt.

E. des OAG. zu Lübeck v. 14. März 1863.

268.

Bd. XVI. Nro. 172.

Restitution gegen Minderjährigkeit gegen ein Verlöbniß.

In den Oberinstanzen wurde angenommen, daß es bei einem so wichtigen Verhältnisse, wie die Ehe sei, der reiflichen Ueberlegung bedürfe, welche den Minderjährigen wegen der noch mangelnden vollständigen Entwicklung nicht zuzutrauen sei, und daß daher, wenn sich einer der Verlobten standhaft weigere. den andern zu heirathen, ihm auf den Grund der Minderjährigkeit Restitution gegen das Verlöbniß zu ertheilen sei.

E. des OAG. zu Darmstadt v. 3. Juni 1862 und v. 15. Dez. 1840.

269.

Bd. XVI. Nro. 185.

Statuten-Collision. Minderjährigkeit.

Eine Person, die nach dem Gesetze ihres bisherigen Wohnorts bereits volljährig geworden ist, tritt durch Uebersiedlung an einen andern Ort, nach dessen Gesetz sie allenfalls noch als minderjährig zu betrachten wäre, nicht in den Stand der Minderjährigkeit zurück.

E. des OAG. zu München v. 28. März 1862.

270.

Bd. XVI. Nro. 229.

Prozeßführungs- und Veräußerungsbefugniß des Erbschaftskurators anerkannt.

E. des OAG. zu Kassel v. 8. Sept. 1860 u. 3. März 1863.

271.

Bd. XVI. Nro. 230.

Injurienklage gegen einen unter Curatel gestellten Verschwender ohne Zuziehung des Curators gestattet.

E. des OAG. zu Kassel v. 14. Jan. 1862.

272.

Bd. XVII. Nr. 1.

Statutenkollision. Unterscheidung zwischen Form und Handlungsfähigkeit.

Für die Frage eines auswärts vollzogenen Rechtsgeschäfts ist das Recht des Errichtungsorts nur insoweit maßgebend, als es sich um Vorschriften über Form der Rechtsgeschäfte handelt, wogegen die Handlungsfähigkeit der das Rechtsgeschäft eingehenden Person nach dem örtlichen Recht ihres Domizils zu beurtheilen ist.

E. des OAG. zu Kiel v. 9. Sept. 1863.

273.

Bd. XVII. Nro. 49.

Klage der Mutter eines unehelichen Kindes gegen den natürlichen Vater auf Alimentation und Ersatz gereichter Alimente.

Wenn auch zunächst das Kind die Alimente zu fordern hat, so hat doch auch dessen Mutter ein selbständiges Interesse dabei, daß ihr die ihr zunächst obliegende Last von dem natürlichen Vater zum größeren Theile abgenommen werde, wobei sie zugleich auch die Rechte des Kindes vertrete. Nach der Praxis ist die Mutter daher zur Anstellung der Präjudizialklage de partu agnoscendo als einer actio utilis gegen den Vater des Kindes befugt

Die bereits von der Mutter geleisteten Alimente könne diese jedoch nur alsdann von dem Vater des unehelichen Kindes zurückerstattet verlangen, wenn solche von ihr mit dem erwiesenen Vorsatz, hierdurch die Geschäfte ihres Schwängerers zu führen, aus eigenen Mitteln bestritten worden sind.

E. des OAG. zu Darmstadt v. 18. Nov. 1862.

274.

Bd. XVII. Nro. 50.

Klage einer im Haushalte ihres Ehemannes sich nicht aufhaltenden Ehefrau auf Alimentation ihres unehelichen Kindes.

Die uneheliche Mutter hat gegen den Vater ihres Kindes ein Klagerecht auf Alimentation desselben, in der Voraussetzung, daß sie den Unterhalt des Kindes bestreitet. Diese Voraussetzung ist aber nicht gegeben, wenn die Mutter des außerehelichen Kindes eine Ehefrau ist, als solche im Hausstande ihres Ehemannes ihren Lebensunterhalt empfängt und ihr außereheliches Kind bei sich erzieht. Dagegen ist das Klagerecht einer solchen verheiratheten Mutter wieder vorhanden, wenn sie nicht im Haushalte ihres Mannes lebt —

E. des OAG. zu Dresden v. 4. Dez. 1862.

275.

Bd. XVII. Nro. 66.

Befreiung von der Vormundschaft wegen Daseins eigener (6) Kinder zugestanden.

E. des OAG. zu Rostock v. 18. Juli 1861.

276.

Bd. XVII. Nro. 67.

Inwieweit sind die Verwendungen für einen furiosus aus dessen eigenem Vermögen, bezw. aus einer für ihn verwalteten Erbschaftsmasse zu bestreiten?

E. des OAG. zu Celle v. 14. Juli 1862.

277.

Bd. XVII. Nro. 114.

Restitution gegen Restitutionsverjährung zulässig.

E. des OAG. zu Oldenburg v. J. 1861 u. 1862.

278.

Bd. XVII. Nro. 115.

Wirksamkeit der Nativitätstermine, auch bei unehelichen Geburten ohne Rücksicht auf den Reifegrad des Kindes.

E. des OG. zu Wolfenbüttel v. 6. 9. Okt. u. 20. Nov. 1863.

279.

Bd. XVII. Nro. 147.

Cura prodigi, der Anfangspunkt der Wirksamkeit oder Prodigalitätserklärung.

Das dieselbe anordnende richterliche Dekret tritt mit der Eröffnung dieses Erkenntnisses an den Interdizirten in Wirksamkeit, wenn auch die Bestellung der Kuratoren und die öffentliche Bekanntmachung noch nicht erfolgt ist. —

E. des OAG. zu Celle v. 25. Nov. 1862.

280.

Bd. XVII. Nro. 184.

Eidesleistung durch den Vormund.

Die Partei, welche einem Pflegbefohlenen den Eid angetragen hat, ist ebensowenig schuldig den Vormund desselben zur Ableistung des Eides zuzulassen, obgleich sie dem Vormund über dessen eigene Handlungen den Eid antragen kann.

E. des OAG. zu Jena v. 4. Mai 1839.

281.

Bd. XVII. Nro. 206.

Wirksamkeit der Prodigalitätserklärung.

Die Prodigalitätserklärung erlangt erst von dem Zeitpunkte der Bekanntmachung derselben an den Verschwender rechtliche Wirksamkeit.

E. des OAG. zu Darmstadt v. J. 1858.

282.

Bd. XVII. Nro. 218.

Höhe des Zinsfußes bei einer anvertrauten Vermögensverwaltung.

E. des OAG. zu München v. 30. Juni 1863.

(Auch abgedruckt in den Bl. f. RA. Bd. XXIX. Nr. 110. S. oben.)

283.

Bd. XVII. Nro. 227.

Vatergut „zahlbar im obrigkeitlich anerkannten Bedürfnißfalle".

Der Bedürfnißfall ist nicht dem Ermessen des Schuldners, sondern dem des Gläubigers anheimgegeben und Ersterer kann sich nur dadurch schützen, wenn er thatsächlich darzuthun vermag, daß dieß blos ihm zur Chikane geschieht.

Eine obrigkeitliche Anerkennung ist schon deshalb unzuläßig, weil hierdurch gewissermassen ein Curatelakt über Großjährige in unzuständiger Weise provozirt würde.

E. des OAG. zu München v. 31. Dez. 1862.

284.

Bd. XVII. Nro. 247.

Vermuthung der Vaterschaft bei Alimentenklagen.

Das Cap. 12. X. de praesumt. (2. 23.) ist nicht bei Alimentationsklagen durchschlagend.

E. des OAG. zu Dresden v. 25. Sept. 1863.

285.

Bd. XVII. Nro. 250.

Gesetzliche Alimentationspflicht. Anfangstermin.

Die Obligation entsteht nicht von selbst in dem Momente, da Jemand der Alimentation bedürftig, und gegen einen Anderen zur Forderung derselben berechtigt ist, sondern sie kann nach der Natur der Sache erst dann entstehen, wenn der Richter diese Pflicht als vorhanden erklärt hat, also erst mit dem rechtskräftigen Urtheile.

E. des OAG. zu Jena v. 9. März 1843.

286.

Bd. XVII. Nro. 255.

Verträge des Haussohnes mit dem Vater.

Die von dem Vater mit seinen Hauskindern abgeschlossenen Verträge sind giltig.

E. des OAG. zu Wiesbaden v. 30. Nov. 1858.

287.

Bd. XVII. Nro. 258.

Inventarisation der Adventitien.

Keine Verbindlichkeit des Vaters zur Inventarisation des seinen Kindern angefallenen Vermögens.

Reskr. des OAG. zu Darmstadt v. 11. Febr. 1846.

288.

Bd. XVII. Nro. 259.

Mehrere Vormünder; ungetheilte Verwaltung.

Sobald mehrere Vormünder dergestalt gemeinschaftlich bestellt sind, daß die Verwaltung zwischen ihnen nicht getheilt, vielmehr ihnen die Administration gemeinschaftlich übertragen worden ist, so steht jedem einzelnen Mitvormunde das Recht zu, alle Verwaltungshandlungen rechtsverbindlicher Weise allein und ohne Concurrenz der Mitvormünder zu verrichten, so daß die Giltigkeit eines von einem einzelnen der contutores vorgenommenen Rechtsgeschäftes lediglich um deswillen, weil hiebei nicht alle Mitvormünder konkurrirt haben, weder von dem Unmündigen nach erlangter Volljährigkeit, noch von den Mitvormündern während des Bestehens der gemeinschaftlichen Vormundschaft angefochten, wohl aber von den Letzteren das Zustandekommen des von einem Mitvormunde einseitig beabsichtigten Rechtsgeschäftes verhindert werden kann, wenn sie rechtzeitig, d. h. ehe das Geschäft vollzogen wird, widersprechen.

Eine Ausnahme von obiger Regel tritt in 2 Fällen ein, nemlich bei allen Handlungen, welche die Aufhebung der Vormundschaft nach sich ziehen, z. B. der Arrogation eines Dritten, und wenn der Testator im Testamente die Anordnung getroffen hat, daß die Verwaltung der Geschäfte an die Zustimmung eines bestimmten contutor dergestalt gebunden sein solle, daß das ohne seine Zustimmung Verhandelte nichtig und ungiltig sei.

E. des OAG. zu Dresden v. 17. Okt. 1862.

289.

Bd. XVIII. Nro. 108.

Analogie der Nativitätstermine auf uneheliche Kinder.

Die Nativitätstermine der ehelichen Kinder sind durch die Gerichtspraxis auch für die unehelichen anwendbar erklärt.

E. des OT. zu Berlin v. 4. April 1864.

290.

Bd. XVIII. Nro. 109.

Ausschließende Wirkung der Nativitätstermine.

Vermuthung für die Vaterschaft (auch bei unehelicher Zeugung) kraft des Beischlafes innerhalb zutreffender Zeit, ohne Rücksicht auf den Reifegrad des Kindes.

Dekret des OAG. zu Cassel v. 6. Sept. 1864.

291.

Bd. XVIII. Nro. 148.

Erbschaftsverzicht.

Zur Giltigkeit der für eine Minderjährige durch Vormund erklärten Erbschaftsausschlagung ist ein förmliches decretum de alienando erforderlich.

E. des OAG. zu Jena v. 12. Febr. 1864.

292.

Bd. XVIII. Nro. 149.

Curator hereditatis jacentis. Nichtlegitimation desselben zur Klage auf Herausgabe der Erbmasse gegen den dritten Besitzer.

Die Curatel der ruhenden Erbschaft ist als eine bloße Realkuratel, welcher die Vertretung von Personen fremd ist, aufzufassen, sowie denn auch eine solche Anordnung gemeinrechtlich in der Regel nur als eine vorübergehende, die sichere Erhaltung und Bewahrung des Nachlasses bis zu der in jeder gesetzlichen Weise zu beschleunigenden Erbschaftsantretung bezweckende Maßregel betrachtet werden darf.

Im vorliegenden Falle ist zu einer Erweiterung der Befugnisse eines solchen Curators, namentlich zum Zwecke der Prozeßführung ein irgend rechtfertigender Grund um so weniger aufzufinden, da die allein streitige Frage über die Rechtsbeständigkeit der dem Beklagten günstigen letztwilligen Anordnungen einleuchtend allein in einem Verfahren dem künftig antretenden Erben gegenüber zur Erörterung und Entscheidung gebracht werden kann, und die etwa in solcher Weise begründeten Rechte nicht durch willkürliche Aufstellung eines andern Gegners verkümmert oder gar gänzlich vereitelt werden dürfen.

E. des OAG. zu Wiesbaden v. 6. März 1860.

293.

Bd. XVIII. Nro. 193.

Schwurpflicht der Vormünder und Curatoren.

Vormünder und Curatoren können sich der allgemeinen Verpflichtung, gleich anderen Parteien, deferirte Eide entweder abzuleisten oder zurückzuschieben, wenn sie ihr Gewissen nicht mit Beweis vertreten wollen, nicht entziehen.

E. des OG. zu Wolfenbüttel v. 27. Sept. 1862.

294.

Bd. XVIII. Nro. 194.

Eidesleistung durch den Vormund.

Der dem Vormunde zurückgeschobene Eid ist auf das Glauben, nicht blos auf das Nichtwissen zu richten.

E. des OAG. zu Oldenburg v. J 1857.

295.

Bd. XVIII. Nro. 197.

Restitution gegen Geständnisse Minderjähriger.

Die Restitution der Minderjährigen gegen gerichtliche Geständnisse ist von dem Beweise der Unrichtigkeit des Anerkenntnisses nicht bedingt.

E. des OT. zu Stuttgart vom 12. Juni 1863.

296.

Bd. XVIII. Nro. 200.

Concurscurator. Beschränktes Dispositionsrecht desselben.

E. des Schöppenstuhls zu Jena v. 9. Juli 1841.

297.

Bd. XVIII. Nro. 201.

Rechtsverhältniß des Concurscurators hinsichtlich des Eigenthums der Concursmasse.

E. des OAG. zu Celle vom 25. Juni 1862.

298.

Bd. XVIII. Nro. 28.

Verschweigung des Namens des Schwängerers.

Vertrag über Verschweigung des Namens des Schwängerers ist kein pactum turpe.

E. des OAG. zu Cassel v. J. 1863.

299.

Bd. XVIII. Nro. 92.

Inventurs-Errichtung. Umfang derselben.

In einer Rechtssache war rechtskräftig ausgesprochen, daß der Beklagte schuldig sei, das von seiner verstorbenen Ehefrau deren Sohne zugefallene eingebrachte Vermögen, nach vorgängiger Feststellung der einzelnen Nachlaßgegenstände durch ein gerichtliches Inventar herauszugeben, während dem Beklagten an dem Errungenschaftsantheile seiner verlebten Ehefrau der lebenslängliche Abnutzen verbleiben sollte.

Als nun zur Inventarisation geschritten werden sollte, wollte der Beklagte diese auf die eingebrachten Vermögensgegenstände beschränkt haben. Sein Begehren wurde jedoch verworfen und das Ganze inventarisirt.

Urth. des OAG. zu Darmstadt v. 8. Dez. 1863.

300.

Bd. XVIII. Nro. 206.

Anfang der Wirksamkeit der Prodigalitätserklärung.

Als Zeitpunkt, von welchem die Wirkungen einer Prodigalitätserklärung beginnen, erscheint die Publikation dieser Erklärung an den Verschwender, ohne Rücksicht auf die blos in Folge eines Gerichtsgebrauches im Interesse des Publikums gebotene öffentliche Bekanntmachung.

E. des OAG. zu Cassel v. 14. Januar 1865.

301.

Bd. XVIII. Nro. 244.

Ueber die Nothwendigkeit der gerichtlichen Bestätigung von Vergleichen über künftige Alimente, insbesondere für Unmündige.

Vergleiche über Alimente Minderjähriger bedürfen der obervormundschaftlichen Bestätigung, woran das Klagerecht unehelicher Mütter nichts ändert. Denn die Mütter solcher unehelicher Kinder sind zur Klage auf solche Alimente und mithin auch zum Vergleich hierüber nur insoweit berechtigt, als sie selbst solche entweder bereits gewährt haben, oder noch zu gewähren und sicher zu stellen im Stande sind.

Beschl. des OAG. zu Jena v. 23. April 1844.

302.

Bd. XVIII. Nro. 247.

Haftung des Unmündigen ex lege Aquilia.

Die Haftung des Unmündigen ex lege Aquilia ist begründet, wenn er zur Zeit der That noch nicht fähig gewesen, das Unrecht seiner Handlung einzusehen. (S. auch Bl f. RA. Bd. XXX)

E. des OAG. zu München v. 8. Okt. 1864.

303.

Bd. XVIII. Nro. 253.

Schwängerungsklage. Begründung der Einrede der mehreren Zuhälter. Immissio seminis.

Der Beweis der Einrede mehrerer Zuhälter ist erbracht, wenn dargethan ist, daß die geschwängerte Klägerin innerhalb des Zeitraumes von 182 bis 300 (302) Tagen vor der Geburt, außer mit dem Beklagten noch mit einer anderen Mannsperson derartigen Umgang gepflogen hat, daß es mit derselben zu einer geschlechtlichen Vereinigung gekommen ist. Die mit dem Zeugnisse des Constuprators zusammentreffende Behauptung der Klägerin, daß desungeachtet eine immissio seminis nicht stattgefunden habe, ist nicht geeignet, jenem Beweise Abbruch zu thun.

Entsch. des OT. zu Stuttgart v. 19. Mai 1865.

304.

Bd. XIX. Nro. 9.

Gegenbeweis gegen die Rechtsvermuthung: pater est, quem nuptiae demonstrant.

Zum Gegenbeweise gegen die Legitimitätsvermuthung ist nicht nur nachgewiesene Impotenz und physische Unmöglichkeit der Beischlafsvollziehung geeignet, es genügt vielmehr schon, wenn das Bestehen von Verhältnissen dargelegt wird, durch welche sich das Unterbleiben des ehelichen Beischlafes nicht nur erklärt, sondern, abweichend von dem in der gesetzlichen Präsumtion angenommenen normalen Zustande, als berechtigte Folgerung von selbst ergibt; eine Ansicht, welcher sich auch die neuere Praxis angeschlossen hat.

E. des OG. zu Wolfenbüttel v. 1. Juli 1864.

305.

Bd. XIX. Nro. 10.

Anfang der Wirksamkeit einer Prodigalitätserklärung.

Die Eröffnung des Predigalitätserkenntnisses ist durch Bekanntmachung an den Interdizirten ordnungsmäßig geschehen, und nur dieser war berechtigt, dagegen Rechtsmittel zu verfolgen, welchen ohnedieß aufschiebende Wirkung gefehlt haben würde. Mit solcher Eröffnung trat auch die Wirkung, die Unfähigkeit der Interdizirten über sein Vermögen zu disponiren, ohne Weiters ein, ohne daß es dazu noch einer auf Zweckmäßigkeitsgründen beruhenden öffentlichen Bekanntmachung bedurfte.

E. des OAG. zu Celle v. 25. Nov. 1862.

306.

Bd. XIX. Nro. 34.

Klage auf Justifikation der Rechnung.

Eine Klage gegen den Rechnungsherrn auf Justifikation einer von dem Rechnungsführer erlegten Rechnung und Ertheilung eines Justifikatoriums (Quittung) ist zulässig.

E. des OAG. zu Jena v. 30. Juni 1867.

307.

Bd. XIX. Nro. 36.

Cession der Forderung gegen einen Bevormundeten an dessen Vormund. Negotiorum gestio.

Gegen die fortdauernde Anwendbarkeit der in der Novelle 72. Cap. 5 enthaltenen Voeschriften besteht zwar ein gegründeter Zweifel nicht; jedoch folgt nicht aus der Ungiltigkeit der

Cession und aus dem Erlöschen der zedirten Forderung, daß der Cessionar die Forderung verliert, welcher, unabhängig von der Cession, durch nützliche Geschäftsführung für den Schuldner erworben hat: auch schließt eine Cession von Seiten des Gläubigers die Annahme einer nützlichen Geschäftsführung keineswegs unbedingt aus, sondern kann nur als Gegenbeweisgrund in Betracht kommen.

E. des OAG. zu Celle v. 23. Febr. 1863.

308.

Bd. XIX. Nro. 47.

Alimentationsklage aus außerehelichem Beischlafe gegen die Erben.

Die Alimentationspflicht des Stuprators erlischt nicht mit seinem Tode, sondern ist, selbst wenn er noch vor der Geburt seines Kindes verstorben sein sollte, als eine gegen seine Erben geltend zu machende Schuld seines Nachlasses anzusehen.

E. des OAG. zu Oldenburg v. J. 1848. 1862. 1865.

309.

Bd. XIX. Nro. 101.

Der Gläubiger als Vormund.

Verlust einer Forderung zur Strafe des Gläubigers wegen absichtlicher Verschweigung derselben bei seiner Bestellung zum Vormund des Schuldners.

E. des OAG. zu Oldenburg v. 1865.

310.

Bd. XIX. Nro. 114.

Familienname der unehelichen Kinder.

Unehelichen Kindern darf der väterliche Familiennamen nicht beigelegt werden. Unabhängig davon ist die kirchlich-polizeiliche Eintragung des Namens des natürlichen Vaters in das Kirchenbuch.

E. des OAG. zu Celle vom 7. Mai 1841.

311.

Bd. XIX. Nro. 115.

Prodigalitätserklärung.

Anfangspunkt der Wirksamkeit einer Prodigalitätserklärung.

E. des OAG. zu München v. 17. Juni 1865.

(S. auch Bl. f. RA. Bd. XXX. S. 345. S. oben.)

312.

Bd. XIX. Nro. 139.

Prozeßführungsbefugniß der Concurskuratoren.

Klage der Concurskuratoren einer Lebensversicherungsaktiengesellschaft gegen einen Aktionär auf Leistung eines Nachschusses auf seine Aktie.

E. des OAG. zu Kiel v. 1. März 1865.

313.

Bd. XIX. Nro. 159.

Arrogation eines unehelichen Kindes.

Die Arrogation eines unehelichen Kindes des Arrogators ist statthaft.
E. des OAG. zu Rostock v. 24. Juli 1851.

314.

Bd. XIX. Nro. 160.

Verträge des Hauskindes.

Verträge zwischen Hausvater und Hauskind sind giltig.
E. des OAG. zu Lübeck v. 30. Januar 1865.

315.

Bd. XIX. Nro. 161.

Veräußerung von Adventitien.

Absolute Nichtigkeit der unberechtigten Veräußerung von Adventitien. Obervormundschafliche Genehmigung der Klagerhebung auf Erfüllung des fraglichen Contraktes kein decretum alienando.

E. des OAG. zu Celle v. 4. Nov. 1863.

316.

Bd. XIX. Nro. 162.

Legitimation eines von mehreren Curatoren zur Vertretung des Curanden im Prozesse.

Jeder von mehreren Curatoren eines Curanden ist diesen im Prozesse zu vertreten legitimirt. Auch ist die Weigerung eines Curators, seinem klagenden Mitkurator beizutreten, hierunter etwas zu ändern nicht geeignet, solange derselbe nicht seinen Widerspruch erklärt hat.
E. des OAG. zu Celle v. 5. Okt. 1864.

317.

Bd. XIX. Nro. 163.

Actio tutelae bei angeblich nichtiger Veräußerung von Mündelgut. Rechtliche Begründung des Schadenanspruches bei derselben. Exkulpirung der Vormünder. Beweislast.

Mittels der bei nichtigen Verkäufen von Mündelgut allerdings neben der dinglichen Klage gegen den Besitzer des nichtiger Weise veräußerten Grundstückes bestehenden persönlichen Klage gegen die Vormünder kann im vorliegenden Fall die Differenz zwischen dem von ihnen erzielten Kaufpreise und dem Mehrwerthe zu einer späteren Zeit überall nicht gefordert werden, weil nicht etwa auf Ablieferung des von den Vormündern verwalteten Grundstücks ohne Rücksicht auf dessen Veräußerung, sondern auf Entschädigung wegen der Veräußerung geklagt ist, solche Entschädigungsklage aber voraussetzt, daß der Schaden durch diese Handlung der Vormünder entstanden sei. Es kann nun aber die Veräußerung mit Rüsicht auf die Differenz zwischen dem erzielten Kaufpreise und dem Werthe des verkauften Grundstückes einen Schaden nur herbeigeführt haben, sofern die Veräußerung als eine giltige angesehen wird, da im entgegengesetzten Falle das Grundstück und daher auch dessen nach der Veräußerung sich herausstellender Mehrwerth der Klägerin überall nicht durch eine Handlung der Vormünder, sondern durch den Nichtgebrauch ihrer eigenen Zuständigkeiten entzogen sein würde. Es kommt daher nur noch auf den der Klage eventuell untergelegten Grund: daß nemlich das Grundstück unter dem Werthe verkauft sei, an und ist hier zur Begründung des klägerischen Anspruchs an und für sich nicht mehr erforderlich, als die von der Klägerin genügend bestimmt aufgestellte Behauptung, daß und um wie viel zur Zeit des Verkaufs das Kaufsobjekt mehr werth gewesen als der erzielte Kaufpreis, in welcher Beziehung der Klägerin ein ihren Angaben entsprechender Beweis auferlegt werden muß. Solchem Beweise gegenüber ist es Sache der beklagten Vormünder, sich zu exkulpiren. Es kann daher nicht von der Klägerin der Beweis der beklagtischen Verschuldung gefordert werden. Dagegen ist den Beklagten der Beweis der von ihnen zu ihrer Entschuldigung vorgetragenen Thatsachen nachzulassen. Von diesen kommt indessen nur die in Betracht, daß sie bei der Verwerthung des Anwesens durch den Verkauf an den Bruder der Klägerin die von einem guten Hausvater zu erwartende Sorgfalt angewendet haben, während genügende Thatumstände bezüglich der Einrede, daß sie in eigenen Sachen mit nicht größerer Sorgfalt gehandelt haben, nicht vorgebracht worden sind.

E. des OAG. zu Celle v. 8. Febr. 1864.

318.

Bd. XIX. Nr. 201.

Das obervormundschaftliche Dezisionsverfahren ist kein Rechnungsprozeß.

Das OAG. zu Oldenburg hat angenommen, daß die Obervormundschaftsbehörde bei Abnahme und Feststellung der Rechnungen des Vormundes eigentlich nicht als Richter zwischen Parteien, einen Rechnungsprozeß verhandeln läßt und entscheidet, sondern nur als Beschützerin der Pflegebefohlenen des Staats im Interesse derselben mit Hilfe ihres Revisors (Pupillenschreibers) untersucht und bestimmt, ob und inwiefern der durch sie vom Staate mit der Sorge für alle Angelegenheiten der Pflegebefohlenen beauftragte Vormund etwa seinen Dienst nicht gehörig wahrgenommen oder doch keine genügende Rechenschaft gegeben und deßhalb irgend etwas zu leisten habe, wogegen jedoch dann der Vormund rechtliches Gehör verlangen kann, so daß ein Mitvormund oder ein dazu besonders zugeordneter Vertreter des Pflegebefohlenen noch klagend gegen ihn auftreten muß.
(Bayer, summ. Proz. §. 80. Anm. 3; Schmid Hdb. Bd. 3. § 189. Anm. 1; Puchta freiw. Gerichtsb. Bd. 2. S. 403. Rudorff, Vormundschaft Bd. 1. § 2. bes. S. 12. u. 16. Bd. 2. § 153. bes. S. 481. Bd. 3. § 171. bes. S. 68. u. 69. § 182. bes. S. 113. 114; Kraut, Vormundschaft Bd. 1. § 10. bes. S. 96. Bd. 2. § 48. bes. S. 52. § 57. bes. S. 151. 152. 157. 467.)

E. des OAG. zu Oldenburg v. J. 1856.

319.

Bd. XIX. Nro. 212.

Statutenkollision: stuprum von einem Inländer im Auslande begangen. Grund der aus dem stuprum entspringenden Ansprüche. Deliktsobligation.

Das im Auslande begangene stuprum ist die nach dortigen Gesetzen rechtserzeugende Thatsache, deren nach dortigen Gesetzen zu beurtheilende Folgen den Schwängerer in seine Heimat begleiten und hier anzuerkennen sind.

E. des OG. zu Wolfenbüttel v. 2. Januar 1866.

320.

Bd. XIX. Nro. 239.

Obervormundschaftliche Competenz auf eine letztwillige Verfügung gegründet.

Es handelt sich im vorliegenden Falle nicht um eine Vormundschaft über die Personen der Söhne des Rekurrenten erster Ehe, sondern um die Verwaltung des denselben aus dem

Nachlasse ihres mütterlichen Großvaters zugefallenen Vermögens in Gemäßheit der letztwilligen Verfügungen des Letzteren. Wie es diesem aber überhaupt zustand, die Ausführung seines Testamentes dem speziellen Schutze des Waisengerichtes seines Domizils, als des hinsichtlich seines Nachlasses competenten Erbschaftsforums zu unterstellen, so war derselbe auch wohlbefugt, das erwähnte Waisengericht um die Uebernahme einer vormundschaftlichen Controle über die von ihm angeordnete Vermögensverwaltung zu bitten, und lag keinenfalls eine Verletzung der Rechte des Rekurrenten oder seiner Kinder erster Ehe darin, daß das Gericht erster Instanz dieser Bitte entsprochen hat.

Besch. des OAG. zu Rostock v. 30. Mai 1864.

321.

Bd. XIX. Nro. 240.

Fortdauer der obervormundschaftlichen Competenz nach Veränderung des Wohnsitzes des Pfleglings.

Daß die rücksichtlich eines Minorennen ursprünglich begründete obervormundschaftliche Competenz den ganzen Zeitraum bis zur Volljährigkeit des Curanden umfaßt, folgt mit Nothwendigkeit aus der Pflicht der Obervormundschaft, gleich Anfangs für diesen Zeitraum einen Vormund zu bestellen, welcher dann seinerseits nur der Behörde, die ihm das Amt übertragen hat, zur Rechnungsablage verpflichtet sein kann. Hieran wird, wie sich von selbst ergibt, durch Veränderung des Wohnorts des Curanden rechtlich nichts geändert.

Bescheid des OAG. zu Rostock v. 28. Sept. 1866.
Gutachten dess. v. 26. Merz 1860.

322.

Bd. XIX. Nro. 289.

Prozeßführungsbefugniß des Concurskurators.

Befugniß des Concurskurators und Contradiktors zur Geltendmachung der Paulianischen Klage und Einrede.

E. des OG. zu Wolfenbüttel v. 8. Dez. 1863.

323.

B. XX. Nro. 3.

Väterliche Gewalt, Statutenkollision.

Statutenkollision. Die Rechte der väterlichen Gewalt sind nach dem Rechte des Heimatsortes, nicht des Wohnsitzes zu beurtheilen.

E. des OAG. zu Cassel v. 5. Aug. 1865.

324.

Bd. XX. Nro. 9.

Nichtausschließende Wirksamkeit der Nativitätstermine.

Wirksamkeit der Nativitätstermine bei unehelichen Geburten mit Rücksicht auf den Reifegrad des Kindes.

Constante Praxis des Stuttgarter OT.

325.

Bd. XX. Nro. 10.

Ausschließende Wirksamkeit der Nativitätstermine.

Wirksamkeit der Nativitätstermine, auch bei unehelichen Geburten, ohne Rücksicht auf den Reifegrad des Kindes.

E. des OAG. zu Flensburg v. 10. Febr. 1865.

326.

Bd. XX. Nr. 11.

Anfechtung der Curatelbestellung durch Dritte.

Ungiltigkeit der Bevormundung kann der Curand dem Dritten, mit welchem der Curator kontrahirt, nicht entgegensetzen.

E. des OAG. zu Darmstadt v. 22. Aug. 1866.

327.

Bd. XX. Nr. 25.

Berechtigung Minderjähriger zur selbständigen Abschließung gewöhnlicher Dienstkontrakte und zur Erhebung von Klagen aus selbigen.

Nach konstanter Praxis sind Minderjährige befugt, ohne Beistand ihres Vaters resp. Vormunds, Dienstverträge ohne ungewöhnliche Clauseln abzuschließen. Wenn nun aber ein besonderer Grund für die Unfähigkeit Minderjähriger, vor Gericht zu handeln im heutigen Rechte nicht vorliegt, solche Unfähigkeit vielmehr lediglich als ein Ausfluß ihrer allgemeinen Dispositionsbeschränkung erscheint, so folgt hieraus von selbst, daß in denjenigen Ausnahmefällen, wo ihre Fähigkeit, selbständig Verträge abzuschließen anerkannt ist, ihnen auch, gleichviel ob sie einen Vormund haben oder nicht, die Befugniß zustehen muß, aus denselben selbständig klagbar zu werden.

Besch. des OAG. zu Rostock v. 13. Juli 1854.

328.

Bd. XX. Nro. 42.

Erziehung der Kinder aus geschiedenen Ehen.

Die gesetzlich begründete Regel, der zufolge nach geschiedener Ehe die Kinder dem unschuldigen Theile zugesprochen werden sollen, ist keine unbedingte, sondern berechtigt die höhere Rücksicht auf das Wohl der Kinder den Richter, unter Umständen von ihrer Befolgung abzusehen.

E. des OAG. zu Kiel v. 27. Oktober 1866.

329.

Bd. XX. Nro. 49.

Veräußerung von Mündelgut.

Statthaftigkeit der Veräußerung von Mündelgut ohne öffentliche Versteigerung, wenn der Preis dem wahren Werthe entspricht.

E. des OAG. zu Rostock v. 28. Sept. 1854.

330.

Bd. XX. Nro. 87.

Prozeßführungsbefugniß des Curators einer liegenden Erbschaft. Reassumtion des Erben.

Klage gegen den Curator der cum benef. invent. angetretenen Erbschaft. Befugnisse des Klägers, den litisreassumirenden Erben gegenüber, statt eines von dem Curator bereits angenommenen Schiedseides, neue beliebige Beweismittel vorzuschlagen.

E. des OAG. zu Jena v. 25. Juli 1839.

331.

Bd XX. Nr. 94.

Prozeßführung Minderjähriger über Dienstkontrakte. Restitution.

Minderjährigen ist in Prozessen über selbstständig von ihnen abgeschlossene Dienstkontrakte Restitution zu gewähren.

E. des OAG. zu Rostock v. 14. Mai 1825.

332.

Bd. XX. Nro. 97.

Prozeßführung des Concurscurators.

Legitimation des Curators einer Concursmasse zur Anstellung der Paulianischen Klage.

E. des OAG. zu Kiel v. 28. Nov. 1866.

D.

Auszüge aus der Zeitschrift für Gesetzgebung und Rechtspflege.

Bd. I.—XIII. Abschnitt I. Nr. 1—13. Abschnitt II. Nr. 1—11.

I. Handels- und Wechselsachen.

1.

Bd. II. S. 485.

Wechselarrest gegen Personen, die unter Kuratel stehen, jedoch den Wechsel zur Zeit ihrer Selbstständigkeit ausgestellt haben.

In einem Falle, wo den eingeklagten Wechsel nicht der Curator des Wechselschuldners, sondern dieser selbst, bevor er sich der Vermögenskuratel unterworfen, ausgestellt hatte, wurde es für zulässig befunden, dem Curator die Zahlung mit dem Bedrohen aufzutragen, daß im Unterlassungsfalle der Kurand in Wechselhaft genommen würde, weil der Kurator verpflichtet ist, aus den Mitteln des Kuranden das zur Bezahlung der Schuld erforderliche Vermögen beizuschaffen, und auch nur in dieser Beziehung dessen Stelle vertritt, die Haftung mit der Person des Wechselausstellers aber aufrecht bleibt.

HAGE. v. 16. Febr. 1852.

2.

Bd. VIII. S. 255.

Einrede des Blödsinnes bei der Wechselausstellung. Streitskonsens.

Verwerflichkeit der Einwendungen eines unter Curatel Gestellten, daß der Streitkonsens der Curatelbehörde ihm fehle, dann daß er zur Zeit der Wechselausstellung blödsinnig gewesen sei.

WAGE. v. 30. Sept. 1859

3.

Bd. VIII. S. 256.

Wechselausstellung eines minderjährigen Württembergers in Bayern.

Ein württemberg'scher Staatsangehöriger kann, wenn er nach vollendetem 21., aber vor erreichtem 25. Lebensjahre in Bayern einen Wechsel ausstellt, sich nicht mit der Einrede der Minderjährigkeit schützen.

WAGE. v. 11. Januar 1859.

4.

Bd. IX. S. 595.

Einrede des Irrsinns. Beweis derselben im Wechselprozesse.

Die Einrede des Irrsinns ist zwar zulässig, müßte aber durch eines der in der bayer. W. u. MGO. Kap. III. §. 4. lit. A. aufgeführten Beweismittel dargethan sein. Privatzeugnisse haben keine Beweiskraft, Zeugenvernehmungen sind unzulässig, amtliche Recherchen unstatthaft. Gemäß lit. D. der bayer. W. u. MGO. Cap III. §. 4. bleibt jedoch die gesonderte Austragung der aus der Ungiltigkeit des der Wechselausstellung zu Grunde liegenden Aktes abzuleitenden Ansprüche vorbehalten.

HAGE. v. 5. Mai 1862.

5.

Bd. X. S. 952.

Wechsel eines minderjährigen Offiziers.

Die von einem minderjährigen Offiziere eingegangene Wechselverpflichtung ist unwirksam.

HAGE. v. 24. Nov. 1862.

6.

Bd. X. S. 586.

Wechselfähigkeit und Wechselarrestfähigkeit der zu eigener Vermögensverwaltung unfähigen Personen.

Anlangend die Ausnahme unter Ziff. 2 des Art. 2 der a. d. W. O. so haben sich, wie die Motive bemerken, die Vertreter juristischer oder zu eigener Vermögensverwaltung unfähiger Personen durch die Wechselerklärungen, welche sie in dieser Eigenschaft ausstellen, selbst gar nicht verpflichtet, während es andererseits ebensosehr der Natur der Verhältnisse entspricht, daß auch die vertretenen Personen nicht durch Disposition ihrer Vermögens-Verwalter dem Wechselarreste unterworfen werden. Dieß gilt z. B. von Minorennen, kuratelmäßigen Verschwendern oder Irrsinnigen, den Theilnehmern an Vereinen, welche Personenrecht genießen.

Doch trifft die persönliche Haftung gemäß Art. 95 Abs. 2 der DWO. Vormünder und andere Vertreter, welche mit Ueberschreitung ihrer Befugnisse Wechselerklärungen ausstellen.

Was in dieser Beziehung das bayerische Recht betrifft, so dürfte übereinstimmend mit dem gemeinen Rechte die Kontrahirung von Wechselschulden gleich der Darlehensaufnahme als eine Belastung des Mündelvermögens nur aus Gründen dringenden Bedürfnisses oder offenbaren Nutzens (in rem minoris pecunia profecta) dem Vormünder gestattet und von einer obrigkeitlichen Ermächtigung abhängig sein. Vgl. Seuff. Pand. R. III. Ausg. §. 502. Note 3. und § 505. — Bayer. Landr. Thl. I. Cap. 7. § 13. No. 1. 4. u. 11. Anm. hiezu No. 11. Rattinger, Erörterung.

7.

Bd. XI. S. 85.

Wechselausstellung von Seite minderjähriger Gewerbsleute.

Im ganzen Königreich Bayern muß ein Minderjähriger, welcher nach den Bestimmungen des bürgerlichen Rechtes die Befugniß zum Betriebe eines Handelsgewerbes erlangt hat, auch rücksichtlich aller hierauf bezüglichen Geschäfte und Rechtshandlungen für großjährig erachtet werden.

HAGE. v. 7. April 1864.

8.

Bd. XII. S. 17.

Wechselausstellung minderjähriger Gewerbsleute.

Das bayer. Landrecht enthält über die Voraussetzungen, unter welchen ein Minderjähriger zum Betriebe eines Handelsgewerbes befugt ist, keine besonderen Vorschriften. Dasselbe bestimmt jedoch, daß zwar dasjenige, was der Pupill in seinen Sachen ohne Bewilligung und Autorität des Vormundes thut oder handelt, auf seiner Seite keine Kraft und Verbindlichkeit hat, dasjenige aber, was einmal vom Vormunde gutgeheißen ist, bei Kräften bleibt 2c. LR. Th. I. c. VII. § 17. No. 1 u. 7. Hieraus folgt, daß der Minderjährige, welcher mit Genehmigung des Vormunds und der Kuratelbehörde ein Handelsgewerbe selbstständig betreibt, nach dem bayerischen Landrechte als zu diesem Geschäftsbetriebe befugt erachtet werden muß. — Die Annahme, daß nur eine ausdrücklich ertheilte Genehmigung eine rechtliche Wirkung zu äußern vermöge, entbehrt der gesetzlichen Begründung. (Kreittm. Anm. zum LR. Thl. I. Cap. VII. § 17. No. 6.)

Da hiernach der Gewerbsbetrieb ein befugter war, so ist der Minderjährige im Hinblick auf Art. 7. Abs. 2 des Einf.-Ges. zum allg. d. HGB. kraft des Gesetzes rücksichtlich dieser Geschäfte einem Großjährigen gleichzuachten und die von ihm im Betriebe des Gewerbes übernommenen Verbindlichkeiten stellen sich hiemit nicht nur als giltig und rechtswirksam dar, sondern sie können auch mit dem einem Minderjährigen sonst zustehenden Rechtsmittel der Restitution nicht weiter angefochten werden. — Da nun die Ausstellung des eingeklagten Wechsels als zum Betriebe des Handelsgewerbes gehörig angesehen werden muß, (Vergl. Z f. GG. u. Rpfl. Bd. XI. S. 85.), so ist auch der minderjährige Kaufmann schuldig, die innerhalb des ihm von der Curatel gestatteten selbstständigen Handelsbetriebes eingegangene Wechselverbindlichkeit zu erfüllen.

HAGE. v. 1. März 1865.

9.

Bd. XII. S. 111.

Klage gegen Benefizialerben wegen Wechselschuld ihres Erblassers während der Frist zur Inventarerrichtung.

HAGE. v. 31. Juli 1865.

10.

Bd. XII. S. 132.

Rechtliche Folge der vertragswidrigen Auflösung eines Lehrverhältnisses in Bezug auf Lehr- und Kostgeld.

HAGE. v. 26. Juni 1865.

11.

Bd. XIII. S. 13.

Haftung der Erben eines Wechselschuldners.

Allerdings ist der Gläubiger nicht verbunden, sich eine Theilung der auf dem Einen Wechselpapiere beruhenden und an dieses geknüpften Obligation gefallen zu lassen; er kann seine ganze Forderung mit ungetheilter Summe bezahlt verlangen und braucht auf eine partielle Befriedigung nicht einzugehen. Dann darf er aber eben nicht die Erben des Wechselschuldners als Erben für ihre Person in Anspruch nehmen, sondern er muß seine Bezahlung aus der Erbschaft fordern. Für diese Bezahlung aus der Erbschaft haften die Erben nach Mandat v. 30. Oktober 1767 insgesammt sogar nach der Vertheilung solidarisch.
HAGE. v. 5. März 1866.

12.

Bd. XIII. S. 180.

Wechselfähigkeit des aus der väterlichen Gewalt getretenen Minderjährigen.

Ein aus der väterlichen Gewalt entlassener Minderjähriger ist an sich nicht wechselfähig.
HAGE. v. 20. Juli 1866.

II. Strafsachen.

1.

Bd. X. S. 849.

Strafantrag des Minderjährigen. Mutter als gesetzliche Vertreterin.

Ein von einem Minderjährigen oder dessen Mutter ohne Beiziehung seines gesetzlichen Vertreters gestellter Antrag auf Strafverfolgung ist wirkungslos.
OAGE. v. 4. Sept. 1863.

2.

Bd. X. S. 846.

Strafantrag des Verschwenders.

Eine lediglich wegen Verschwendung unter Curatel gestellte Person kann auch ohne Zuziehung ihres Curators mit Erfolg eine Klage auf Strafverfolgung wegen Ehrenkränkung stellen.
OAGE. v. 4. Sept. 1863.

3.

Bd. XI. S. 107.

Strafantrag der Erzieher.

Die Person, bei welcher ein Kind zur Aufsicht und Erziehung untergebracht ist, hat das Recht, wegen Verführung dieses Kindes zur Unzucht Strafantrag zu stellen.
OAGE. v. 29. April 1864.

4.

Bd. XI. S. 18.

Strafantrag der außerehelichen Mutter.

Die außereheliche Mutter kann für ihr Kind wirksam Strafantrag stellen.

OAGE. v. 29. Januar 1864.

Dagegen der staatsanwaltschaftliche Antrag.

5.

Bd. XI. S. 86.

Strafantrag des Minderjährigen.

Eine 18jährige, an sich handlungs- und urtheilsfähige Person kann für sich allein ohne Mitwirkung des nach bürgerlichen Gesetzen für sie verordneten Vertreters wegen einer ihr zugefügten Ehrenkränkung Klage erheben und verfolgen.

OAGE. vom 31. März 1864.

Dagegen der generalstaatsanwaltschaftliche Antrag.

6.

Bd. XI. S. 381.

Strafantrag des Minderjährigen.

Einem an sich zurechnungsfähigen Minderjährigen steht das Recht zu, selbstständig ohne Mitwirkung seines gesetzlichen Vertreters Klage auf Bestrafung einer ihm zugefügten Ehrenkränkung zu stellen.

Plenarerk. des OAG. v. 7. Okt. 1864.

Dagegen der staatsanwaltschaftliche Antrag.

7.

Bd. XI. S. 28.

Gesetzliche Vertreter im Strafverfahren. Einlegung von Rechtsmitteln.

Auch die Eltern können für ihre angeschuldigten Kinder nur mit deren bestimmter Vollmacht Rechtsmittel einwenden. Dem gesammten Strafverfahren, sohin auch dem in Uebertretungsfällen ist eine gesetzliche Vertretung des Angeklagten völlig fremd.

OAGE. v. 5. Febr. 1864.

Ueber den allgemeinen Grundsatz, daß im Strafverfahren alle Rechtsmittel nur dem Angeklagten selbst zustehen und die Anmeldung nur durch einen Spezialbevollmächtigten zulässig ist, siehe Sitz.-Berichte Bd. II. S. 16. 17. 52; Bd III. S. 74. 322. Bd. V. S. 79. — Z. f. GG. u. Rpfl. Bd. II. S. 98.

8.

Bd. XII. S. 134.

Strafantrag der außerehelichen Mutter.

Die außereheliche Mutter ist berechtigt, wegen der an ihrem Kinde begangenen unzüchtigen Handlungen Strafverfolgung zu beantragen.

OAGE. v. 31. März 1865.

9.

Bd. XII. S. 232.

Ehrenkränkungsklage des Familienvaters.

Auf die von einem Familienvater für sich und als gesetzlichen Vertreter seiner Familie gestellte Klage kann im betreffenden Ehrenkränkungsprozesse nicht verlangt werden, daß eines der in der Klage mit erwähnten Familienmitglieder auf Handgelübde als Zeuge vernommen werde.
OAGE. v. 20. Mai 1865.

10.

Bd. XII. S. 395.

Einlegung von Rechtsmitteln für Minderjährige im Strafprozesse.

Auch Minderjährigen stehen gegen ihre Verurtheilung die betreffenden Rechtsmittel nur persönlich zu. Insbesondere ist auch gegen die als Straffolge ausgesprochene Anordnung der Unterbringung in einer Erziehungsanstalt den Aszendenten der Verurtheilten ohne Spezialvollmacht der Letzteren kein Rechtsmittel eingeräumt.
OAGE. v. 19. Aug. 1865.

11.

Bd. XII. S. 443.

Einlegung von Rechtsmitteln für Minderjährige im Forststrafverfahren.

Auch im Forststrafverfahren ist der Vater eines minderjährigen Verurtheilten ohne dessen Spezialvollmacht nicht befugt, für denselben Rechtsmittel einzulegen.
OAGE. v. 15. Sept. 1865.

III. Privatrecht.

1.

Bd. III. S. 419.

Inventursverbot des Erblassers gegenüber kuratelmässigen Notherben.

Die Frage „ob das testamentarische Verbot der Inventur unter Curatel stehenden Notherben gegenüber rechtswirksam sei", ist in Bayern für jene Bezirke zu verneinen, worin das primär geltende Recht auf diese Frage Bezügliches nicht enthält und das gemeine Recht subsidiäre Anwendung findet, oder dieses die ausschließende Rechtsquelle bildet.
Erörterung.

E.

Auszüge aus der Zeitschrift für das Notariat und die freiwillige Gerichtsbarkeit in Bayern diesseits und jenseits des Rheins.

1864—1867. No. 1—11.

1.

I. Jahrgang 1864 S. 69.

Ueber die Zuständigkeit der Einzelngerichte und der Notare in Pflegschaftssachen und der Bezirksgerichte zur Entscheidung der beiderseitigen Beschwerden.

OAGE. v. 21. Dez. 1863 u. Nachschrift.

2.

I. J. 1864. S. 97.

Aus der französischen Praxis. Versteigerung.

Das bezüglich des Vormunds bestehende Verbot, die Güter seines Mündels an sich zu steigern, ist nicht auf den Vormund (vorab den Legalvormund) anwendbar, welcher zu gleicher Zeit Nutznießer eines Theiles der zu lizitirenden Güter ist.

3.

I. J. 1864. S. 127.

Aufbewahrung der Alimentenvertragsurschrift.

Die Vormundschaftsbehörde hat die ihr von dem Notare übersendete Alimentationsvertragsurschrift nicht bei den Akten zu behalten, sondern mit darauf gesetztem obervormundschaftlichem Beschlusse an den Notar zurückzusenden.

BGE. v. 19. Febr. 1864.

4.

I. J. S. 287.

Zur Reform des Vormundschaftswesens.

„Der deutsche Juristentag spricht als seine Ueberzeugung aus, daß ein Familienrath, nemlich ein Organ aus Familiengliedern eventuell Freunden für jede Vormundschaft zu schaffen sei, welches unter Vorsitz des Ortseinzelnrichters der Verwaltung der Vormundschaft theils beschließend, theils berathend an der Seite zu stehen habe und dessen Beschlüsse in wichtigen, vom Gesetze zu bestimmenden Fällen von dem kollegialischen vormundschaftlichen Gerichte zu bestätigen sind."

5.

I. J. S. 295.

Die Umgestaltung des Vormundschaftswesens.

Eine Erörterung von G., welche sich gegen obige Idee ausspricht.

6.

II. J. 1865. S. 36.

Aufbewahrung der Verlassenschaftsakten des Notars.

Die von einem Notar in der Eigenschaft als Verlassenschaftskommissär gepflogenen Verhandlungen sind nach Erledigung an das Nachlaßgericht nicht zu extradiren, auch wenn dabei Minderjährige als betheiligt erscheinen.

Gutachten der Notariatskammer.

7.

II. J. 1865. S. 113.

Handelsgewerbsbetrieb eines Minderjährigen.

Wenn ein Minderjähriger mit Genehmigung der Curatel und Obercuratel ein Handelsgeschäft selbstständig betreibt, so gilt er in Ansehung aller bezüglichen Handelsgeschäfte als großjährig. —

HAGE. v. 1. Merz 1865.

8.

II. J. S. 133.

Ueber Taxirung der Alimentenvergleiche.

Im Kreise Oberbayern hat die Tax-Revision angeordnet, daß die sog. Alimentatiosvergleiche in Anwendung des Art. 27 des Taxges. vom 28. Mai 1852 mit der prozentablen Taxe belegt werden. Diese Anordnung wird als im Taxgesetze nicht begründet und im hohen Grade unbillig bekämpft. —

Erörterung vom M. St.

9.

II. J. S. 318.

Reform des Vormundschaftswesens. Familienrath.

Erörterung von H. Hofrath v. Seybold.

10.

III. J. 1866. S. 43.

Taxirung der Alimentenvergleiche.

Finanzm. Entschl. v. 11. Januar 1866.

11.

III. Jahrgang 1866. S. 140.

Beitrag zur Lehre:

a. von der Inventur über den Nachlaß der Ehefraueu,
b. von der Auszeigung der Elterngüter (Vater- oder Muttergüter der Kinder und von der hiebei eintretenden Vormundschaft und bezw. Curatel,
c. von dem Nießbrauche der Eltern (des überlebenden parens) in den Gütern der Kinder.

(Nach oberpfälz. u. bayer. Landrechte.)

Erörterung von H. Notar Bauridl (unvollendet).

F.

Auszüge aus der Zeitschrift für Gerichtspraxis und Rechtswissenschaft von Stenglein.

Bd. 1—IV. Abth. I. No. 1. Abth. II. No. 1—33.

I. Handels- und Wechselsachen.

1.

Bd. VI. S 255.

Minderjährige werden durch Entlassung aus der väterlichen Gewalt allein nicht wechselfähig.

Das k. HAG. wies eine Wechselklage gegen einen Minderjährigen zurück, weil zwar nachgewiesen sei, daß dem Beklagten das elterliche Anwesen übergeben worden sei und er einen selbständigen Hausstand begründet habe, dieß auch eine stillschweigende Entlassung aus der väterlichen Gewalt begründe, an die Stelle dieser aber bei Minderjährigen die Vormundschaft, nicht volle Selbständigkeit treffe. Bezüglich der Verbeistandschaftung durch Gemeindevorsteher B. sei die Bestellung desselben als Vormund nicht bescheinigt und würde diese Bestellung den Beklagten nicht wechselfähig machen. Auch daß Beklagter selbstständig ein Handelsgeschäft mit Zustimmung seines Vaters oder Vormunds geführt habe, oder daß er dieß auf eigene Rechnung gethan habe, sei urkundlich nicht nachgewiesen, die Zuschiebung des Haupteides hierüber unstatthaft. — HAGE. v. 20. Juli 1866.

Bem. Bezüglich der übrigen Erkenntnisse, welche auch in der Zeitschrift für Gesetzgebung und Rechtspflege abgedruckt sind, wird auf die vorstehenden Auszüge aus dieser Zeitschrift verwiesen.

II. Strafsachen.

1.

Bd. I. S. 12.

Strafantrag der Mutter.

Die Mutter ist nicht gesetzlicher Vertreter ihres Kindes zur Stellung von Strafanträgen für dasselbe — Preuß. OTE. v. 6. Sept. 1861.

2.

Bd. I. S. 13.

Kindesaussetzung durch Unterlassungs-Handlungen.

Sächs. OAGE. v. 3. Juli 1861.

3.

Bd. I. S. 36.

Pflegschaftsverhältniß der Ehefrau.

Das Pflegschaftsverhältniß der Ehefrau gilt auch für den Ehemann.
OAGE. v. 21. Dez. 1851.

4.

Bd. I. S. 148.

Strafantrag des mittelbar Beleidigten.

Der mittelbar Beleidigte kann nicht Strafantrag stellen, wenn der unmittelbar Angegriffene hiezu nicht befugt ist. — Sächs. OAGE.

5.

Bd. I. S. 341.

Grenzen des Züchtigungsrechtes.

Die Rechtswidrigkeit und sohin die Strafbarkeit einer Handlung wird durch ein nicht im Uebermaße ausgeübtes Züchtigungsrecht ausgeschlossen.
StGE. v. 3. Sept. 1862.

6.

Bd. I. Nro. 365.

Uebertragung des Züchtigungsrechtes auf Dritte.

Das Züchtigungsrecht kann übertragen werden und rechtfertigt geringere Mißandlungen.
OAGE. v. 1. Oktbr. 1862.

7.

Bd. II. S. 67.

Züchtigungsrecht des Lehrers. Strafbare Ueberschreitung.

Ueberschreitung des Züchtigungsrechts Seitens eines Lehrers ist als Mißhandlung strafbar.
OAGE. v. 6. Dez. 1862.

8.

Bd. II. S. 103.

Ehrenkränkungsklage Minderjähriger.

Minderjährige können wegen Ehrenkränkung klagen, wenn sie das Alter der Pubertät erreicht haben. Auch mittelbare Injurien sind strafbar.
OAGE. v. 19. Dez. 1862.

9.

Bd. II. S. 326.

Strafantrag des Vaters für großjährige Hauskinder.

Der Vater ist der gesetzliche Vertreter seiner Hauskinder auch nach deren Volljährigkeit.
OGE. v. 24. Merz 1863.

10.

Bd. II. S. 385.

Ehrenkränkungsklage des Verschwenders.

Die wegen Verschwendung unter Vermögenskuratel Stehenden sind zur Erhebung einer Injurienklage berechtigt. — OAGE. v. 4. Sept. 1863.

11.

Bd. II. S. 387.

Strafantrag Minderjähriger. Legitimation des gesetzlichen Vertreters.

Minderjährige können den gesetzlichen Antrag auf Bestrafung nicht stellen. Es muß im Urtheile festgestellt sein, daß der für den minderjährigen Beschädigten Aufgetretene dessen gesetzlicher Vertreter ist.— OAGE. v. 4. Sept. 1863.

12.

Bd. III. S. 36.

Compensation von Ehrenkränkungen durch gesetzliche Vertreter.

Den Vertretern einer beleidigten Person steht die Compensationseinrede ebenso entgegen, wie dem unmittelbar Beleidigten. Auch Gegenbeleidigungen solcher Personen, welche das Alter strafrechtlicher Zurechnung noch nicht erreicht haben, eignen sich zur Compensation.

Sächs. OAGE. v. 20. April 1867.

13.

Bd. III. S. 51.

Compensation mittelbarer und unmittelbarer Ehrenkränkungen.

Compensation von Ehrenkränkungen setzt keinen darauf gerichteten Antrag des Beklagten voraus. Mittelbare und unmittelbare Ehrenkränkungen können kompensirt werden.

OAGE. v. 4. Dez. 1863.

14.

Bd. III. S. 100.

Die uneheliche Mutter ist gesetzliche Vertreterin ihres Kindes.

OAGE. v. 30. Januar 1864.

15.

Bd. III. S. 102.

Aussetzung hilfloser Personen.

Aussetzung hilfloser Personen wird nicht begangen durch Verbringung an einen sicheren Ort, wo man sie kennt.

AGE. v. 1. Dez. 1863.

16.

Bd. III. S. 144.

Grenzen des Züchtigungsrechtes.

Ob die Grenzen des Züchtigungsrechtes eingehalten sind, ist eine Frage thatsächlicher Erwägung. — BGE. v. 9. Oktober 1863.

17.

Bd. III. S. 155.

Ehrenkränkungsklage Minderjähriger.

In Ehrenkränkungssachen können auch Minderjährige den Antrag auf Bestrafung einstellen.

OAGE. v. 31. Merz 1864.

18.

Bd. III. S. 175.

Strafantrag der Pflegeeltern.

Pflegeväter im Sinne des Sprachgebrauches, wenn auch nicht in civilrechtlicher Bedeutung können als gesetzliche Vertreter des Pflegekinds einen Antrag auf Strafverfolgung stellen.

OAGE. v. 29. April 1864.

19.

Bd. III. S. 284.

Grenzen des Züchtigungsrechtes. Ehrenkränkung.

Dem zur Rüge oder zu Ermahnungen Berechtigten fällt selbst dann keine Ehrenkränkung zur Last, wenn er zur Rüge oder Ermahnung ein unpassendes Mittel wählte.
OAGE. v. 28. Juni 1864.

20.

Bd. III. S. 309.

Kindesaussetzung.

Eine Mutter, welche ihr Kind, nur um demselben ein Unterkommen zu erwirken, aussetzt, dabei aber alle Verpflichtungen für dasselbe übernimmt, begeht keine strafbare Kindsaussetzung.
BGE.

21.

Bd. IV. S. 3.

Unterbringung Minderjähriger in eine Staatserziehungsanstalt. Rechtsmittel.

Die den Erziehungsberechtigten zustehende Nichtigkeitsbeschwerde gegen ein zweitinstanzielles Urtheil, durch welches die Unterbringung eines nicht 16 Jahre alten Angeklagten in einer Erziehungsanstalt angeordnet wird, kann nur wegen Formverletzung oder irriger Anwendung des Gesetzes ergriffen werden, nicht aber darüber, ob das Ermessen des Gerichts ein richtiges war.
OAGE. v. 24. Sept. 1864.

22.

Bd. IV. S. 7.

Ehrenkränkungsklage Minderjähriger.

In Ehrenkränkungssachen können auch Minderjährige den Antrag auf Bestrafung stellen.
Plenarerk. des OAG. v. 7. Okt. 1864.

23.

Bd. IV. S. 137.

Compensation mittelbarer Ehrenkränkungen.

Eine Ehrenkränkung kann durch Klagestellung nicht mehr selbständig verfolgt werden, wenn der gesetzliche Vertreter des Beleidigten dieselbe schon compensationsweise in einer gegen ihn anhängigen Ehrenkränkungsklage zur Geltung gebracht hatte.
OAGE. v. 21. Januar 1865.

24.

Bd. IV. S. 227.

Compensation mittelbarer Ehrenkränkungen.

Mittelbare Injurien können mit Gegeninjurien des unmittelbar Injurirten compensirt werden. — OAGE. v. 31. Merz 1865.

25.

Bd. V. S. 44.

Gesetzliche Vertreter im Strafverfahren. Einlegung von Rechtsmitteln.

Minderjährigen stehen gegen ihre Verurtheilung und die als Straffolge ausgesprochene Anordnung der Unterbringung in einer Erziehungsanstalt die Rechtsmittel nur persönlich zu.
OAGE. v. 19. Aug. 1865.

26.

Bd. V. S. 59.

Strafantrag des Minderjährigen.

Dem gesetzlichen Vertreter eines Minderjährigen, der bereits das 15. Lebensjahr überschritten hat, steht neben diesem das Recht, Strafantrag zu stellen, nicht zu.

BGE. v. 10. Nov. 1864. (Dagegen die Nachschrift.)

27.

Bd. V. S. 121.

Erziehungsrecht der Mutter und des Vormunds. Menschenraub.

Einer Mutter, die sich ihres Kindes, welches von der Vormundschaftsbehörde an einem bestimmten Orte untergebracht wurde, mittels Bedrohung der mit der Erziehung Beauftragten bemächtigt, handelt widerrechtlich.

OAGE. v. 17. Nov. 1565.

28.

Bd. V. S. 133.

Menschenraub kann von dem unehelichen Vater gegenüber der Mutter nicht begangen werden.

BGE. v. 19. Sept. 1865.

Zur Anwendung des Art. 252 würde die Feststellung erforderlich sein, daß der Vater sich des Kindes gegen den Widerspruch des Vormunds bemächtigt hat. Daß der Vater thatsächlich die gesammte Alimentation und Erziehung an sich nahm, ist der Mutter gegenüber nur eine Art von Selbsthilfe, als solche straflos und von der Vor- und Obervormundschaft zu bescheiden, welche das Beste des Kindes als Richtschnur zu nehmen hat.

Nachschrift d. H. der Z. f. GP.

29.

Bd. V. S. 196.

Pflegeeltern, Begriff.

Unter Pflegeeltern versteht das Straf- und Polizeistrafgesetzbuch auch nicht blos Adoptiveltern, sondern alle Personen, welche faktisch die Pflege Minderjähriger übernommen haben.

AGE. v. 4. Sept. 1865.

30.

Bd. VI. S. 47.

Die Mutter als gesetzliche Vertreterin ihres erstehel. Kindes.

Auch die zur zweiten Ehe geschrittene Mutter kann als gesetzliche Vertreterin ihres leiblichen Kindes erster Ehe rechtswirksam einen Antrag auf Strafverfolgung stellen, weil sie nichtsdestoweniger die nächste Blutsverwandte ihres ersteheliche Kindes ist, und da ihr zunächst die Sorge für Pflege und Erziehung dieses ihres Kindes obliegt, sohin sie auch berechtigt und verpflichtet ist, dessen Person vor jedem Angriff zu sichern.

BGE. v. 20. Juli 1866.

31.

Bd. VII. S. 87.

Betheiligung Minderjähriger bei Verträgen.

Ein Notar, der einen Vertrag beurkundet, bei welchem einer der Contrahenten minderjährig ist, ohne für diesen einen Curator beizuziehen, verfehlt sich gegen Art. 45 des Not.-Ges. und ist disciplinär strafbar.

OAGE. v. 7. Okt. 1867.

32.

Bd. VII. S. 46.

Begriff der Pflegeeltern.

Bei dem Begriffe von Pflegeeltern ist nur auf das faktische Verhältniß Rücksicht zu nehmen, und es ist dieses Verhältniß z. B. gegeben, wenn ein Paar Eheleute ein noch schulpflichtiges fremdes Kind in ihr Haus aufnehmen, für Schulgeld, Nahrung und Kleidung sorgen, dasselbe an ihrem gemeinschaftlichen Mittagstische Theil nehmen lassen und es, ohne ihm irgend welche andere Dienste als einem eigenen leiblichen Kinde abzuverlangen, überhaupt so halten, daß der eigene Hausarzt das Kind für zur Familie gehörig hält.

Sächs. OAGE. v. 12. April 1867.

33.

Bd. VIII. S. 209.

Handlungsfähigkeit Minderjähriger im Strafprozesse.

Minderjährige können, auch wenn sie das 16. Lebensjahr noch nicht zurückgelegt haben, gegen Verurtheilungen nur persönlich oder durch gehörig Bevollmächtigte Rechtsmittel einlegen.

OAGE. v. 3. Okt. 1868.

G.

Auszüge aus dem Justizministerialblatt für das Königreich Bayern.

1.

1869 Ziff. XII. S. 110.

Art. 45 des Notariatsgesetzes. Betheiligung Minderjähriger bei Verträgen.

1. Wie sich in dem angefochtenen Erkenntnisse des k. Appellationsgerichts der Oberpfalz und von Regensburg vom 23. Februar l. Js. festgestellt findet, hat der k. Notar N. im Jänner 1867 zwei, im Februar desselben Jahres zwei weitere und im April darauf noch einen fünften Vertrag aufgenommen, wobei minderjährige Personen betheiligt waren und als mitwirkend ihre Zustimmung ertheilten, ohne daß für dieselben Vormünder oder vorschriftsmäßige Specialcuratoren aufgestellt waren und beigezogen wurden. Der Notar begnügte sich statt dessen nur mit dem Auftreten großjähriger Beiständer, denn er bemerkte, sie würden später noch vom Landgericht verpflichtet werden, über die Folgen des Abganges belehrte er aber die übrigen Betheiligten nicht, auch traf er keine Einleitungen zur Nachholung jener von ihm nur in Aussicht gestellten Verpflichtung. Auf dieses Verfahren gründet sich dessen gleichförmige Verurtheilung wegen Zuwiderhandlung gegen Art 45 des Notariatsgesetzes in eine Geldstrafe von zehn Gulden.

2. Nach der klaren Vorschrift des bayerischen Landrechts Th. I Cap. 7 § 17 No. 1 und 2 hat dasjenige, was der Pupill in seinen Sachen ohne Bewilligung und Autorität des Vormünders thut oder handelt, wenigstens auf seiner Seite keine Kraft und Verbindlichkeit, wohl hingegen ist und bleibt der Andere, welcher sich mit einläßt, verbunden, wenn der Pupill Vortheil davon hat und seines Orts Präſtanda gleichfalls präſtiren will, d. h. wenn er oder sein Stellvertreter sich auf rechtsverbindliche Weise für die Genehmigung des Vertrages erklären. Nach Nro. 6 ebendaselbst kann der Vormund auch abwesend oder erst nach geschehener Handlung seine Autorität interponiren und nach Th. I Cap. 5 § 2 Nro. 4 können auch Kinder mit ihren Eltern handeln und wandeln, wenn nur die Ersteren während der Minderjährigkeit mit einem Curator specialis versehen sind. Diese Bestimmungen sind so einfach und klar, daß sie gar keiner Erläuterung durch die Anmerkungen zum Landrechte bedürfen, die auch in keinem Punkte davon abweichen; sie sind überdies so allgemein bekannt, daß ihre Unkenntniß oder Vernachlässigung ein grobes Verschulden bildet.

3. Der Vertrag mit einem Minderjährigen ist daher immer nur von einer bedingten Gültigkeit, er hängt auf der einen Seite in der Schwebe, und wenn der Minderjährige selbst darunter nicht leiden kann, das Geschäft mag vortheilhaft oder nachtheilig für ihn sein, so finden sich dennoch seine Mitcontrahenten getäuscht, welche glaubten, einen festen und unwiderruflichen Vertrag abzuschließen, während doch darin ein Wahlrecht des einen Vertrag schließenden, daran gebunden zu sein oder nicht, verborgen liegt, vermöge dessen er das ganze beabsichtigte Rechtsgeschäft vereiteln und wieder außer Wirksamkeit setzen kann. Der Art. 45 des Notariatsgesetzes verpflichtet aber nach seinem wohlverstandenen Sinne den Notar, nicht blos darauf Bedacht zu nehmen, daß seine Aufnahmen mit der wahren Absicht der Betheiligten nicht im Widerspruch stehen, sondern auch, daß sie dieselben erschöpfen, was hier offenbar außer Betracht blieb. Dazu kommt noch, daß das formelle Hinderniß, welches dem vorgebrachten Abschlusse eines solchen Vertrages im Wege stand, so leicht zu bewältigen war, daß man nicht einzusehen vermag, warum der Notar, der doch daran dachte, mittels eines kurzen Aufschubes nicht selbst das Seinige pflichtmäßig beitrug, um dasselbe aus dem Wege zu räumen.

4. Die Auffassung der Pflichten des Notars findet sich in dem bereits im Justizministerialblatt von 1867 S. 226 veröffentlichten und vom Beschuldigten mehrfältig angeführten oberstrichterlichen Erkenntnisse vom 7. Oktober 1867 so klar entwickelt, daß es nicht nöthig ist, sich länger dabei aufzuhalten.

Der im appellationsgerichtlichen Erkenntnisse unter Ziffer 2 erwähnte Uebergabsvertrag der W.'schen Ehegatten vom 31. Januar 1867 fällt in den gerügten Mangel, weil Adam W. nicht zugleich als Beiständer seiner übergebenden Ehefrau, zu deren Handlung er seine Zustimmung ertheilte und als Stellvertreter seiner übernehmenden Tochter auftreten konnte, beide Eigenschaften sich hier unvereinbar widerstreiten, und weil er im § 6 des Vertrages, worin er am Schlusse sogar als Mitverkäufer vorgetragen ist, sich selbst Leistungen, den Austrag nämlich, ausbedingte.

Selbst in dem sogenannten Nachtrage oder vielmehr zweiten Vertrage vom 31. Oktober 1867, worin ein Specialcurator für die minderjährige Barbara W. auftrat, blieb dessen nachträgliche Verpflichtung noch ausgesetzt und dem eigenen Betriebe der Betheiligten überlassen, welche durch ein kleines Versehen den Rechtsbestand des Vertrages wieder bloß stellen konnten. In dem unter Ziffer 4 erwähnten Uebergabsvertrage der Familie S. haben außer den übergebenden Eltern und dem übernehmenden Sohne, auch dessen fünf Geschwister als vertragsschließend mitgewirkt und nicht blos Vortheile erlangt, da das ihnen ausgezeigte Elterngut ganz die Natur einer elterlichen Theilung und Abfindung für das Erbrecht am Vermögen der Eltern hatte, wie besonders aus § 8 erhellet, wornach die Uebergeber sich ausschließend beerben sollten, über das Notherbrecht der Kinder also unbeachtet hinweggegangen würde.

Da Notar N. hienach mehrfältig der Vorschrift des Art. 45 des Notariatsgesetzes zuwider gehandelt hat, so ist dessen von einer unrichtigen Anwendung dieses Artikels entnommener Cassationsbehelf auch in jeder Beziehung ungegründet.

OAGE. v. 12. April 1869.

(Siehe auch die Slg. w. Entschg. des k. b. Caſſ.-Hofes III. 199 u. St. Z. VIII. S. 268.)

H.

Auszüge aus der Sammlung wichtiger Entscheidungen des k. b. Handelsappellationsgerichts.

1.

Bd. I. S. 154.

Prozessuale Wirkungen der Minderjährigkeit einer Wittwe.

Mit der Verehelichung wurde zwar die bis dahin in ihrem Vaterlande Württemberg über die Beklagte bestandene Vormundschaft aufgehoben, weil dieselbe hiedurch das bayerische Indigenat erworben hat, ihre persönlichen Rechte nach den Gesetzen ihres Wohnortes zu beurtheilen sind und nach den bei dem Mangel besonderer statutarischer Bestimmungen in Gemäßheit der Verordnung vom 6. Dez. 1806 (R.=Bl. 1807 S. 915) hier subsidiär zur Anwendung kommenden Vorschriften des bayer. Landrechtes in Th. I. c. 7 § 36 Nro. 7 und c. 6 § 12 Nro. 4 die Curatel durch die Verehelichung geendigt wird; eine Minderjährige blieb sie aber immerhin, wie sich schon daraus ergibt, daß in der erstangeführten Stelle des b. Landrechts dem bisherigen Curanden auch nach seiner Verehelichung wie anderen minderjährigen Personen die Rechtswohlthat der Wiedereinsetzung in den vorigen Stand vorbehalten wird. Ebensowenig hat ihre Minderjährigkeit mit dem Tode ihres Ehemannes aufgehört. Da nun nach Art. 86 der gegenwärtig zur Anwendung kommenden fürstl. Ehrhard'schen Landesordnung, sowie nach den fürstlich Kemptenschen Verordnungen vom 24. Hornung und 20. Merz 1744 allen Wittwen, Waisen und minderjährigen Leuten ohne Ausnahme Trager gesetzt werden sollen, da ferner der richtigeren Ansicht zufolge (Rosenkranz, Handb. des Pflegsch. S. 97—102) auch nach dem subsidiär geltenden bayer. Landrechte über die minderjährige Ehefrau nach dem Tode ihres Ehemannes die Curatel wieder eintreten muß und eine analoge Anwendung der bezüglich des minderjährigen Ehemannes Platz greifenden Grundsätze um deswillen unstatthaft ist, weil die Ehefrau vermöge der dem Manne zustehenden eheherrlichen Gewalt, so lange derselbe am Leben ist, von diesem vertreten, die durch die Verehelichung endigende Vormundschaft über die Ehefrau von dem Ehemanne ausgeübt wird, somit bei der Ehefrau durch ihre Verehelichung keineswegs, wie bei dem Ehemanne, deren volle Dispositionsfähigkeit eintritt, und daher nach dem Tode des letzteren wieder alle Voraussetzungen vorliegen, deren Vorhandensein den Gesetzgeber zur Anordnung einer Curatel über den Minderjährigen veranlaßt hat, da endlich eine Minderjährige sich nicht selbständig vor Gericht vertreten und demzufolge auch eine an sie allein ergangene gerichtliche Ladung nicht als rechtswirksam geschehen erachtet werden kann, so konnte der Beklagten durch die an sie bewirkte Zustellung des die Klage mittheilenden Dekretes eine präjudizielle Frist nicht laufen und die von ihr nachträglich eingereichten, durch ihren nunmehrigen gerichtlich bestellten Vormund genehmigten Erinnerungen gegen den Klaganspruch müssen deshalb immerhin noch zugelassen werden.

(HAGE. v. 1868. R. Nro. 57.)

In einem anderen appellationsgerichtlichen Erkenntnisse (Landsh. Nro. 250) wurde die Giltigkeit einer von einer Ehefrau mit ihrem Manne gezeichneten Wechselverschreibung anerkannt, weil dieselbe trotz ihrer Minderjährigkeit nach den im Contexte angeführten Bestimmungen des bayer. Landrechts während der Dauer ihrer Ehe mit Zustimmung ihres Ehemannes — vorbehaltlich der ihr zustehenden Wohlthat der Restitution — lästige Verträge einzugehen nicht gehindert sei. —

2.

Bd. II. S. 19.

Zustellung gerichtlicher Verfügungen für eine minderjährige Frau an deren Ehemann geboten. Voraussetzungen der Restitution einer minderjährigen Ehefrau.

Wenn auch die zuständige Vormundschaftsbehörde sich zur Bestellung eines Curators für die minderjährige Ehefrau des Beklagten veranlaßt sah und dem Prozeßgerichte ein Urtheil über die Nothwendigkeit dieser Maßregel nicht zusteht, so ist doch das Letztere allein befugt und verpflichtet, die vor jener Curatelbestellung vorgenommenen Prozeßhandlungen hinsichtlich ihrer Giltigkeit auch insoweit zu prüfen, als es sich hiebei darum fragt, ob diejenige Person, an welche eine Zustellung erfolgte, zur Empfangnahme, sei es für sich oder in Vertretung einer andern Person berechtigt, die Citation sohin wirksam war.

Was die bei der Zustellung eines an zwei Ehegatten gerichteten Dekrets zu beobachtenden Erfordernisse im Allgemeinen betrifft, so kann hierwegen lediglich auf das Erkenntniß des Gerichtshofes vom 21. Merz 1866 (Z. f. Gesetzg. u. Rechtspfl. Bd. XIII. S. 3) hingewiesen werden. — Im vorliegenden Falle ist die Sachlage jedoch insofern eine andere, als die Ehefrau des Beklagten zur Zeit der Klagestellung noch minderjährig war, und, da Minderjährigen die Fähigkeit, sich selbst vor Gericht zu vertreten, überhaupt abgeht, eine Insinuation an sie in jedem Falle unstatthaft, bezw. unwirksam gewesen wäre. — Nach Ger. O. Cap. V. § 8 Nro. 7 soll bei Kindern und Bevormundeten die Insinuation an die Eltern und Curatoren geschehen, und es kommt daher zunächst in Frage, ob nicht schon vor der Klagsbehändigung die Aufstellung eines Vormunds für die minderjährige Beklagte veranlaßt war. — Hierüber sind nun die Bestimmungen des b. Landr. Thl. I. Cap. 7 § 36 Nro. 7 und § 18 Nro. 3 maßgebend. — Erstere Gesetzesstelle bestimmt, daß durch die Verehelichung die Vormundschaft sowohl auf Seite des Mannes, als der Frau sich endigt, und die Anmerkungen erläutern hiezu, daß, wenn die Frau bei der Verehelichung noch unter väterlicher Gewalt oder Vormundschaft steht, die eine wie die andere von selbst sogleich aufhöre und *an deren Platz die eheherrliche Gewalt* eintrete. Für die minderjährige Beklagte trat also durch ihre Verheirathung dasselbe Rechtsverhältniß ein, als ob sie unter der Vormundschaft ihres Mannes stehe, oder dieser die Rechte ihres Vaters übernommen habe. — Hieraus folgt aber nach der oben angeführten Stelle der GO. mit voller Klarheit, daß auch nur ihr Ehemann derjenige war, an welchen Zustellungen für sie geltend gemacht werden konnten, und bedurfte es, wenn der Ehemann zugleich für sich bei der Sache betheiligt war, selbstverständlich nicht zweier Dekrete, sondern genügte ein einziges, falls nur, wie es hier der Fall gewesen, daraus ersehen werden konnte, daß beide Eheleute belangt wurden. — Die Giltigkeit dieser Zustellung kann auch nicht deshalb bezweifelt werden, weil der Ehemann ein mit demjenigen seiner Ehefrau kollidirendes Interesse gehabt haben soll, denn ein solches ist in der That nirgends ersichtlich.

Befand sich die eingeklagte Schuld nicht in Ordnung, so hatten offenbar *beide* dasselbe Interesse, sie zu bekämpfen, war sie aber in Richtigkeit, so ist die Mithaftung der Ehefrau des Beklagten für dieselbe als eine gemeinschaftliche Geschäftsschuld schon im Hinblicke auf die Bestimmung des bayer. Landr. Thl. I. Cap. 6 § 32 eine so klare, daß nur Prozeßmuthwille es hätte veranlaßt finden können, sie in der letzteren Richtung zu bekämpfen. — Nur ein *gemeinschaftliches* Interesse beider Ehegatten lag vor, und dieses berechtigte nach der bereits hervorgehobenen Stelle in Thl. I. Cap. 7 § 18 Nro. 3 des b. Ldr. den Ehemann durchaus, die gerichtliche Ladung sowohl für sich als für seine Frau in Empfang zu nehmen und für sie beide im Prozesse zu handeln, bezw. die Schuld stillschweigend anzuerkennen. Von einer Nichtigkeit der gepflogenen Verhandlungen kann daher keine Rede sein. —

Dem eventuellen Restitutionsgesuche mangelt es aber gleichfalls an jedem Halte, denn es fehlt schon die erste Voraussetzung zu einem solchen, nemlich ein erlittener Nachtheil. Ein solcher ist nicht schon in der Verurtheilung der Beklagten zu finden, wie es ihr Vertreter aufzufassen scheint, sondern würde nur gegeben sein, wenn sie ungegründet verurtheilt wurde. Nachdem aber feststeht, daß der Beklagte das Bräuereigeschäft ausübte, die eingeklagte Schuld hiefür entstand, bei diesem Geschäfte schon nach gesetzlicher Vorschrift gemeinschaftlicher Betrieb beider Ehegatten angenommen wird, und die Beklagte dieses auch selbst zugab und in keiner Weise darlegen konnte, daß bei ihr eine Ausnahme hievon bestand, wurde sie nur zu dem verurtheilt, was sie gesetzlich zu leisten hat, wobei von ihrer Mitunterschrift im Schuldscheine ganz abgesehen werden kann, und mangelt sohin jeder Beschwerde- und damit auch jeder Restitutionsgrund. Die Möglichkeit aber, durch frivole Einwendungen und sonstige Chikanen ungeachtet des vom Ehemanne stillschweigend abgegebenen Schuldbekenntnisses die Liquidstellung der Schuld gegenüber der Frau noch einige Zeit hinauszuziehen, kann selbstverständlich nicht als Restitutionsgrund in Betracht kommen.

HAGE. v. 16. Merz 1868.

3.

Bd. II. S. 328.

Lehrvertrag. Handelsgerichtliche Zuständigkeit.

Handelsgerichtliche Zuständigkeit bei Verfolgung von Ansprüchen aus einem Lehrvertrage gegen einen gesetzlichen Stellvertreter des Lehrlings anerkannt.

HAGE. v. 18. Dez. 1868.

4.

Bd. II. S. 366.

Belege sind wesentliche Bestandtheile der Rechnungsstellung.

Unrichtig ist die Ansicht, daß eine Belegung der einzelnen Rechnungsposten bei der Rechnungsablage nicht erforderlich sei und daß dieß, über die Rechnungslegung hinausgehend, zum Verfahren über die Richtigstellung der Rechnung gehöre; denn die Rechnungsstellung soll dem anderen Betheiligten die Möglichkeit verschaffen, sich von der Richtigkeit der Rechnung zu überzeugen und damit das weitere Verfahren abzuschneiden oder doch zu vereinfachen, sie muß daher auf alle zu diesem Zwecke erforderlichen Papiere sich erstrecken.

HAGE. v. 24. Juli 1868.

5.

Bd. II. S 370.

Legitimation der Mutter bei Verfolgung von Ansprüchen aus einem Lehrvertrage. (Preuß. Landr.) Beurtheilung der späteren Stellung eines Lehrlings als Volontär.

HAGE. v. 16. Dez 1868.

6.

Bd. II. S. 444.

Wechselunfähigkeit einer minderjährigen Ehefrau.

Wechselunfähigkeit einer Ehefrau wegen Minderjährigkeit und wegen des bestehenden ehelichen Güterverhältnisses, in letzterem Falle auch dann, wenn sie bei der Abwesenheit ihres Ehemannes für diesen die Vermögensverwaltung zu führen hat.

(Ansbacher und Preußisches Recht.)

HAGE. v. 31. Juli 1868.

I.

Auszüge aus den Blättern für administrative Praxis.

1.

Bd. XIX. S. 232.

Gewerbsbetrieb Minderjähriger. Unabhängigkeit des Gewerbsbetriebs vom preußischen Landrecht entgegen dem Art. 4 des Gewerbsgesetzes vom 30. Januar 1868.

Im Art. 4 des Gewerbsgesetzes vom 30. Januar 1868 war es namentlich die Bestimmung des Entwurfes, „daß die aus dem bürgerlichen Rechte fließenden Beschränkungen des freien Gewerbsbetriebs durch das genannte Gesetz keine Abänderung erleiden sollen, welche bei den gepflogenen Verhandlungen Anstoß erregte. Der Gesetzgebungsausschuß war darüber im Einverständniß mit der Staatsregierung, daß eine solche Beschränkung, welche ohnehin nur im preußischen Landrechte enthalten sei, in Zukunft für Minderjährige keine Wirkung mehr äußern solle, nnd es ist daher nur Redaktionsversehen, daß diese Bestimmung unverändert im Gesetze stehen geblieben ist, daher sie auch im umgekehrten Sinne auszulegen ist." — Erörterung.

Systematisch chronologisches Inhaltsverzeichniß
zum
vierten Hefte.

(Gerichtliche Erkenntnisse und wissenschaftliche Erörterungen.)

A. Plenarbeschlüsse des obersten Gerichtshofes des Königreichs Bayern.

Ordn.-Zahl.	Datum.	Betreff.
1	23. Juni 1841.	Einrede der mehreren Zuhälter auf die Alimentationsklage. (R. Bl. 1841. S. 636.)
2	23. Juni 1841.	Einrede der mehreren Zuhälter auf die Deflorationsklage. (R. Bl. 1841. S. 633.)
3	18. Mai 1842.	Restitution gegen den Ablauf des im Art. 3 des Gesetzes vom 1. Juni 1822 vorgeschriebenen Termines. (R. Bl. 1842. S. 741.)
4	30. Mai 1851.	Das Notherbrecht der Geschwister im Verhältnisse zu unehelichen Kindern nach bayerischem Landrechte. (R. Bl. 1851. S. 658.)
5	5. Juni 1855.	Die civilrechtlichen Ansprüche eines außerehelichen Kindes. (R. Bl. 1855. S. 678.)
6	16. Dezember 1858.	Die Schwängerungsklagen nach preußischem Landrecht. (R. Bl. 1858. S. 17.
7	7. Januar 1860.	Die Einrede der mehreren Zuhälter auf die Vaterschaftsklage. (R. Bl. 1860. S. 161)

B. Auszüge aus den Blättern für Rechtsanwendung.
Band I—XXXIV.

Ordn.-Zahl.	Datum	Betreff.
1	Erörterung.	Verschollenheit und Todeserklärung Cura absentis. I. 343. 351.
2	"	Rechnungsstellung der Vermögensverwalter. I. 291.
3	29. April 1836.	Berechnung der kritischen Zeit bei Schwängerungen. I. 159.
4	17. Juni 1823.	Anfangstermin der Alimente für außereheliche Kinder; Kindesalimente und Kindbettkosten von einander verschieden. I. 308.
5	Erörterung.	Restitutio in integrum. I. 17.
6	"	Einrede der Bescholtenheit oder des Mehreren gestatteten Beischlafs. II. 13.
7	17. Februar 1835.	Einrede des Mehreren gestatteten Beischlafs. II. 32.
8	18. Januar 1835.	dito. II 55.
9	11. Septbr. 1822.	Festsetzung der Alimente für außereheliche Kinder. II. 137.

Ordn.-Zahl.	Datum.	Betreff.
10	29. Dezbr. 1826.	Alimentation unehel. Kinder. Nachforderuag ausgelegter Alimente. II. 49.
11	10. Septbr. 1822.	Keine Alimentationspflicht des außerehelichen Großvaters. (Gem. R.) II. 393.
12	2. Mai 1837.	Pflicht der Obervormundschaft, billige Vergleiche zu genehmigen. II. 165.
13	Erörterung.	Einrede des Mehreren gestatteten Beischlafs. III. 47.
14	19. Mai 1826.	Erziehung außerehelicher Kinder. III. 366.
15	23. Dezbr. 1831.	Vermuthungen in Schwängerungssachen. IV 93.
16	Erörterung.	Einkindschaft, wo sie vorkommt. IV. 225.
17	5. April 1836.	Ausleihung von Pupillengeldern gegen hyp. Sicherheit. IV. 357.
18	16. April 1839.	Einrede der mehreren Zuhälter. IV. 223.
19	1. Februar 1839.	dito. IV. 255.
20	Erörterung	Wirkungen der Aufhebung der in Folge einer Adoption erlangten väterlichen Gewalt durch Uebertragung einer Würde nach gemeinem und bayerischem Recht. V. 17.
21	"	Einkindschaft. V. 96.
22	15. Novbr. 1839.	Verbot der Einkindschaft nach bayerischem Recht. Familienverhältnisse der Offiziere. Kollision der Statuten. V. 61.
23	24. Oktbr. 1836.	Außerehelicher Beischlaf. Deflorationsklage. V. 47.
24	Erörterung.	Thatsächliche Begründung der except. plur. concumb. V. 295.
25	"	Einfluß der exc. plur. concumb. auf die Alimentenklage. V. 303.
26	2. Dezbr. 1839.	Thatsächliche Begründung und Wirksamkeit der exc. pl. c. V. 181.
27	Erörterung.	Einrede der mehreren Zuhälter. VI. 302.
28	"	Zur Lehre von den Verschollenen. VII. 198.
29	23. Merz 1842.	Rechtsverhältnisse aus dem außerehelichen Beischlafe. Statutenkollision. VII. 336.
30	Erörterung.	Anerkennung der Paternität. VII. 119.
31	"	Alimentationspflicht der Großeltern eines unehel. Kindes. VII. 137.
32	24. Novbr. 1840.	Erbeinsetzung unehelicher Kinder mit Umgehung der ehelichen Geschwister. VII. 26.
33	Erörterung.	Uneheliche Geburt des eingeſ. Erben als Testamentsanfechtungsgrund. VIII. 304.
34	"	Rechtsverhältnisse aus dem außerehel. Beischlafe. VIII. 225.
35	"	Paternitätstabelle. VIII. 384.
36	OAGE.	Begründung der Deflorationsklage. VIII. 122.
37	8. April 1843.	Zeitangabe zur Begründung der actio de partu agnoscendo utilis. VIII. 264.
38	30. April 1842.	Alimentenbetrag. VIII. 155.
39	30. April 1842.	Bescheinigung der Vermögensverhältnisse der Alimentationspflichtigen. VIII. 155.
40	30. April 1842.	Das Deflorationsklagerecht der Geschwächten. VIII. 156.
41	27. Juni 1842.	Zur Lehre von der Legitimität (Paternität). VIII. 103.
42	28. Septbr. 1841.	Begründung einer Klage gegen minderj. Hauskinder oder bevormundete Personen. VIII 108.
43	8. Mai 1841.	Ueber Kriminalprozeßkosten. VIII. 339.
44	Erörterung.	Zur Lehre vom Muttergut. VIII 321.
45	OAGE.	Haftung des Richters aus nachlässigem Handeln oder Unterlassen. VIII. 352.
46	Erörterung.	Ausschließlichkeit der Nativitätstermine. IX. 411.
47	3. Februar 1835.	Actio de filiatione negativa. Wirkung eines übereinstimm. beiders. Geständnisses der Vaterschaft. IX. 161.

Ordn.-Zahl.	Datum.	Betreff.
48	14. Merz 1843.	Wirkungen der Legitimation der im Ehebruch erzeugten Kinder durch nachfolgende Ehe hinsichtlich der Adelseigenschaft. IX. 43.
49	Erörterung.	Vom Muttergute im Concurse. IX. 284.
50	8. Januar 1844.	Dauer der Curatel über das Vermögen eines Verschollenen. IX. 239.
51	OAGE.	Restitution wegen Minderjährigkeit. IX. 414.
52	13. Mai 1843.	Paternität und Alimentation. Einrede des Vergleichs. IX. 31.
53	28. Dezbr. 1840.	Intestaterbrecht der Kinder eines katholischen Geistlichen. IX. 125.
54	OAGE.	Erbschaftsanfall an Verschollene. X 236.
55	OAGE.	Versicherung der Pekulien (Muttergut). X. 375.
56	29. Oktbr. 1844.	Standesherrliche Obervormundschaft. X. 188.
57	29. Oktbr. 1844.	Anstellung im standesherrlichen Dienste durch die Vormundschaft. X. 236.
58	25. Novbr 1842.	Interzessionen minderjähriger Frauenspersonen. X. 286.
59	14. Novbr. 1840.	Ausleihen verwalteter Kapitalien auf Namen des Verwalters. X. 32.
60	8. Mai 1843.	Geständniß eines Verschwenders über gepflogenen Beischlaf. X. 414.
61	25. Januar 1845.	Darlehensaufnahme von Minderjährigen. XI. 138.
62	25. Januar 1845.	Schauspielerengagement minderjähriger Personen. XI. 160.
63	9. Juli 1846.	Obervormundschaft in standesherrlichen Vormundschaftssachen. Anwendbarkeit des Präjudiziengesetzes auf Beschlüsse in Sachen der freiwilligen Gerichtsbarkeit. XI. 360.
64	24. Merz 1840.	Entkräftung der Vermuthung für die Vaterschaft des Ehemannes. XI. 123.
65	27. August 1841.	Familienrechte des Kindes einer geschiedenen Frau ꝛc. XI. 287.
66	27 August 1841.	Erbrecht der Mantelkinder einer adeligen Mutter. XI. 282.
67	Erörterung.	Geltendmachung des Erbrechts unehelicher Kinder gegen den lebenden natürlichen Vater. XI 241.
68	17. Juni 1846.	Ueber das Verhältniß Dritter zu den Handlungen der Obervormundschaft. XII. 95.
69	Erörterung.	Obervormundschaft in standesherrlichen Vormundschaftssachen. XII. 129.
70	"	Ueber natürliche Gewalt nach dem Würzburger Provinzialrechte. XII. 103.
71	"	Ueber die levis notae macula der unehel. Kinder nach bayer. Rechte, insbesondere bezüglich deren Einsetzung zu Erben. XII. 17*.
72	"	Rechtsverhältnisse aus der außerehel. Geschlechtsgemeinschaft vor den Gerichten der Rheinpfalz. XIII. 209.
73	6. Novbr. 1843.	Rechtsverhältnisse der Mutter eines in der Ehe geborenen, angeblich außerehelichen Kindes. XIII. 222.
74	26. März 1831.	Von Begründung der Klage auf Alimentation eines außerehelichen Kindes gegen subsidär Verpflichtete. XIII. 240.
75	27. Juli 1847.	Cura absentis. Die Aufstellung eines Curators für den abwesenden Haussohn ist nicht nothwendig, wenn der Vater als der gesetzliche Vertreter seines Sohnes anwesend ist. XIII. 48.
76	Erörterung.	Tutel und Cura. Impuberes uüd Minores puberes. XIV. 97.
77	"	Zur Lehre von der väterlichen Gewalt nach gemeinem deutschen Recht. XIV. 129.
78	25. Juni 1844.	Restitution gegen Legitimation. XIV. 129.
79	26. Juni 1843.	Außerehelicher Beischlaf. Zeitbestimmung. XIV. 60.

Ordn.-Zahl.	Datum.	Betreff.
80	27. Januar 1849.	Einkindschaftung eines unehel. Kindes nach bayerischem Landrechte ungiltig. XV. 70.
81	6. Mai 1844.	Rechte des Vaters bezüglich des Muttergutes seiner Kinder nach bayerischem Landrecht. XVI. 281.
82	8. August 1851.	Das Gericht, bei welchem Jemand seinen ordentlichen Gerichtsstand hat, ist auch dessen (Ober-) Vormundschaftsbehörde. XVI. 369.
83	8. August 1851.	Persönlicher Gerichtsstand des außerehelichen Kindes. XVI. 371.
84	Erörterung.	Von der Curatel über das Vermögen Abwesender und von der Verschollenheit nach gemeinem und nach Salzburgischem Rechte. XVI. 209.
85	15. März 1851.	Alimentenabfindungssumme, im Concurse liquidirt. XVII. 94.
86	15. März 1851.	Bei Geltendmachung ihrer Muttergutsforderung im Concurse des Vaters erscheinen die Kinder als Erben ihrer Mutter. XVIII. 140.
87	21. Mai 1851.	Curatelbestellung über einen blödsinnigen Ehemann. XVII. 159.
88	20. Juni 1853.	Statutenkollision bezüglich der Folgen des außerehelichen Beischlafes. XVIII. 68*.
89	11. Oktbr. 1852.	Veränderung des Wohnsitzes des Pfleglings hat auf die Competenz der Obervormundschaftsbehörde keinen Einfluß, sofern nicht Zweckmäßigkeitsgründe ein Anderes bedingen. XVIII. 33.
90	21. März 1853.	Vormundschaftlicher Gerichtsstand bei Domizilsveränderung. XVIII. 277
91	9. August 1853.	Anfall einer Erbschaft an einen Landesabwesenden (Verschollenen). XVIII. 406.
92	Erörterung.	Ueber den Anfall einer Erbschaft an Verschollene. XIX. 17.
93	13. Juli 1854.	Zur Auslegung des § 23 Ziffer 1 der Prioritätsordnung. Vorzugsrecht des Kindervermögens. XIX. 301.
94	Erörterung.	Zur Lehre von der Obervormundschaft. XIX. 177.
95	"	Zuständigkeit der Obervormundschaft über außereheliche Kinder. XIX. 83*.
96	"	Uebertragung der Obervormundschaft an ein anderes als das regelmäßig zuständige Gericht aus Gründen der Zweckmäßigkeit. XIX. 85*.
97	"	Beweispflicht Desjenigen, der sich auf das Ueberleben des Anfalles stützt. XIX. 49* 51*.
98	28. Oktbr. 1854.	Obervormundschaftliche Competenz über ein außereheliches Kind, dessen Mutter unter väterlicher Gewalt steht. Domizilsveränderung durch Wirthschaftspacht. XX. 17*.
99	27. Jänner 1855.	Competenz zur Verlassenschaftsbehandlung und Obervormundschaft in Folge der Domizilsveränderung oder auch bei mehrfachem Domizil. XX. 24*.
100	R.-Nr. $1016^{54}/_{55}$.	Vaterschaftsklagen für das Kind einer Ehefrau gegen einen Dritten. XX. 385.
101	16. Jänner 1849.	Alimentenklage. Ernährung des Kindes durch Dritte. XXI. 220.
102	5. Mai 1855.	Ueber die Befugniß der außerehelichen Mutter zur Erhebung der Klage auf Anerkennung der Vaterschaft. XXI. 29.
103	31. März 1854.	Freiwillige Unterwerfung unter Cura prodigi. XXI. 477.
104	10. Oktbr. 1856.	Ueber die Berücksichtigung der Rechte des abwesenden Vaters bei den im Interesse des minderjährigen Kindes zu treffenden Anordnungen. XXV. 381.
105	Erörterung.	Sicherstellung des Muttergutes durch den Vater. XXI. 385.
106	4. Novbr. 1856.	Wiederaufhebung der Curatel über einen Verschwender. XXII. 153.

Ordn.-Zahl.	Datum.	Betreff.
107	30. Septbr. 1856.	Vermögenskuratel. Dritten Betheiligten steht gegen die in Curatelbestellungen ergangenen Gerichtsverfügungen ein Beschwerderecht zum Oberrichter nicht zu. XXII. 254.
108	20. Oktbr. 1855.	Die von der Kindsmutter vor der Curatelbehörde bezüglich der Vaterschaft ihres außerehelichen Kindes abgegebene Erklärung ist für den Paternitätsstreit sonder Einfluß. XXII. 303.
109	25. April 1857.	Zuständigkeit zur Fortführung der Obervormundschaft über ein außereheliches Kind, dessen Mutter sich anderwärts verehelicht hat, und ohne dasselbe zu sich genommen zu haben, gestorben ist. XXIII. 81.
110	21. Jänner 1858.	Statutenkollision bezüglich der Vormundschaft über Ehefrauen. XXIII. 95.
111	23. Juni 1841.	Vaterschaftsklage. Einrede der mehreren Zuhälter (Gem. Recht). XXIII. 313.
112	14. Merz 1857.	Statutenkollision. Die civilrechtlichen Folgen des außerehelichen Beischlafes richten sich nach den Gesetzen des Ortes, wo derselbe verübt wurde, auch dann, wenn dieser Ort im Auslande liegt. XXIV. 235.
113	27. Septbr. 1856.	Obrigkeitliche Genehmigung der Vergleiche über Alimentenforderungen Pflegbefohlener nach bayer. Rechte. XXIV. 349.
114	11. April 1854.	Eine auf Anerkennung der Vaterschaft und Alimentation ihres außerehelichen Kindes klagende Weibsperson von gemeinkundig sittenlosem Charakter kann nicht zum Erfüllungseide gelassen werden. XXIV. 351.
115	24. August 1859.	Testamente, wodurch der Vater sein außereheliches Kind auf mehr als den Unterhalt zum Erben einsetzt, können nach bayer. Rechte von des Vaters Seitenverwandten angefochten werden. XXIV. 364.
116	25. April 1856.	Kurkostenforderung in Folge der Entbindung. XXIV. 116.
117	21. Juni 1860. 15. Juni 1860. 23. April 1860.	Ueber die Competenz der Erklärung einer Person als wahnsinnig, blödsinnig oder als Verschwender nach gemeinem und bayer. Rechte XXIV. 401.
118	11. Novbr. 1859.	Durch die von der Curatelbehörde erlassenen Zahlungsbefehle bezüglich rückständiger Kindesalimente wird ein prorogirter Gerichtsstand nicht begründet. XXIV. 435.
119	9. August 1851.	Die Rechtsfähigwerdung minderjähriger Personen. XXIV. 206.
120	20. Jänner 1860	Bezüglich der Vaterschaftsklage ist der Umstand, ob das uneheliche Kind einen der Conceptionsperiode entsprechenden habitus an sich trägt, ohne Einfluß. XXV. 170.
121	12. Novbr. 1859.	Erbanfall an Verschollene. Zulassung desselben. XXV. 376.
122	1. Juni 1860.	Erbschaftsanfall an Verschollene. XXV. 378.
123	Erörterung.	Erbschaftsanfall an Verschollene. XXVI. 17.
124	9. Novbr. 1860.	Muttergut; Errungenschaft. XXVI. 97.
125	29. Mai 1858. 30. Merz 1852.	Muttergut; Errungenschaft. XXVI. 138.
126	11. Oktbr. 1858. 7. Februar 1860. 30. April 1860.	Einrede gegen die Klage auf Alimentation eines außerehelichen Kindes, die Mutter sei schon vor dem Beischlafe mit dem Beklagten schwanger gewesen, verworfen. XXVI. 172.
127	14. Februar 1861.	Der römischrechtliche Anspruch eines unehel. Kindes auf den sechsten Theil des Rücklasses seines Vaters. XXVI. 315.

Ordn.-Zahl.	Datum.	Betreff.
128	14. April 1860.	Die außereheliche Mutter ist nach dem Tode des Kindes ohne eigenes pekuniäres Interesse zur Erhebung der Klage auf Anerkennung der Vaterschaft nicht befugt. XXVI. 413.
129	Erörterung.	Ueber die Nothwendigkeit gerichtlicher Inventarisation bei Verlassenschaften von Ehegatten im Falle Vorhandenseins minderjähriger Kinder. XXVI. 481.
130	28. Merz 1862.	Die durch die Verehelichung einer minderjährigen Frauensperson nach den Bestimmungen des bayerischen Landrechts beendigte Curatel kann nicht wieder aufleben. XXVII. 380.
131	22. Juni 1861.	Die Obervormundschaftsbehörde hat keine Disciplinargewalt über einen den Proceß eines Mündels führenden Anwalt. XXVII. 240.
132	Erörterung.	Die Zulässigkeit der Erlassung einer Ediktalladung an unbekannte Gläubiger durch die Verlassenschaftsbehörde ohne Antrag der Gläubiger. XXVII. 17.
133	13. Dezbr. 1859.	Haftungspflicht der gegen Auszeigung des Vatergutes den Gesammtrücklaß übernehmenden Mutter. XXVII. 189.
134	18 Juni 1856.	Ueber die Verpflichtung eines überlebenden Ehemannes und Vaters bezüglich der Specification und Inventarisation des Muttergutes seiner leiblichen Kinder. XXVII. 217.
135	10. Merz 1862.	Kein Erbschaftsanfall an Verschollene. XXVIII. 167.
136	Erörterung.	Sind die Vaterschaftsbekenntnisse und Alimentenverträge bezüglich der unehelichen Kinder von den Vormundschaftsgerichten oder von den Notaren zu beurkunden? XXVIII. 177.
137	29. Mai 1858.	Ueber den Werth eines Anwesens, welches einer Ehefrau von ihrem ersten Ehemann angeheirathet und nach Regulirung des Vatergutes ihrer Kinder I. Ehe ihrem II. Ehemann als Heirathgut in die Ehe gebracht wurde. XXVIII. 237.
138	10. Oktbr. 1861.	Dem außerehelichen Kinde steht wegen gewöhnlicher Dienstleistungen im Hause seines Vaters an sich kein Lohnanspruch zu. XXVIII. 303.
139	3. Septbr. 1859.	Testamente, wodurch der Vater sein außereheliches Kind auf mehr als den Unterhalt zum Erben einsetzt, können nach bayerischem Rechte von des Vaters Seitenverwandten angefochten werden. XXVIII. 304.
140	26. Septbr 1862.	Durch Verehelichung gehen die Erbrechte des Adoptivkindes nicht verloren. XXVIII. 368.
141	27. Novbr. 1863.	Ueber die Veräußerung von Immobilien einer unter Curatel stehenden Person nach bayerischem Landrecht. XXVIII. 414.
142	25. April 1864.	Eine Schenkung des Vaters an den außerehelichen Sohn aufrecht erhalten gegenüber der Anfechtung der Ehefrau des Vaters. XXIX. 221.
143	16. Juli 1864.	Die Anfechtung einer solchen Schenkung steht nur denjenigen Seitenverwandten des Schenkers zu, welche Erben desselben geworden sind. XXIX. 427.
144	30. Juni 1863.	Höhe des Zinsfußes einer anvertrauten Vermögensverwaltung. XXIX. 110.
145	3. Novbr. 1863.	Zuständigkeit der Appellationsgerichte in Vormundschaftssachen standesherrlicher Familienglieder. XXIX. 55.
146	13. Juni 1863.	Auch zur Behandlung einer Verlassenschaft kann aus Gründen der Zweckmäßigkeit ein anderes Gericht, als dasjenige, unter welchem der Verstorbene sein Domizil gehabt, für competent erachtet werden. XXIX. 329.

Ordn.-Zahl.	Datum.	Betreff.
147	4. Septbr. 1863.	Unzuständigkeit des k. Oberappellationsgerichtes in Sachen, in ~~welchen die Appellationsgerichte als dritte Instanz erkannt~~ haben. XXX. 221.
148	8. Oktbr. 1864.	Haftung der Unmündigen ex lege Aquilia. XXX. 29.
149	Erörterung.	Ueber die Berechnung der Nativitätstermine. XXX. 257.
150	17. Mai 1864.	Begriff der Bereicherung dispositionsunfähiger Personen. (Gem. u. bayer. Recht.) XXX 63.
151	17. Juni 1865.	Nothwendigkeit der öffentlichen Bekanntmachung gerichtlicher Prodigalitätserklärungen zu deren Wirksamkeit gegen Dritte. XXX. 345.
152	19. Dezbr. 1865.	Kein Erbschaftsanfall an Verschollene nach bayerischem Rechte. XXX. 153.
153	12. Juni 1865.	Transmission der Erbschaft aus dem Deliberationsrechte (transmissio Justinianea). Transmission Unmündiger. XXX. 376.
154	23. Mai 1865.	Onerose Zuwendungen des Vaters an den außerehelichen Sohn sind giltig. XXX. 320.
155	3. Februar 1865.	Zuwendungen des Großvaters an den hinterlassenen außerehelichen Sohn einer verstorbenen ehelichen Tochter sind giltig. XXX. 279.
156	6. Dezbr. 1864.	Zuwendungen einer Mutter an ihr außereheliches Kind, zu welchen deren eheliche Kinder eingewilligt haben, können von diesen nicht angefochten werden. XXX. 47.
157	7. Jänner 1861. 16. April 1860.	Die Erforderniſſe einer Rechnung über Einnahmen und Ausgaben bei geführten Gutsverwaltungen. XXX. 395.
158	10. Oktbr. 1865.	Nach bayerischem Landrechte wie nach gemeinem Rechte können Kinder gegen die Handlungen ihrer leiblichen Eltern keine Restitution erlangen. XXXI. 31.
159	17. Oktbr. 1865.	Sind Eltern schuldig, ihren Kindern eine cautio usufructuaria zu leisten? XXXI. 59.
160	2. Dezbr. 1865.	Zuständigkeit der Appellationsgerichte in standesherrlichen Vormundschaftssachen. XXXI. 86.
161	20. April 1866.	Form des Inventars bei bedingtem Erbschaftsantritte. XXXI. 350
162	9. Juni 1866.	Unzuläſſigkeit einer Revision gegen zwei gleichförmige extrajudicielle Provisionalverfügungen. XXXI. 47*.
163	24. Dezbr 1866.	Wenn eine Curatelbestellung als nichtig ex tunc aufgehoben wurde, so ist der Curand auf die actio tutelae und die restitutio in integrum nicht beschränkt. XXXII. 185.
164	27. Juni 1867.	Competenz, wenn das Kind vom Ehemann nicht anerkannt wird. XXXII. 253.
165	30. Merz 1867.	Haftung des Unmündigen ex lege Aquilia. XXXI. u. XXXII. E. B S. 243
166	2. Merz 1868.	Legitimation durch nachfolgende Ehe. Anerkennung des Kindes vor dessen Geburt. XXXIII. 268.
167	24. Juli 1868.	Exceptio SC. Macedoniani von Seite eines großjährigen Haussohnes bei einer über den Vater bestellten Prodigalitätskura. XXXIV. 27.

C. Auszüge aus J. A. Seuffert's Archiv für Entscheidungen der obersten Gerichte in den deutschen Staaten.

Ordn.-Zahl.	Datum und Gerichtshof.	Betreff.
1	Mannheim, 28. Septbr. 1837.	Recht des Vaters, den Beruf des Sohnes zu bestimmen. I. 81.
2	Cassel, 21. Juni 1834.	Einreden gegen das vom Vater angestellte interdictum de liberis educendis. I. 82.
3	Wiesbaden, 3. Juli 1844.	Alimentation unehelicher Kinder. I. 83.
4	Stuttgart, 28. Juni 1843.	Der Vormund als Käufer von Mündelgütern. I. 84.
5	Dresden.	Haftung des Concursgerichtes für Veruntreuungen des Massakurators. I. 85.
6	Wolfenbüttel, 23. Oktbr. 1835.	Zur Lehre von der Verschollenheit. I. 86.
7	Stuttgart, 31. Juli 1833.	Intestaterbrecht der unehelichen Kinder. I. 87.
8	Wiesbaden, 3. Juli 1844.	Rechte unehelicher Kinder am Nachlasse des natürlichen Vaters. I. 88.
9	Cassel, 17. Oktbr. 1860.	Levis notae macula. Die Einsetzung eines Unehelichen begründet die Inoffiziositätsquerel der Geschwister nicht. I. 91.
10	Cassel, 17. Jan. 1835.	Gränzen der freiwilligen und streitigen Gerichtsbarkeit in Verlassenschaftssachen I. 112.
11	Cassel, 18. Okt 1826.	Prüfungsrecht des requirirten Richters. I. 113.
12	Cassel, 17. Dez. 1836.	Vertretung der ruhenden Erbschaft durch den Curator derselben. I. 114.
13	Oldenburg. E. des OAG. O. 1840.	Erbschaftsanfall für Verstorbene. I. 160.
14	Oldenburg u. Celle.	Können Schuldner von Bevormundeten ohne Dekret der Obervormundschaft den Vormündern giltig Zahlung leisten? I. 251.
15	Oldenb. Recht.	Vertragsmäßige Erbeinsetzung von Seite Minderjähriger. I. 253.
16	Stuttgart, 24. Sept. 1824.	Intestaterbrecht Unehelicher am Nachlasse entfernterer mütterlicher Seitenverwandten. I. 256.
17	Wiesbaden, 12. Oktbr. 1836.	Vom Beklagten bei der Erbschaftsklage, wann die Erbschaft von einem Curator verwaltet wurde. I. 265.
18	Jena, 11. Jan 1826.	Ediktalprozeß in Verlassenschaftssachen. I. 280.
19	Cassel, 13. Okt. 1840.	Von Entfernung eines Concurskurators. I. 401.
20	Berlin, 5. Juli 1847.	Statuten-Collision. Veräußerung von Immobilien eines Minderjährigen. Restitution. II. 2.
21	Stuttg. E. d. OT. zu Stuttgart.	Statuten-Collision. Folgen des außerehelichen Beischlafs. II. 4.
22	München, 14. Okt. 1831.	Klage der außerehelichen Mutter auf Ersatz der dem Kinde gereichten Alimente. II. 44.
23	München, 13. April 1824.	Klage auf Anerkennung der außerehelichen Vaterschaft, von der außerehelichen Mutter angestellt, ohne Alimentenforderung, blos um ihrer Ehre willen, zugelassen. II. 55.
24	Stuttgart. E. des OT. zu Stuttgart.	Bei Zuerkennung von Alimenten ist auf Begehren die Vorausbezahlung anzuordnen, weil dieß aus der Natur der Sache fließt. II. 56.

Ordn.-Zahl.	Datum und Gerichtshof.	Betreff.
25	Jena 1835 u. 1836.	Statuten-Collision. Außerehelicher Beischlaf. II. 118.
26	Jena 1832.	Statuten-Collision Locus regit actum. II. 119.
27	OAG. Dresden.	Außereheliche Kinder von Ehefrauen. II. 186.
28	Jena 1832.	Restitution Minderjähriger. Obervormundschafts-Dekret. II. 197.
29	29. Okt. 1844.	Obervormundschaftlicher Consens ohne Vollwort eines Vormunds. II. 198.
30	OAG. Cassel.	Extra-Judicial-Appellation. II. 241.
31	19. April 1848.	Ausschließende Wirksamkeit der Nativitätstermine. II. 254.
32	Darmstadt 1831.	Bestärkungseid bei Geschäften Minderjähriger. II. 261.
33	Lübeck, 27. Jan. 1846.	Verträge von Minderjährigen ohne Consens des Curators. II. 270.
34	Jena 1830.	Ueble Verwaltung der Adventitien. II. 306.
35	Darmst., 5. Merz 1835.	Der Verschwender als Testator. II. 309.
36	Cassel, 28 Juni 1847.	Legitimation der im Ehebruch erzeugten Kinder. III. 65.
37	Cassel 1818 u. 1823.	Haftung der Vormünder bei Geldanlagen. III. 72.
38	Stuttgart, 28. Merz 1846	Collision der Statuten. Folgen des außerehelichen Beischlafs nach einheimischen Gesetzen zu beurtheilen. III. 135.
39	Stuttg., 7. April 1846. " 28 Juni 1850.	Anfechtung von Rechtsgeschäften wegen Geisteskrankheit. Hypochondrie. III. 139.
40	Cassel, 17. Juni 1839.	Keine Alimentationspflicht des väterlichen Großvaters bezüglich unehelicher Enkel. III. 175.
41	Stuttg., 19. Merz 1847.	Anfechtung der Veräußerung von Mündelgütern. III. 180.
42	" 30. Juni 1849.	Richtung der Erbschaftsklage bezüglich der von einem Curator verwalteten Erbschaft eines Verschollenen. III. 184.
43	Darmst., 11. Ap. 1845. Darmst., 19. Jan. 1847.	Der Curator eines Abwesenden kann für diesen keine Erbschaft antreten. III. 185.
44	21. Mai 1850,	Restitution Minderjähriger. III. 189.
45	Darmst, 3. Juni 1842.	Restitution der Verschwender. III. 190.
46	Berlin, 21. Nov. 1849.	Statuten-Collision. Ansprüche aus dem außerehelichen Beischlafe. III 254.
47	Dresden, 5. Septbr. 1849.	Subsidiäre Alimentationsverbindlichkeit. Auswanderung des zunächst Verpflichteten nach Amerika. III. 266.
48	Cassel, 28. Okt. 1846.	Erziehung des Mündels bei der zur zweiten Ehe geschrittenen Mutter. Auswanderung der Letzteren nach Amerika. III. 274.
49	Cassel, 10. Mai 1848.	Die uneheliche Mutter, nach ihrer Verheirathung, bezüglich der Erziehung des Kindes. III. 275.
50	Cassel, 21. Febr. 1850.	Die Stiefmutter, vom Vater letztwillig zur Erziehung bestellt. III. 276.
51	Oberhofgericht Mannheim.	Vormundschaftliche Geschäftsführung nach eingetretener Volljährigkeit. III. 277.
52	Cassel, 7. Merz 1834.	Behandlung der Verlassenschaftssachen. Ediktalcitation der Intestaterben III. 278.
53	Berlin, 6. April 1848.	Vermuthung für die Fortdauer des Lebens bei Verschollenen. III. 298.
54	Stuttg., 5 Sept. 1848.	Unfähigkeit des mündigen Minderjährigen durch Verträge sich zu verpflichten. III. 311.
55	Cassel, 9. Sept. 1843.	Adventitien. Veräußerungsbefugniß des Vaters. III. 335.
56	Cassel, 8. Mai 1805.	Sicherstellung der Adventitien. III. 336.
57	Cassel, 8. März 1845.	Adventitien. Keine Verbindlichkeit des Vaters zur Rechnungsablage. III. 337.
58	Cassel 1835, 39, 45.	Adventitien. Ende der väterlichen Verwaltung. III. 342.
59	Cassel 1834 u. 1838.	Irreguläre Adventitien. Deren Verwaltung durch einen Curator. III. 343.

Ordn.-Zahl.	Datum und Gerichtshof.	Betreff.
60	Cassel, 5. April 1834.	Obervormundschaftliches Veräußerungsdekret. III. 344.
61	Berlin, 6. April 1848.	Erbschaftsantretung durch den deutschrechtlichen Abwesenheitsvormund. III. 346.
62	Dresden, 19. Juli 1849.	Begründung einer Klage auf Alimentenersatz. Richterliches Ermessen. III. 384.
63	Dresden, 16. Januar 1849.	Alimentenklage der außerehelichen Mutter. Einrede der Ernährung des Kindes durch einen Dritten. IV. 49.
64	20. Juli 1833.	Eine Alimentationspflicht des väterlichen Großvaters bezüglich unehelicher Enkel besteht nicht. IV. 50.
65	Lübeck, 31. Jan. 1848.	Begründung der Einrede, die Schwängerungsklägerin sei eine öffentliche Dirne. IV. 51.
66	17. Merz 1842.	Alimentenrückforderung von Pflegeeltern ist gegen den außerehelichen Vater zulässig. IV. 52.
67	Lübeck, 16. Okt. 1826.	Grobes Verschulden bei Capitalanlagen. IV. 98.
68	" " "	Grobes Verschulden bei Capitalanlagen. Beweislast. IV. 99.
69	" " "	Causalzusammenhang zwischen Verschulden und Schaden, insbesondere bei nachlässig angelegten, zu Verlust gehenden Capitalien ist nicht besonders nachzuweisen. IV. 100.
70	" " "	Klagestellung durch einen Curator von Minderjährigen. Beanstandung der Minderjährigkeit der Vertretenen. IV. 128.
71	" 6. März 1827.	Zuständigkeit zur Curatelbestellung bezüglich ausländischer Forderungen. IV. 130.
72	" " "	Curatelbestellung für Unterthanen eines anderen Staates. IV. 131.
73	" " "	Zum Begriff einer Cura absentis. IV. 132.
74	Jena, 19. Nov. 1839 u. 29. Juni 1841.	Gegen Folgen des Ungehorsams im Proceß sind Minderjährige und solche Parteien, welche der Vorrechte der Minderjährigen sich zu erfreuen haben, ipso jure gesichert. IV. 157.
75	Darmstadt, 18. April 1849.	Versäumte Berufungspflicht. Restitution Minderjähriger von dem an der Versäumung schuldigen Vormund nachgesucht und, ohne Nachweis der materiellen Unrichtigkeit des anzufechtenden Erkenntnisses, von kurzer Hand bewilligt. IV. 191.
76	Jena, 7. Juli 1835.	Vermuthung der ehelichen Kindschaft kann vom auf Alimente belangten außerehelichen Vater eines mit einer Ehefrau erzeugten Kindes nicht in Bezug genommen werden. IV. 234.
77	Celle, 2. Okt. 1846.	Erbvertrag einer Minderjährigen, ohne obrigkeitliches Dekret wirksam (Hannover). IV. 243.
78	Lübeck, 19. April 1845.	Forum delicti resp. contractae obligationis. Ansprüche aus dem außerehelichen Beischlaf kompetiren nur bezüglich der Defloration und der Kindbettkosten, nicht aber bezüglich der Alimente zum forum delicti. IV. 255.
79	" " "	Pflegevater und Oheim sind, wenn sie nicht als Vormünder gerichtlich bestätiget sind, nicht als gesetzliche Vertreter eines Minderjährigen zu betrachten. IV 257.
80	—	Eintritt der Vermuthung für den Tod. Kein Erbschaftsantritt für Verschollene. V. 31.
81	Dresd., 18. Merz 1847.	Rechnungsablage. Rechnungs- (Defektur-) Verfahren. V. 83.
82	Oldenburg, 8. Juli 1839.	Wegen einer vom Curator massae versäumten Angabe sind die Concursgläubiger ex clausula generali zu restituiren. V. 98.
83	Oldenburg, 1. Mai 1851.	Ein Minderjähriger kann auch gegen einen Minderjährigen von seinen Privilegien Gebrauch machen, wenn keine Collision der beiderseitigen Privilegien vorliegt. V. 102.

Ordn.-Zahl.	Datum und Gerichtshof.	Betreff.
84	Jena, 31. Jan. 1851.	Blödsinnige Anspruch derselben auf restitutio in integrum und Beginn des Laufes des quadriennii dabei. V. 103.
85	Lübeck, 25. Sept. 1834.	Restitution wegen Abwesenheit. V. 104.
86	Stuttg., 10. Merz 1848.	Restitution wegen Minderjährigkeit. V. 138.
87	Celle, 27. Okt 1817.	Berechnung der 182 Tage von Zeit des Beischlafes. V. 175.
88	Celle, 19. Febr. 1846.	Ueber Erziehung jüdischer Kinder, deren Mutter nach dem Tode ihres Mannes zum Christenthum übergegangen und sich mit einem Christen verheirathet. V. 181.
89	Celle, 18. Juni 1847.	Inventarserrichtung, jährliche Rechnungsablage, Cautionsleistung des Vormunds können durch letztwillige Verfügung des Vaters und Erblassers erlassen werden. V. 192.
90	Jena, 5. Juni 1834.	Der Vormund als Ersteher freiwillig subhastirter Mündelgüter. V. 193.
91	Celle, 30. April 1849.	Ein Erbvertrag von einem Minderjährigen ohne Zuziehung eines Curators eingegangen, ist nichtig. V. 202.
92	Nordamerikanisches.	Beweis der Identität eines Testators mit einer verschollenen Person, deren unter Curatel befindliches Vermögen der Erbschaftskläger anspricht. Werth der Namensgleichheit. Zeugenvernehmungen anderwärts ohne Beobachtung der im Lande der Proceßführung geltenden Formen gepflogen. V. 240.
93	Stuttgart, 30. April 1852.	Erforderniß der Verletzung bei der Wiedereinsetzung in den vorigen Stand. V. 247.
94	Jena, 22. Nov. 1845.	Klage auf Dotation und Alimentation, sowie auf Bezahlung der Kindbettkosten von der Stuprata vor ihrer Entbindung angestellt. V. 290.
95	E. des OAG. zu Celle vom. 21. Mai 1819.	Alimentationsklage einer Ehefrau gegen den Vater ihres im Ehebruch erzeugten Kindes setzt die Weigerung des Ehemannes zur Anerkennung der Ehebürtigkeit des Kindes und zur Alimentirung desselben voraus. V. 292.
96	do. 7. Sept. 1837.	Beneficium divisionis in Bezug auf Mitvormünder. V. 297.
97	do. 17. Febr. 1837.	Actio tutelae utilis gegen ein ganzes Gericht. V. 298.
98	Jena, 29. Juli 1842.	Paternitätsklage einer Ehefrau gegen den angeblichen außerehelichen Vater ihres Kindes setzt die Erklärung des Ehemannes voraus, daß er das Kind für das seinige nicht anerkenne. VI. 46.
99	Jena, 6. Dez. 1836.	Alimentationspflicht des wahnsinnigen außerehelichen Vaters. VI. 47.
100	München, 11. Oktbr. 1852.	Einfluß der Veränderung in dem Wohnsitze des Pfleglings auf die Competenz der Obervormundschaft. VI. 49.
101	Lübeck, 11. Okt. 1850.	Curatores bonorum einer Fallitmasse dritten Personen haftend. VI. 121.
102	Celle, 8. Juni 1848.	Einem Concurscurator kann auch ohne Autorisation der Obercuratel wirksam Zahlung geleistet werden. VI. 122.
103	Kiel, 6. Mai 1845	Geständniß über Vaterschaft eines unehelichen Kindes. VI. 201.
104	Dresden v. J. 1852.	Verzugszinsen von Alimentengeldern können erst von der Zeit der erhobenen Klage an gefordert werden. VI. 202.
105	Darmst., 8 April 1851.	Alimentengelder. Größe derselben VI. 203.
106	Dresden, 4. Merz 1851.	Alimentationsverbindlichkeit, durch hinreichende Mittel bedingt und nicht vorhanden, wenn die Alimentationspflichtigen kaum sich selbst zu ernähren im Stande sind. VI. 204.
107	Stuttg., 12. Jan. 1853.	Alimentationspflicht der Erben von Descendenten. VI. 205.

Ordn.-Zahl.	Datum und Gerichtshof.	Betreff.
108	Kiel, 27. Okt. 1862.	Unzulässige Anfechtung einer Curatelbestellung. Giltigkeit der mit dem angestellten Curator gepflogenen Handlungen. VI. 219.
109	Jena, 16. Juli 1835.	Fideikommissarische oder Pupillar-Substitution. Bei letzterer kein Anspruch der Mutter des Institutus auf den Pflichttheil. VI. 222.
110	Lübeck, 30. Mai 1852.	Kein Intestaterbrecht unehelicher Kinder auf des Vaters Nachlaß. VI. 302.
111	Lübeck, 21. Sept. 1839.	Letztwillige Erlassung der Inventarserrichtung des Vormunds ist in der Regel wirksam, doch kann der Vormund aus besonderen Gründen Dispensation vom Inventursverbote beantragen. VI. 225.
112	Celle 1852.	Gerichtshängigkeit. Sachen der freiwilligen Gerichtsbarkeit. VI 258.
113	—	Statuten-Collision. Die Befugniß des am Wohnorte eines furiosus demselben bestellten Curators zum Erwerbe einer dem Curanden im Auslande angefallenen Erbschaft ist nach den Gesetzen des Auslandes zu beurtheilen. VI. 307.
114	Jena, 14. Sept. 1830.	Zinsenprivilegien der Minderjährigen. VII. 13.
115	Jena, 21. Aug. 1828.	Alimentationspflicht des natürlichen Vaters. VII. 49.
116	Oldenburg, 5. Merz 1853.	Eine Erbschaft kann zwar vom Abwesenheitsvormunde, nicht aber von dem Curator eines Wahnsinnigen angetreten werden. VII. 69.
117	Kiel, 4. April 1838.	Die Ehefrau ist nicht legitimirt zur Vertretung ihres abwesenden Ehemannes, für welchen vielmehr ein Curator absentis zu bestellen ist. VII. 104.
118	Kiel, 23. Dez. 1845.	Unzulässige Intervention eines Prodigus in einem gegen dessen Curator erhobenen Rechtsstreit. VII. 105.
119	Celle, 10. Nov. 1842	Zweck und Wirkungen der Ediktalladungen. VII. 110.
120	Kiel, 20. Merz 1839.	Der Curator einer Erbmasse hat für diese auf das Armenrecht keinen Anspruch. VII. 112
121	Celle 1849.	Restitution des Minderjährigen gegen den Minderjährigen. VII. 141.
122	Jena 1852.	Klagenverjährung gegen Minderjährige. VII. 170.
123	Oldenburg 1851.	Vertretung des minderjährigen Hauskindes durch den Vater. VII. 197.
124	Celle 1849.	Regelmäßiges Sondergut der Hauskinder. Folgen schlechter Verwaltung von Seite des Vaters. VII. 198.
125	Jena, 19. Nov. 1821.	Verheirathung einer Minderjährigen. Fortdauer der Vormundschaft neben der dem Ehemann gebührenden Verwaltung und Nutznießung. VII 276.
126	Kiel, 31. Okt. 1853.	Die von den Minderjährigen ohne Einwilligung der Vormünder eingegangenen Rechtsgeschäfte sind nur zu ihren Gunsten ungiltig, sie selbst aber sind befugt, dieselben gelten zu lassen und auf Erfüllung, bezw. Entschädigung zu dringen. VII. 325.
127	Jena 1819.	Proceßwahnsinnscuratel. VII. 333.
128	München.	Präsumtive Todeszeit eines Verschollenen. Bedenken gegen die Annahme seines Fortlebens bis zum 70. Jahre seines Alters. Zulässigkeit des Verschollenheitsverfahrens vor erreichtem 70. Lebensjahre. Kein Erbschaftsanfall an Verschollene. VII. 356.
129	Jena, 28. April 1825.	Mündelprocesse. Ermangelnde obervormundschaftliche Erlaubniß. VII. 359.
130	Darmstadt.	Restitution wegen Minderjährigkeit, insbesondere Anfangspunkt der Restitutionsfrist. VIII. 10.

Ordn.-Zahl.	Datum und Gerichtshof.	Betreff.
131	Celle, 10. Jan. 1842.	Liberalitätshandlungen eines Vormunds involviren ein grobes Verschulden und begründen deshalb stets eine Verantwortlichkeit, auch wenn obervormundschaftliche Genehmigung erfolgt war. VIII. 61.
132	Wolfenb., 2. Dez. 1853.	Contrahirungsfähigkeit der Hauskinder. VIII. 118.
133	Wolfenbüttel, 14. Febr. 1854.	Hauskinder können ohne Zuziehung des Vaters belangt werden. VIII. 146.
134	Kiel, 8. Jan. 1840.	Competenz zur Vormünderbestellung bei auswärtigen Liegenschaften. VIII. 148.
135	Jena 1818.	Rechtsmittel gegen Beschlüsse in Curatelsachen. VIII. 208.
136	Celle, 14. Febr. 1842.	Befugnisse des Cridars in Bezug auf die Verwaltung des Curators. VIII. 216.
137	Jena, 22. Merz 1842.	Gesetzliche Nativitätstermine, Beschaffenheit des partus nicht zu beachten. VIII. 229.
138	Darmstadt, 23. Febr 1854.	Entmündigung wegen Geistesschwäche, zufolge hohen Alters beantragt. VIII 230.
139	Cassel, 2. Merz 1853.	Kein Klagerecht auf Anerkennung unehelicher Vaterschaft, wenn nicht zugleich auf Alimentation geklagt ist. VIII. 262.
140	Dresden, 22. Mai 1850.	Ueber das Recht und die Pflicht zur Erziehung der Kinder aus geschiedenen Ehen. VIII. 269.
141	Lübeck, 12. Merz 1853.	Schwurpflicht des Vormunds über Nichtwissen und Nichtglauben. VIII. 325.
142	Lübeck, 11. Nov. 1854.	Ein in der Ehe vor dem 182. Tag nach deren Eingehung gebornes Kind kann sich durch den bloßen Beweis, daß ein Dritter innerhalb der kritischen Zeit mit der Mutter den Beischlaf vollzogen habe, die Rechte eines unehelichen von jenem Dritten erzeugten Kindes verschaffen. VIII. 344.
143	Celle, 4. Okt. 1854.	Ungiltigkeit der Cession von Forderungen gegen die Pupillen an den Vormund, nicht bedingt durch den dolus desselben und nicht ausgeschlossen durch sein vormundschaftliches Verhältniß zu denselben oder die vorgängige Zustimmung des verstorbenen Vaters zu der Cession oder endlich die oberkuratorische Genehmigung. (Gemeines Recht.) IX. 23.
144	Celle 1848 u. 1850.	Minderjährigkeit als Restitutionsgrund in Verlöbnißsachen. Läsion. IX. 39.
145	Wolfenbüttel, 28. Septbr. 1817.	Von der gesetzlichen Curatel über das hinterlassene Vermögen eines Verschollenen, den nächsten Verwandten desselben zuständig. IX. 45.
146	Wolfenbüttel, 10. Juli 1838.	Der Curator eines Verschollenen ist nicht befugt, eine diesem angefallene Erbschaft anzutreten; einen diesem ausgesetzten Erbtheil aber ist er einstweilen zu besitzen und zu verwalten befugt. Pflichttheilsergänzungsklage für den Verschollenen. IX. 49.
147	Cassel, 18. Juni 1853.	Gerichtsstand der geführten Verwaltung. IX. 75.
148	Celle 1848.	Befugniß des pubes zur selbständigen Rechtsverfolgung in Matrimonialsachen. IX. 78.
149	Jena, 14. Juli 1823.	Nativitätstermin. Rechtmäßige Spätgeburt. IX. 124.
150	Dresden, Okt. 1852.	Schwängerungsklage auf einen bestimmten Zeitpunkt der Conceptionsperiode beschränkt. Eidesnorm. IX. 162.
151	"	Alimentationsklage vor der Entbindung. IX. 165.
152	Jena, 31. Dez. 1844.	Einrede mehrerer Beihälter. IX. 167.
153	Kiel, 5. Febr. 1842.	Befreiung von der Vormundschaft wegen Daseins eigener Kinder. IX. 175.

Ordn.-Zahl.	Datum und Gerichtshof.	Betreff.
154	Celle, 12. Nov. 1850.	Vormundschaftsbestellung bei mehreren gleich nahen Verwandten. Anwendbarkeit der Vorschriften der Nov. 118 cap. 5 IX. 176.
155	Lübeck, 28. Febr. 1845.	Competenz zur Bestellung eines curator absentis. IX. 177.
156	Celle 1848.	Ein Concurscurator bedarf behufs Annahme von Zahlungen der Autorisation der Obercuratel nicht, wie die Vormünder und Curatoren Minderjähriger. IX. 241.
157	" "	Manualakten des Concurscurators gehören zum Eigenthum der sämmtlichen Concursgläubiger. IX. 241.
158	Celle, 15. Okt. 1833.	Die Todeserklärung eines Verschollenen begründet keine Vermuthung, daß er bis zum Eintritt derselben gelebt hat. IX. 254.
159	Lübeck, 28. Okt. 1852.	Zur Einklagung fälliger Capitalien die obervormundschaftliche Genehmigung einzuholen, ist der Vormund nach gemeinem Rechte nicht verpflichtet. IX. 307.
160	Darmstadt, 27. April 1855.	Der Verschollene gilt vor Zurücklegung des 70. Lebensjahres bis zum Beweise des Gegentheils für lebend. IX. 310.
161	Celle, 6. Okt. 1846.	Der Vormund ist zwar zur Antretung einer Erbschaft befugt; wenn aber diese Antretung einen Verzicht enthält, so bedarf sie der Obercuratelgenehmigung (decretum de alienando) IX. 311.
162	Celle, 22. Febr. 1855.	Obervormundschaftliche Genehmigung zur Proceßführung. IX. 332.
163	C. d. Caff. Hof. f. Rheinhessen 7. Dez 1852.	Veränderung des Domicils eines Geisteskranken durch dessen Verbringung in eine Irrenanstalt. X. 12.
164	Wiesb., 13. Nov. 1850.	Alimente. Festsetzung des Betrages. X. 53.
165	Wiesbaden, 12. April 1837.	Alimentationsanspruch für ein in der Ehe gebornes Kind wider den außerehelichen Zuhalter der Frau. X. 54.
166	Darmstadt, 21. Juni 1854.	Competenz des Gerichts, in dessen Sprengel die verwittwete Mutter der Minderjährigen zuletzt ihren Wohnsitz hatte, zur Anordnung der Vormundschaft auf Ableben der Mutter. X. 62.
167	Stuttg., 27. Okt. 1855.	Inhalt der Rechnungsstellungspflicht des Vormunds. X. 63.
168	Celle, 23. Okt. 1828.	Dem Concurscurator steht kein Anspruch auf Fortsetzung der Interimswirthschaft bis zur Beendigung der festgesetzten Mahljahre zu. X. 75.
169	Jena, 8. Okt. 1851.	Nativitätstermin. Längste und kürzeste Dauer der Schwangerschaft. Berechnung nach Monaten. X. 170.
170	Lübeck, 30. Juni 1840.	Auch wenn die Mutter ein öffentliches Mädchen war, wird die Alimentationsklage durch die Einrede der mehreren Zuhälter nicht beseitigt. X. 171.
171	Wolfenbüttel, 20. Dezbr. 1855.	Peculium adventitium, Befugniß des Vaters, die dazu gehörigen Hypothekcapitalien zu kündigen, zu erheben und zu cediren. X. 181.
172	Kiel, 29. Mai 1847.	Einwilligung des Vormunds zur Heirat des Mündels. X. 182.
173	Jena 1825	Proceßwahnsinns-Curatel. X. 183.
174	Celle, 27. Sept. 1849.	Klagenverjährung gegen Minderjährige. X. 224.
175	Cassel, 5. Sept. 1856.	Vergleich, Alimentation unehelicher Kinder betr. X. 263.
176	Lübeck, 30. Mai 1855.	Voraussetzung der Vermuthung: »pater est, quem nuptiae demonstrant«. Beweislast. X. 267.
177	Celle, 15. Jan. 1836.	Der Gläubiger als Vormund. Fortdauernde Giltigkeit der Strafbestimmungen der Nov. 72. Restitution wegen rusticitas. X. 268.
178	Kiel, 21. Merz 1855.	Remotion eines Concurscurators und Contradictors wegen naher Verwandtschaft zum Concursrichter. X. 331.

Ordn.-Zahl.	Datum und Gerichtshof.	Betreff.
179	Stuttgart, 18. Juni 1856, 25 Feb. 1846 u. 25. Feb. 1841.	Der Beweis der Illegitimität eines innerhalb des gesetzlichen Zeitraums gebornen Kindes kann durch dessen Reifegrad geführt werden. XI. 11.
180	Rostock, 14. Mai 1855.	Ein minderjähriger bevormundeter Offizier als Contraktschuldner. XI. 25.
181	Lübeck, 16. Juni 1855.	Alimentation außerehelicher Kinder. Dauer der Beitragspflicht des Vaters. XI. 41.
182	Lübeck, 30. Juni 1840.	Die Alimentationsverbindlichkeit des außerehelichen Vaters geht auch auf dessen Erben über. XI. 42.
183	Wiesbaden, 5. Mai 1852.	Alimentenklage aus außerehelichem Beischlaf, beziehungsweise aus einem Vertrage hierüber. Restitution wegen Fristversäumniß ertheilt. XI. 43.
184	E. des OAG. zu Celle vom 8. Febr. 1856.	Der dürftige Vater, welcher die Mutter seines unehelichen Sohnes geheiratet hat, kann von dem Letzteren keine Alimente verlangen, es wäre denn, daß der Sohn seine Zustimmung zur Legitimation gegeben hätte. XI. 50.
185	do. v. 27. Sept. 1855.	Wirkung der Rückzahlung eines verzinslich angelegten Darlehns an den Vormund ohne obervormundschaftliche Genehmigung. XI. 53.
186	E. des OAG. zu Rostock vom 3. Mai 1855.	Die Mutter ist vor dem väterlichen Großvater zur Alimentirung ihrer Kinder verpflichtet, so lange sie die Mittel hiezu besitzt. XI. 154.
187	Celle, 27. Jan. 1852	Restitution Minderjähriger. Wirkung des Ablaufs des quinquenii bei Veräußerung von Mündelgütern. XI. 160.
188	Lübeck, 31. Okt. 1845.	Der Gerichtsstand des Wohnortes concurrirt elektiv mit dem der geführten Verwaltung. XI. 185a.
189	Wolfenbüttel, 10. Novbr. 1848.	Abgabe verschiedener Erklärungen durch Vormünder auf einen zugeschobenen Eid. XI. 196.
190	Darmstadt, 1. Juni 1854.	Paternitätsanerkennung von Seite eines Minderjährigen als vollgiltiges Geständniß aufgefaßt. XI. 199.
191	Wolfb., 14. Spt. 1856.	Der Bestärkungseid bei Geschäften Minderjähriger. XI. 209.
192	Wolfnb., 16. Okt. 1849.	Ansprüche aus geleisteter Alimentation. Stiefeltern. XI. 240.
193	Darmst., 16. Feb. 1856.	Größe der Alimentengelder. XI. 245.
194	Celle, 1. Juli 1835.	Verpflichtungen der Vormünder bei Geldausleihen. XI. 253.
195	Cassel, 29. Mai 1845.	Erbschaft oder Erbtheil, einem Abwesenden deferirt. Natur der eintretenden Curatel. XI. 257.
196	Cassel, 22. Mai 1849.	Erbschaftsanfall an einen Abwesenden. Antrag der Nacherben auf dessen Vorladung. Gerichtszuständigkeit in Verschollenheitssachen solcher Art. XI. 258.
197	Celle, 26 Mai 1856.	Heimat und Wohnort. Competenz zur Obervormundschaft. XI. 299.
198	Rostock, 20. Jan. 1855.	Die Todeserklärung eines Verschollenen begründet keine Vermuthung, daß er bis zum Eintritt derselben gelebt habe. XII. 1.
199	Wolfb., 19. Merz 1857.	Rechtlicher Begriff eines Verschwenders. XII. 2.
200	Celle, 16. Febr. 1841 und 30. Okt. 1843.	Umfang der Alimentationsverpflichtung des unehelichen Vaters. Negotiorum gestio der unehelichen Mutter. XII. 35.
201	Kiel, 31. Merz 1857.	Eheliche Geburt. Berechnung der 182 Tage. Schwangerschaft von einem Dritten. Beweislast. XII. 36.
202	Celle, 28. Mai 1838.	Pekuliarvermögen. Verwendung der Einkünfte zur Alimentation des Kindes. XII. 45.
203	Celle, 9. Septbr. 1856.	Voraussetzung der Vorschrift der Nov. 72 rücksichtlich des Verlustes der dem Vormunde gegen den Pupillen zustehenden Forderungen, falls ersterer bei seiner Beeidigung dieselben dem Gerichte nicht anzeigt. XII. 47.

Ordn. Zahl.	Datum und Gerichtshof.	Betreff.
204	Wolfb., 14. Jan. 1845.	Die Verjährung läuft auch gegen Wahnsinnige. VII. 121.
205	Wolfb., 17. Nov. 1829 und 29. April 1831.	Vaterschaft zu einem im Anfang des 7. Monats gebornen, völlig ausgetragenen Kinde. Entkräftung der gesetzlichen Vermuthung durch den habitus des Kindes anerkannt. XII. 161.
206	Wiesbaden, 22. Septbr. 1854.	Alimentationspflicht des außerehelichen Vaters. Zurechnungsfähigkeit zur Zeit des Beischlafes. XII. 162.
207	Wolfenbüttel, 20. Merz 1832.	Anspruch des außerehelichen Vaters auf Selbsterziehung des Kindes. XII. 163.
208	Dresden, 11. Juni 1857.	Einklagung von alimenta praeterita gegen den außerehelichen Vater. XII. 164.
209	Cassel, 18. Juni 1857.	Kosten der Erziehung und Berufsausbildung, wenn das Kind mütterliches Vermögen hat. XII. 169.
210	—	Inhalt der Rechnungsstellungspflicht. XII. 238.
211	Darmstadt, 4. Januar 1826.	Alimente für eine verflossene Zeit sind Kinder den Eltern nachzuzahlen nicht schuldig. XII. 273.
212	Jena, 5. Juni 1858.	Stiefvater einem außerehelichen Kinde zum Vormunde bestellt. XII. 276.
213	Berlin, 1. Febr. 1858.	Statutenkollision bei Ansprüchen aus dem außerehelichen Beischlaf. XII. 333.
214	—	Restitution der Verschwender. Rechtlicher Begriff eines solchen. XIII. 9.
215	Wiesbaden, 28 April 1843.	Verträge Minderjähriger, Bekräftigung durch Handgelübde an Eidesstatt. XIII. 12.
216	Wiesbaden, 10. Septbr. 1852.	Auch die im Ehebruche erzeugten Kinder werden durch Rescript des Regenten ohne Einwilligung der ehelichen Kinder legitimirt. XIII. 42.
217	Wiesbaden, 29. Juni 1853.	Im Ehebruch erzeugte Kinder werden durch die nachfolgende Ehe ihrer Eltern legitimirt. XIII. 43.
218	Darmst., 8 Okt. 1865.	Voraussetzung der Anordnung der cura prodigi. XIII. 81.
219	„ 22. Feb. 1855.	Nach gemeinem Rechte dauert die Vormundschaft nach Verheiratung einer Minderjährigen fort. XIII. 99.
220	„ 9. Spt. 1831.	Zur Ausschlagung der einem Minderjährigen angefallenen Erbschaft ist ein Alienationsdekret nicht erforderlich. XIII. 100.
221	„ 25. Feb. 1830.	Verschwender. Befugniß desselben zur Eingehung einer Ehe ohne Einwilligung des Vormunds. XIII. 101.
222	„ 13. Mz. 1847.	Auflösung der Bevormundung eines Verschwenders im Falle seiner Auswanderung. XIII. 102.
223	„ 24. Dez. 1834.	Richtung der Erbschaftsklage bezüglich der von einem Curator verwalteten Erbschaft eines Verschollenen. XIII. 104.
224	Dresd., 15. Feb. 1859.	Vermuthung für die Vaterschaft. Gegenbeweis. XIII. 123.
225	3. Mai 1833.	Veräußerung von Mündelgut. XIII. 149.
226	Stuttgart, 24. Septbr. 1859.	Haftung des Vormunds wegen ungenügend gesicherter Anlage von Pflegschaftsgeldern. XIII. 150.
227	Jena, 15. Dez. 1831.	Statutenkollision. Geschlechtsvormundschaft am Gerichtsorte. Auswärts ausgestellte Proceßvollmacht für den Vertreter der auswärtigen Klägerin. XIII. 181.
228	Darmstadt, 2. Novbr. 1850.	Befreiung des Minderjährigen und des demselben rechtlich Gleichstehenden von der Verbindlichkeit zur Ableistung des Restitutionseides. XIII. 200.
229	Wiesbaden, 6. Merz 1850.	Anerkennung der Vaterschaft. Deren Beweiskraft für das Kindschaftsverhältniß. XIII. 232.
230	Wiesb., 23. Apr. 1853.	Verträge Minderjähriger. XIII. 241.

Ordn.-Zahl.	Datum und Gerichtshof.	Betreff.
231	Wiesbaden, 24. Merz 1847.	Klage auf Alimentation eines außerehelich erzeugten Kindes. Der Einwand, ein Dritter habe die Bezahlung der gesetzlichen Alimentenbeiträge bereits zugesichert, ist unbehelflich. XIII. 253.
232	Jena, 6. Febr. 1857.	Versagung der elterlichen Einwilligung in die Ehe eines Kindes. Vermögenslosigkeit der Verlobten und geringes Ansehen der Familie der Braut sind keine Versagungsgründe. XIII. 259.
233	Darmstadt, 15. Februar 1860.	Die Verpflichtuug der Ascendenten mütterlicher Linie zur Alimentation der Enkelkinder steht in gleicher Linie mit den väterlichen Ascendenten. XIII. 265.
234	Wolfenbüttel, 27. Juni 1859.	Der Liedlohn ist zum sog. peculium adventitium zuzurechnen. Zustimmung des Haussohnes zur Klage des Vaters, das pec. advent. betreffend. XIII. 266.
235	Celle, 1. Dez. 1847.	Verträge zwischen dem Hausvater und Hauskind. XIII. 267.
236	Stuttgart, 14. Juli 1860.	Der Gerichtsstand der geführten Verwaltung setzt Anwesenheit des Beklagten im Gerichtsbezirk zur Zeit der Ladung oder den Besitz von Vermögen daselbst voraus. XIII. 381.
237	München, 3. Februar 1857.	Kein Anspruch der außerehelich Geschwängerten auf Ersatz der Kosten für Wohnung und Unterhalt während des Wochenbettes, dann des entgangenen Dienstlohnes. XIV. 40.
238	Lübeck, 30. April 1860.	Erziehung der Kinder bei zeitweiliger Trennung der Ehegatten von Tisch und Bett. XIV. 43.
239	Oldenburg, 23. Juni 1860.	Verträge, insbesondere Schenkungen zwischen Vater und Hauskind sind giltig. XIV. 44.
240	12. April 1853 und 3. Dez. 1859.	Geldforderungen als Bestandtheil des ordentlichen Adventizgutes. Umfang des väterlichen Rechts. XIV. 100.
241	Celle, 2. Juli 1860.	Gesetzwidrige Veräußerung von Mündelgut. Nichtigkeit auch zu Gunsten des Käufers. XIV. 101.
242	Stuttgart, 11. Dezbr. 1860.	Klagerecht der von ihrem Ehemann getrennten Mutter auf Ersatz des vergangenen, sowie künftigen Alimentenaufwandes auf die in ihrer Pflege befindlichen Kinder. 40 fl. j. Alimentenbeitrag als sehr gering erachtet. XIV. 145.
243	Dresden, 20. Sept. 1860.	Statutenkollision. Ansprüche aus außerehelichem Beischlafe. XIV. 196.
244	Cassel, 24. Okt. 1857.	Klage auf Rechnungsablage. Deren Begründung. XIV. 232.
245	Wiesb., 9. Dez. 1853.	Klage auf Rechnungsablage. Deren Verjährung. XIV. 233.
246	Stuttg., 16. Juli 1819 und 27. Juni 1837.	Im Ehebruch erzeugte Kinder können durch landesherrliches Rescript legitimirt werden. XIV. 239.
247	Celle, 30. Mai 1860.	Verträge zwischen Hausvater und Hauskind, wann verbindlich? XV. 30.
248	Kiel, 31. Mai 1856.	Statutenkollision. Ehemännliche Curatel. XV. 94.
249	Lübeck, 30. Nov. 1848.	Wirksamkeit der Nativitätstermine, auch bei unehelichen Geburten ohne Rücksicht auf den Reifegrad des Kindes. XV. 98.
250	Rostock, 24. Juli 1858.	Minderjährige Hauskinder. Väterliche Vormundschaft. XV. 113.
251	Rostock, 15. Merz 1858.	Unzulässigkeit freiwilliger Entmündigung. XV. 136.
252	Wien, 23. Jan. 1861.	Wechselaccept eines Minderjährigen, der sich für großjährig ausgibt. XV. 153.
253	Stuttgart, 8. Juli 1862.	Wohnsitz der Kinder, welche einen solchen noch nicht selbst gewählt haben. Ein Handlungscommis begründet keinen selbstgewählten Wohnsitz. XV. 184.
254	München, 27. Jan. 1862.	Elterngut zahlbar „im Versorgungsfalle“. Begriff der Versorgung. Fälligkeit der Forderung mit dem Tode des Berechtigten. XV. 191.

Ordn.-Zahl.	Datum und Gerichtshof.	Betreff.
255	Stuttgart, 8. Juli 1862.	Für die Frage der Erbfähigkeit eines Verschollenen entscheidet das Recht des Wohnsitzes des Verschollenen, das ist desjenigen Wohnsitzes, welchen er bis zur Zeit seines Verschwindens inne hatte. XV. 199.
256	do. do.	Ein Verschollener ist nicht erbfähig; eine Vermuthung für dessen Fortleben bis zum Ablauf des 70. Lebensjahres von seiner Geburt an besteht nicht. XV. 200.
257	Lübeck, 21. Juli 1832.	Mehrere Vormünder. Theilung der Verwaltung. XV. 227.
258	Dresden, 27. Merz 1862.	Im Ehebruch erzeugte Kinder können in der Regel durch nachfolgende Ehe der Eltern legitimirt werden. XV. 228.
259	München, 13 Juli 1860.	Aufhebung der Curatel. Hiegegen kein Beschwerderecht der Verwandten des bisher Bevormundeten. XV. 229.
260	Rostock, 17 Dez. 1855.	Definitiver Erbschaftserwerb für einen in Wahnsinn verfallenen Minderjährigen durch dessen Altersvormund möglich. XV. 233.
261	Stuttg., 25. Jan. 1861.	Klage des Vaters auf Herausgabe seiner Kinder. XVI. 57.
262	Darmstadt, 1. Septbr. 1858.	Beendigung der väterlichen Gewalt durch separirte Oekonomie ohne Einwilligung des Vaters. XVI. 58.
263	Cassel.	Obervormundschaftlicher Veräußerungsconsens bei Theilungsklagen, welche das Grundvermögen Minderjähriger betreffen. XVI. 59.
264	—	Der Inländer, welcher seinen Wohnsitz in das Ausland verlegt hat, hat seinen Gerichtsstand an seinem letzten Wohnorte des Inlandes. XVI. 73.
265	Wiesbaden, 9. Juli 1845.	Wiedereintritt der Minderjährigkeit, wenn die Ehe der minderjährigen Tochter vor erreichter Großjährigkeit aufgelöst wird. Einfluß auf das Wiederaufleben der väterlichen Gewalt. XVI. 96.
266	Berlin, 17. Sept. 1861.	Die Exceptio plurium stupratorum schließt die Alimentationsklage des unehel. Kindes nicht aus XVI. 117.
267	Lübeck, 14. Merz 1863.	Verweigerte Einwilligung der Eltern zur Eheschließung der Kinder wegen Religionsverschiedenheit der Verlobten als begründet erklärt. XVI. 119.
268	Darmst, 3. Juni 1862 und 15. Dezbr. 1840.	Restitution wegen Minderjährigkeit gegen ein Verlöbniß. XVI. 172.
269	Münch., 28. Mz. 1862.	Statutenkollision. Minderjährigkeit. XVI. 185.
270	Cassel, 8. Sept. 1860 und 3. Merz 1863.	Proceßführungs- und Veräußerungsbefugniß des Erbschaftscurators anerkannt. XVI. 229.
271	Cassel, 14. Jan. 1862.	Injurienklage gegen einen unter Curatel gestellten Verschwender ohne Zuziehung des Curators gestattet. XVI. 230.
272	Kiel, 9. Septbr. 1863.	Statutenkollision. Unterscheidung zwischen Form und Handlungsfähigkeit. XVII. 1.
273	Darmstadt, 18. Novbr. 1862.	Klage der Mutter eines unehelichen Kindes gegen den natürlichen Vater auf Alimentation und Ersatz gereichter Alimente.. XVII. 49.
274	Dresden, 4. Dezbr. 1862	Klage einer im Haushalte ihres Ehemannes sich nicht aufhaltenden Ehefrau auf Alimentation ihres unehelichen Kindes. XVII 50.
275	Rostock, 18. Juli 1861.	Befreiung von der Vormundschaft wegen Daseins eigener Kinder zugestanden. XVII. 66.
276	Celle, 14. Juli 1862.	In wie weit sind die Verwendungen für einen furiosus aus dessen eigenem Vermögen bezw. aus einer für ihn verwalteten Erbschaftsmasse zu bestreiten? XVII. 67.
277	Oldenburg 1861 u. 62.	Restitution gegen Restitutionsverjährung zulässig. XVII. 114.
278	Wolfenbüttel, 9. Okt. und 20. Mai.	Wirksamkeit der Nativitätstermine, auch bei unehelichen Geburten ohne Rücksicht auf den Reifegrad des Kindes. XVII. 115.

Ordn.-Zahl.	Datum und Gerichtshof.	Betreff.
279	Celle, 25. Nov. 1862.	Cura prodigi. Der Anfangspunkt der Wirksamkeit des dieselbe anordnenden richterlichen Dekrets tritt mit der Eröffnung dieses Erkenntnisses an den Interdicirten ein, wenn auch die Bestellung der Curatoren und die öffentliche Bekanntmachung noch nicht erfolgt ist. XVII. 147.
280	Jena, 4. Mai 1859.	Eidesleistung durch den Vormund. XVII. 184.
281	Darmstadt 1858.	Die Prodigalitätserklärung erlangt erst von dem Zeitpunkte der Bekanntmachung derselben an den Verschwender rechtliche Wirksamkeit. XVII. 206.
282	München, 30. Juni 1863.	Höhe des Zinsfußes bei einer anvertrauten Vermögensverwaltung. XVII. 218.
283	München, 31. Dez. 1862.	Vatergut „zahlbar im obrigkeitlich anerkannten Bedürfnißfalle." XVII. 227.
284	Dresden, 25. Septbr. 1863.	Das Cap. 12 X. de praesumt. (2. 23) ist nicht bei Alimentationsklagen durchschlagend. XVII. 247.
285	Jena, 9. Merz 1843.	Gesetzliche Alimentationspflicht. Anfangstermin. XVII. 250.
286	Wiesbaden, 30. Novbr. 1858.	Die von dem Vater mit seinen Hauskindern abgeschlossenen Verträge sind giltig. XVII. 255.
287	Darmstadt, 11. Februar 1846.	Keine Verbindlichkeit des Vaters zur Inventarisation des seinen Kindern angefallenen Vermögens. XVII. 258
288	Dresd., 17. Okt. 1862.	Mehrere Vormünder; ungetheilte Verwaltung. XVII. 259.
289	Berlin, 4. April 1864.	Die Nativitätstermine der ehelichen Kinder sind durch die Gerichtspraxis auch für die unehelichen anwendbar erklärt. XVIII. 108.
290	Cassel, 6. Sept. 1864.	Vermuthung für die Vaterschaft kraft des Beischlafes innerhalb zutreffender Zeit ohne Rücksicht auf den Reifegrad des Kindes. XVIII. 109.
291	Jena, 12. Febr. 1864.	Zur Giltigkeit der für eine Minderjährige durch Vormund erklärten Erbschaftsausschlagung ist ein förmliches decretum de alienando erforderlich. XVIII. 148.
292	Wiesbaden, 6. Merz 1860.	Curator hereditatis jacentis. Nichtlegitimation desselben zur Klage auf Herausgabe der Erbmasse gegen den dritten Besitzer. XVIII. 149.
293	Wolfb., 27. Spt. 1862.	Schwurpflicht der Vormünder und Curatoren. XVIII. 193.
294	Oldenburg 1857.	Dem Vormund zugeschobener Eid ist auf das Glauben, nicht blos auf das Nichtwissen zu richten. XVIII. 194.
295	Stuttgart, 12. Juni 1863.	Die Restitution der Minderjährigen gegen gerichtliche Geständnisse ist von dem Beweise der Unrichtigkeit des Anerkenntnisses nicht bedingt. XVIII. 197.
296	Jena, 9. Juli 1841.	Concurscurator. Beschränkt. Dispositionsrecht desselb. XVIII. 200.
297	Celle, 25. Juni 1862.	Rechtsverhältniß des Concurscurators hinsichtlich des Eigenthums der Concursmasse. XVIII. 201.
298	Cassel 1863.	Vertrag über Verschweigung des Namens des Schwängerers ist kein pactum turpe. XVIII. 28.
299	Darmst., 8. Dez. 1863.	Inventur-Errichtung. Umfang derselben. XVIII. 92.
300	Cassel, 14. Jan. 1865.	Als Zeitpunkt, von welchem die Wirkungen einer Prodigalitätserklärung beginnen, erscheint die Publication dieser Erklärung an den Verschwender, ohne Rücksicht auf die blos in Folge eines Gerichtsgebrauchs im Interesse des Publicums gebotene öffentliche Bekanntmachung. XVIII. 206.
301	Jena, 23. April 1844.	Ueber die Nothwendigkeit der gerichtlichen Bestätigung von Vergleichen über künftige Alimente, insbesondere für Unmündige. XVIII. 244.

Ordn.-Zahl.	Datum und Gerichtshof.	Betreff.
302	München, 8. Oktbr. 1864.	Die Haftung des Minderjährigen ex lege Aquilia ist begründet, wenn er zur Zeit der That noch nicht fähig gewesen, das Unrecht seiner Handlungen einzusehen. XVIII. 247.
303	Stuttgart, 19. Mai 1864.	Schwängerungsklage. Begründung der Einrede der mehreren Zuhälter. Immissio seminis. XVIII. 253.
304	Wolfenbüttel, 1. Juli 1864.	Gegenbeweis gegen die Rechtsvermuthung: »pater est, quem nuptiae demonstrant.« XIX. 9.
305	Celle, 25. Nov. 1862.	Anfang der Wirksamkeit einer Prodigalitätserklärung. XIX. 10.
306	Jena, 30. Juni 1867.	Eine Klage gegen den Rechnungsherrn auf Justification einer von dem Rechnungsführer erlegten Rechnung und Ertheilung eines Justificatoriums ist zulässig. XIX. 34.
307	Celle, 23. Febr. 1863.	Cession der Forderung gegen einen Bevormundeten an dessen Vormund. Negotiorum gestio. XIX. 36.
308	Oldenburg 1848, 1862, 1865.	Alimentationsklage aus außerehelichem Beischlafe gegen die Erben. XIX. 47.
309	Oldenburg 1865.	Verlust einer Forderung zur Strafe des Gläubigers wegen absichtlicher Verschweigung derselben bei seiner Bestellung zum Vormund des Schuldners. XIX. 101.
310	Celle, 7. Mai 1841.	Unehelichen Kindern darf der väterliche Familienname nicht beigelegt werden. Unabhängig davon ist die kirchlich-polizeiliche Eintragung des Namens des natürlichen Vaters in das Kirchenbuch. XIX. 114.
311	München, 17. Juni 1865.	Anfangspunkt der Wirksamkeit einer Prodigalitätserklärung. XIX. 115.
312	Kiel, 1. Merz 1865.	Klage der Concurscuratoren einer Lebensversicherungs-Aktiengesellschaft gegen einen Aktionär auf Leistung eines Nachschusses auf seine Aktie. XIX. 139.
313	Rostock, 24. Juli 1851.	Die Arrogation eines unehelichen Kindes des Arrogators ist statthaft. XIX. 159.
314	Lübeck, 30. Jan. 1865.	Verträge zwischen Hausvater und Hauskind sind giltig. XIX. 160.
315	Celle, 4. Nov. 1863.	Absolute Nichtigkeit der unberechtigten Veräußerung von Adventitien. Obervormundschaftliche Genehmigung der Klageerhebung auf Erfüllung des fraglichen Contracts. Kein decretum de alienando. XIX. 161.
316	Celle, 5. Oktbr. 1864.	Legitimation eines von mehreren Curatoren zur Vertretung des Curanden im Processe. XIX. 162.
317	Celle, 8. Febr. 1864.	Actio tutelae bei angeblich nichtiger Veräußerung von Mündelgut. Rechtliche Begründung des Schadenanspruchs bei derselben. XIX. 163.
318	Oldenburg, Jahr 1856.	Das obervormundschaftliche Decisionsverfahren ist kein Rechnungsproceß. XIX. 201.
319	Wolfenbüttel, 2. Januar 1866.	Statutenkollision. Stuprum von einem Inländer im Auslande begangen. Delictsobligation. XIX. 212.
320	Rostock, 30. Mai 1864.	Obervormundschaftliche Competenz auf eine letztwillige Verfügung gegründet. XIX. 239.
321	Rostock, 28. Sept. 1866.	Fortdauer der obervormundschaftlichen Competenz nach Veränderung des Wohnsitzes des Pfleglings. XIX. 240.
322	Wolfenbüttel, 8. Dezbr. 1863.	Befugniß des Concurscurators und Contradictors zur Geltendmachung der Paulianischen Klage und Einrede. XIX. 289.
323	Cassel, 5. August 1865.	Statutenkollision. Die Rechte der väterlichen Gewalt sind nach dem Rechte des Heimatsortes, nicht des Wohnsitzes zu beurtheilen. XX. 3.

Ordn.-Zahl.	Datum und Gerichtshof.	Betreff.
324	Stuttgart.	Wirksamkeit der Nativitätstermine bei unehelichen Geburten mit Rücksicht auf den Reifegrad des Kindes. XX. 9.
325	Flensburg, 10 Februar 1863.	Wirksamkeit der Nativitätstermine auch bei unehelichen Geburten ohne Rücksicht auf den Reifegrad des Kindes. XX. 10.
326	Darmstadt, 22. August 1866.	Ungiltigkeit der Bevormundung kann der Curand dem Dritten, mit welchem der Curator contrahirt, nicht entgegensetzen. XX. 11.
327	Rostock, 13. Juli 1854.	Berechtigung Minderjähriger zur selbstständigen Abschließung gewöhnlicher Dienstcontracte. XX. 25.
328	Kiel, 27. Okt. 1866.	Erziehung der Kinder aus geschiedenen Ehen. XX. 42.
329	Rostock, 28. Spt. 1854.	Statthaftigkeit der Veräußerung von Mündelgut ohne öffentliche Versteigerung, wenn der Preis dem wahren Werthe entspricht. XX. 49.
330	Jena, 25. Juli 1839.	Klage gegen den Curator, der cum beneficio inventarii angetretenen Litisreassumtion der Erben. XX. 87.
331	Rostock, 14. Mai 1855.	Minderjährigen ist in Processen über selbstständig von ihnen abgeschlossene Dienstcontracte Restitution zu gewähren. XX. 94.
332	Kiel, 28. Nov. 1866.	Legitimation eines Curators der Concursmasse zur Anstellung der Paulianischen Klage. XX. 97.

D. Auszüge aus der Zeitschrift für Gesetzgebung und Rechtspflege.

Bd. I—XIII.

Ordn.-Zahl.	Datum.	Betreff.
		I. Handels- und Wechselsachen.
1	16. Febr. 1852.	Wechselarrest gegen Personen, die unter Curatel stehen, jedoch den Wechsel zur Zeit ihrer Selbstständigkeit ausgestellt haben. II. 485.
2	30. Septbr. 1859.	Verwerflichkeit der Einwendungen eines unter Curatel Gestellten, daß der Streitkonsens der Curatelbehörde ihm fehle, dann daß er zur Zeit der Wechselausstellung blödsinnig gewesen sei. VIII. 255.
3	11. Jan. 1859.	Ein württembergischer Staatsangehöriger kann, wenn er nach vollendetem 21, aber vor erreichtem 25. Lebensjahre in Bayern einen Wechsel ausstellt, sich nicht mit der Einrede der Minderjährigkeit schützen. VIII. 256.
4	5. Mai 1862.	Einrede des Irrsinns. Beweis derselben im Wechselprocesse. IX. 595.
5	24. Novbr. 1862.	Die von einem minderjährigen Offiziere eingegangene Wechselverpflichtung ist unwirksam. X. 952.
6	Erörterung.	Wechselfähigkeit und Wechselarrestfähigkeit der zu eigener Vermögensverwaltung unfähigen Personen. X. 586.
7	7. April 1864.	Wechselausstellung von Seite minderjähriger Gewerbsleute. XI. 85.
8	1. Merz 1865.	Wechselausstellung minderjähriger Gewerbsleute. XII. 17.
9	31. Juli 1865	Klage gegen Benefizialerben wegen Wechselschuld ihres Erblassers während der Frist zur Inventarerrichtung. XII. 111.

Ordn.-Zahl.	Datum.	Betreff.
10	26. Juni 1865.	Rechtliche Folge der vertragswidrigen Auflösung eines Lehrverhältnisses in Bezug auf Lehr- und Kostgeld. XII. 132.
11	5. Merz 1866.	Haftung der Erben eines Wechselschuldners. XIII. 13.
12	20. Juli 1866.	Ein aus der väterlichen Gewalt entlassener Minderjähriger ist an sich nicht wechselfähig. XIII. 180.
		II. Strafsachen.
1	4. Septbr. 1863.	Antrag auf Strafverfolgung durch einen Minderjährigen oder seine Mutter wirkungslos. X. 849.
2	4. Septbr. 1863.	Strafantrag eines Verschwenders wirksam. X. 846.
3	29. April 1864.	Strafantrag der Pflegeeltern wegen Verführung wirksam. XI. 107.
4	29. Januar 1864.	Strafantrag der außerehelichen Mutter wirksam. XI. 18.
5	31. Merz 1864.	Ehrenkränkungsklage einer 18jährigen Person wirksam. XI. 86.
6	7. Oktbr. 1864.	Ehrenkränkungsklage eines Minderjährigen wirksam. XI. 381.
7	5. Februar 1864.	Eltern können ohne Specialvollmacht ihrer Kinder für sie kein Rechtsmittel einlegen. XI. 28.
8	31. Merz 1865.	Strafantrag der außerehelichen Mutter wirksam. XII. 134.
9	20. Mai 1865.	Die vom Familienvater vertretenen Mitkläger können nicht als Zeugen auf Handgelübde vernommen werden. XII. 232.
10	19. August 1865.	Zur Einlegung von Rechtsmitteln für Minderjährige ist unbedingt Specialvollmacht erforderlich. XII. 395.
11	15. Septbr. 1865.	Dieß gilt auch im Forststrafverfahren. XII. 443.
		III. Privatrecht.
1	Erörterung.	Inventursverbot des Erblassers gegenüber curatelmäßigen Notherben. III. 419.

E. Auszüge aus der Zeitschrift für das Notariat und die freiwillige Gerichtsbarkeit in Bayern d. u. j. d. Rh.

Ordn.-Zahl.	Datum.	Betreff.
1	21. Dezbr. 1863.	Zuständigkeit der Einzelngerichte und der Notare in Pflegschaftssachen und der Bezirksgerichte zur Entscheidung der beiderseitigen Beschwerden 1864. S. 69
2	—	Ersteigerung von Mündelgut durch den Vormund. 1864. S. 97.
3	19. Februar 1864.	Behandlung der Alimentenvertragsurschrift des Notars durch die Vormundschaftsbehörde. 1864. S. 127.
4	D Juristentag.	Reform des Vormundschaftswesens. Familienrath. 1864. 287.
5	Erörterung.	Stimme gegen den Familienrath. 1864. S. 295.
6	Gutachten.	Wo sind Verlassenschaftsakten der Notare zu reponiren, wenn Minderjährige betheiligt sind. 1865. S. 36.
7	1. Merz 1865.	Handelsgeschäfte Minderjähriger. 1865. S. 113.
8	Erörterung.	Taxirung der Alimentenvergleiche. 1865. S. 133.
9	"	Reform des Vormundschaftswesens Familienrath. 1865. S. 318.
10	FME. 11. Jan. 1866.	Taxirung der Alimentenvergleiche. 1866. S. 43.
11	Erörterung.	Inventur über den Nachlaß der Ehefrauen. Auszeigung der Elterngüter. Nießbrauch der Eltern. 1866. S. 140.

F. Auszüge aus der Zeitschrift für Gerichtspraxis und Rechtswissenschaft von Stenglein.

Ordn.-Zahl.	Datum.	Betreff.
		I. Handels- und Wechselsachen.
1	20. Juli 1866.	Minderjährige werden durch Entlassung aus der väterlichen Gewalt allein nicht wechselfähig. VI. 255.
		II. Strafsachen.
1	6. Septbr. 1861.	Strafantrag der Mutter unwirksam. I. 12.
2	3. Juli 1861.	Kindesaussetzung durch Unterlassungshandlungen. I. 13.
3	21. Dezbr. 1861.	Das Pflegschaftsverhältniß der Ehefrau gilt auch für den Ehemann. I. 36.
4	Sächs. OAGE.	Strafantrag des Mittelbarbeleidigten. I. 148.
5	3. Septbr. 1862.	Grenzen des Züchtigungsrechts I. 341.
6	1. Oktbr. 1862.	Uebertragung des Züchtigungsrechts und dessen Grenzen. I. 365.
7	6. Dezbr. 1862.	Ueberschreitung des Züchtigungsrechts eines Lehrers. II. 67.
8	19. Dezbr. 1862.	Strafantrag Minderjähriger wirksam. Strafbarkeit mittelbarer Injurien. II. 103.
9	24. Merz 1863.	Der Vater ist der gesetzliche Vertreter seiner Hauskinder auch nach deren Volljährigkeit. II. 326.
10	4. Septbr. 1863.	Ehrenkränkungsklage eines Verschwenders wirksam. II. 385.
11	4. Septbr. 1863.	Strafantrag Minderjähriger unwirksam. II. 387.
12	20. April 1867.	Compensation von Ehrenkränkungen durch Vertreter. III. 36.
13	4. Dezbr. 1863.	Compensation mittelbarer u. unmittelbarer Ehrenkränkungen. III 51.
14	30. Januar 1864	Uneheliche Mutter gesetzliche Vertreterin. III. 100.
15	1. Dezbr. 1863.	Aussetzung hilfloser Personen. III. 102.
16	9. Oktbr. 1863.	Grenzen des Züchtigungsrechtes Thatfrage. III. 144.
17	31. Merz 1864.	Strafantrag Minderjähriger wirksam. III. 155.
18	29. April 1864.	Strafantrag des Pflegevaters wirksam. III. 175.
19	28. Juni 1364.	Ehrenkränkung durch Erzieher ꝛc. III. 284.
20	BGE.	Kindsaussetzung. III. 309.
21	24. Septbr. 1864.	Nichtigkeitsbeschwerde wegen Unterbringung in einer Erziehungsanstalt. IV. 3.
22	7. Okt. 1864.	Ehrenkränkungsklagen Minderjähriger wirksam. IV. 7.
23	21. Januar 1865.	Wirkung der Compensation einer Ehrenkränkung durch den gesetzlichen Vertreter. IV. 137.
24	31. Merz 1865.	Compensation mittelbarer und unmittelbarer Injurien. IV. 227.
25	19. August 1865.	Rechtsmittel gegen die als Straffolge erkannte Verwahrung in einer Erziehungsanstalt stehen Minderjährigen nur persönlich zu. V. 44.
26	10 Novbr. 1864.	Dem gesetzlichen Vertreter eines Minderjährigen, der bereits das 15. Lebensjahr überschritten hat, steht neben diesem das Recht, Strafantrag zu stellen, nicht zu. V. 59.
27	17. Novbr. 1865.	Bedrohung der Mutter, welcher das Erziehungsrecht entzogen ist, gegen die Erzieher ist strafbar. V. 121.
28	19. Septbr. 1865.	Menschenraub des unehelichen Vaters. V. 133.
29	4. Septbr. 1865.	Begriff der Pflegeeltern. V. 196.
30	20. Juli 1866.	Strafantrag der wiederverehelichten Mutter für ihre Kinder erster Ehe wirksam. VI. 47.
31	7. Oktbr. 1867.	Betheiligung Minderjähriger bei Verträgen. VII. 87.
32	12. April 1867.	Begriff der Pflegeeltern. VII. 46.
33	3. Oktbr. 1868.	Handlungsfähigkeit Minderjähriger im Strafprocesse. VIII. 209.

G. Auszüge aus dem Justizministerialblatt für das Königreich Bayern.

1. (12. April 1869.) Den Art. 45 des Notariatsgesetzes betr. (Betheiligung Minderjähriger bei Verträgen.)

H. Auszüge aus der Sammlung wichtiger Entscheidungen des k. b. Handelsappellationsgerichtes.

Ordn.-Zahl.	Datum.	Betreff.
1	1868.	Processuale Wirkungen der Minderjährigkeit einer Wittwe nach Kemptener und bayerischem Landrechte. I. 154.
2	16. Merz 1868.	Zustellung gerichtlicher Verfügungen für eine minderjährige Frau an deren Ehemann geboten. Voraussetzungen der Restitution einer minderjährigen Ehefrau. II. 19.
3	18. Dezbr. 1868.	Handelsgerichtliche Zuständigkeit bei Verfolgung von Ansprüchen aus einem Lehrvertrage gegen einen gesetzlichen Stellvertreter des Lehrlings. II. 328.
4	24. Juli 1868.	Belege sind wesentliche Bestandtheile der Rechnungsstellung. II. 366.
5	16. Dezbr. 1868.	Legitimation der Mutter bei Verfolgung von Ansprüchen aus einem Lehrvertrage (preuß. Landrecht). Beurtheilung der späteren Stellung eines Lehrlings als Volontär. II 370.
6	31. Juli 1868.	Wechselunfähigkeit einer Ehefrau wegen Minderjährigkeit (Ansbacher und preußisches Recht). II. 444.

I. Auszüge aus den Blättern für administrative Praxis.

(Erörterung.) Gewerbsbetrieb Minderjähriger. Unabhängigkeit des Gewerbsbetriebes vom Preußischen Landrecht entgegen dem Art. 4 des Gewerbsgesetzes vom 30. Januar 1868. XIX. 232.

Alphabetisches Register zum vierten Hefte.

(Gerichtliche Entscheidungen.)

Bem. Die römischen Buchstaben A. B. C. D. E. F. G. H. I. bedeuten die Abtheilungen dieses Heftes und die arabischen Zahlen beziehen sich auf die laufenden Ziffern dieser Abtheilungen.

Druck von E. Stahl.

FSC
www.fsc.org
MIX
Papier | Fördert gute Waldnutzung
FSC® C083411

Kolibri 360 GmbH
Ferdinand-Jühlke-Straße 7
99095 Erfurt, Deutschland
produktsicherheit@kolibri360.de